上海 2024 调查年鉴

SHANGHAI SURVEY YEARBOOK

国家统计局上海调查总队
上 海 市 统 计 局 编

Compiled by
SURVEY OFFICE OF THE NATIONAL BUREAU
OF STATISTICS IN SHANGHAI
SHANGHAI MUNICIPAL STATISTICS BUREAU

中国统计出版社
China Statistics Press

图书在版编目（CIP）数据

上海调查年鉴. 2024 = Shanghai Survey Yearbook 2024 : 汉英对照 / 国家统计局上海调查总队, 上海市统计局编. -- 北京 : 中国统计出版社, 2024. 7. -- ISBN 978-7-5230-0446-3

Ⅰ. C832.51-54

中国国家版本馆 CIP 数据核字第 2024DU3269 号

上海调查年鉴 2024
Shanghai Servey Yearbook 2024

作　　者 / 国家统计局上海调查总队　上海市统计局
责任编辑 / 梁　超
执行编辑 / 杜珞维
封面设计 / 李雪燕
出版发行 / 中国统计出版社有限公司
通信地址 / 北京市丰台区西三环南路甲 6 号　邮政编码 /100073
电　　话 / 邮购（010）63376909　书店（010）68783171
网　　址 / http://www.zgtjcbs.com/
印　　刷 / 河北鑫兆源印刷有限公司
经　　销 / 新华书店
开　　本 / 880mm×1230mm　1/16
字　　数 / 490 千字
印　　张 / 14.75　彩页 0.75
版　　别 / 2024 年 7 月第 1 版
版　　次 / 2024 年 7 月第 1 次印刷
定　　价 / 280.00 元

《上海调查年鉴 2024》编辑委员会

Editorial Board

总体经济 Overall Economy

上海市生产总值
Gross Domestic Product

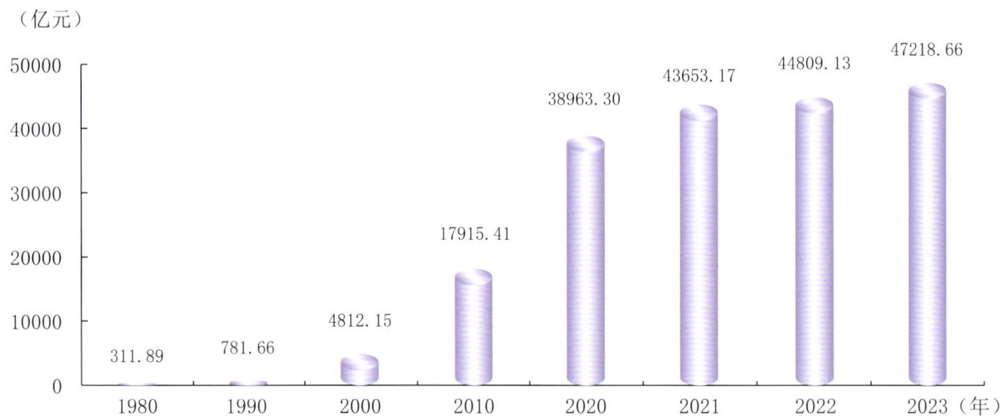

上海市人均生产总值
Per Capita Gross Domestic Product

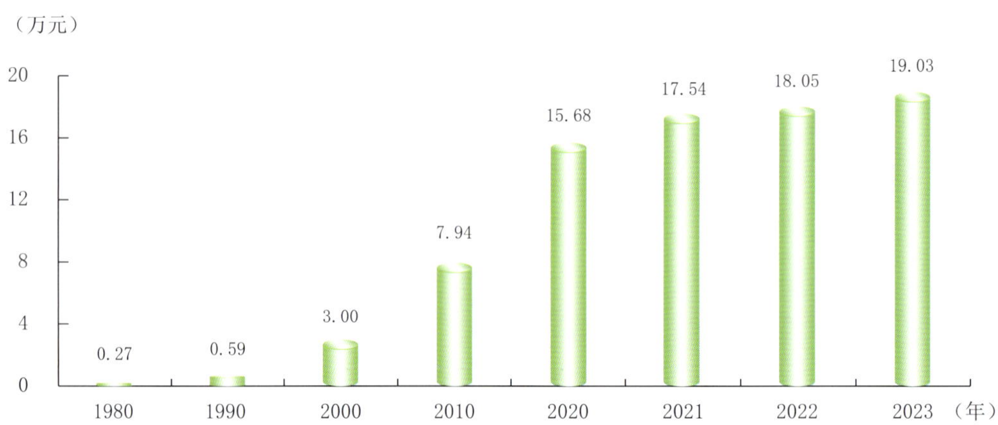

上海市生产总值结构
Composition of Gross Domestic Product

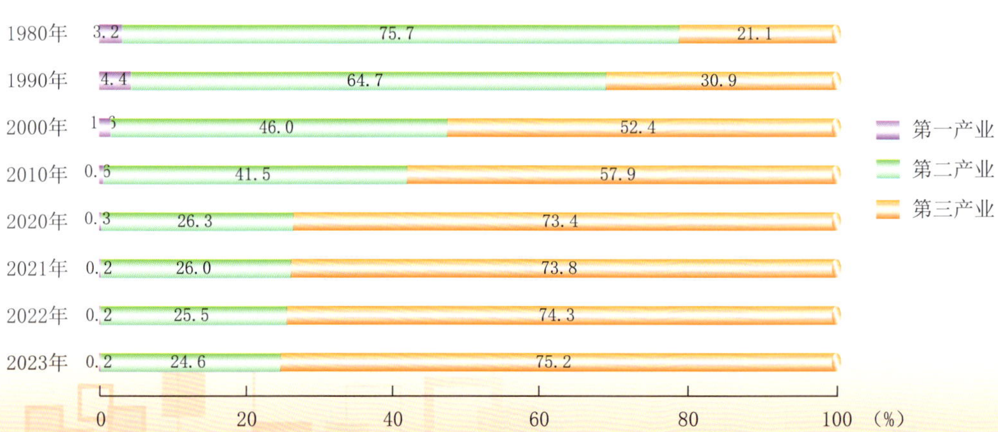

上海市地方一般公共预算收入

General Budgetary Revenue of The Local Governmentt

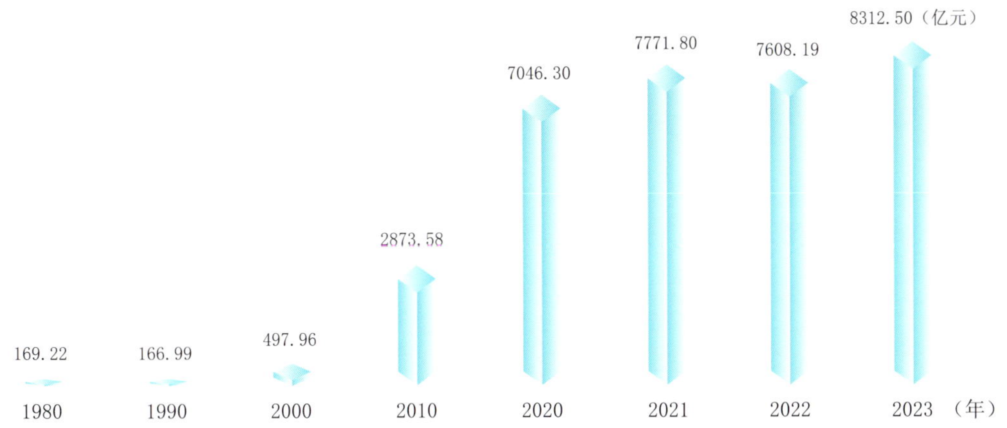

上海市税收总收入

Tax Revenue

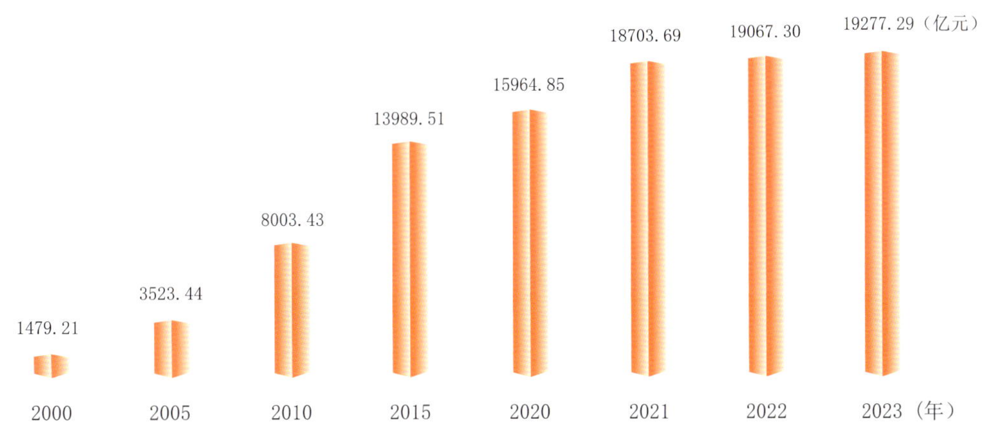

上海市金融市场成交总额

Turnover of Main Fanancial Market

人口 Population

上海市常住人口

Year-end Resident Population

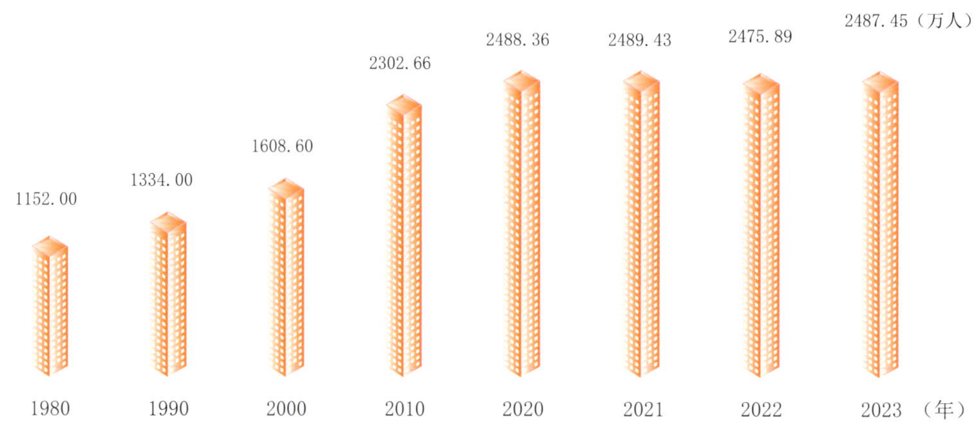

2023年上海市各区年末常住人口

Year-end Resident Population in Districts

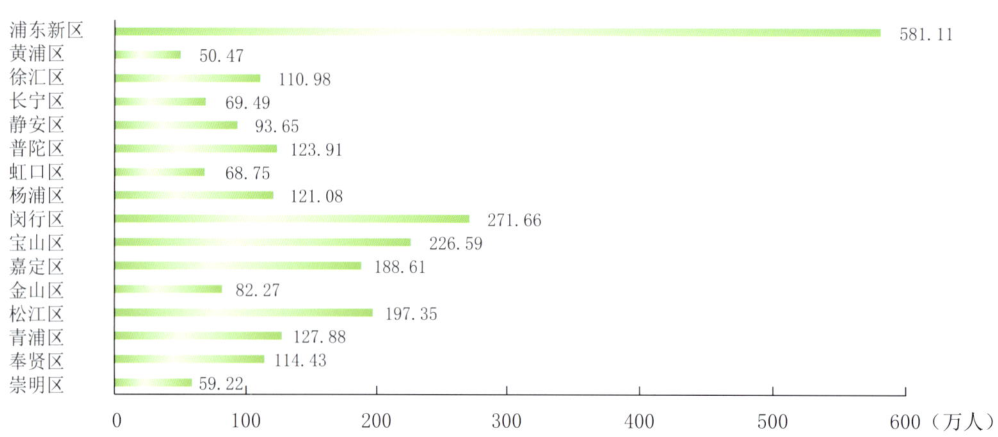

上海市户籍人口年龄构成

Age Structure of Registered Population

上海市职工工资最低标准

Minimum Standard of Wages of Staff and Workers

上海市城镇居民生活保障最低标准

Minimum Standard of Urban Living Security

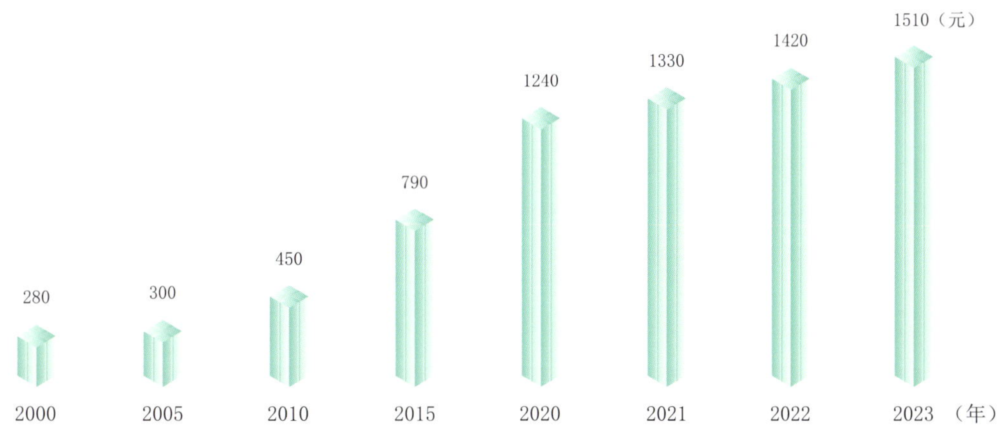

上海市城镇职工基本养老保险及城镇职工基本医疗保险参保人数

Urban Employee Basic Pension Insurance and Urban Employee Basic Medical Care Insurance Contributors

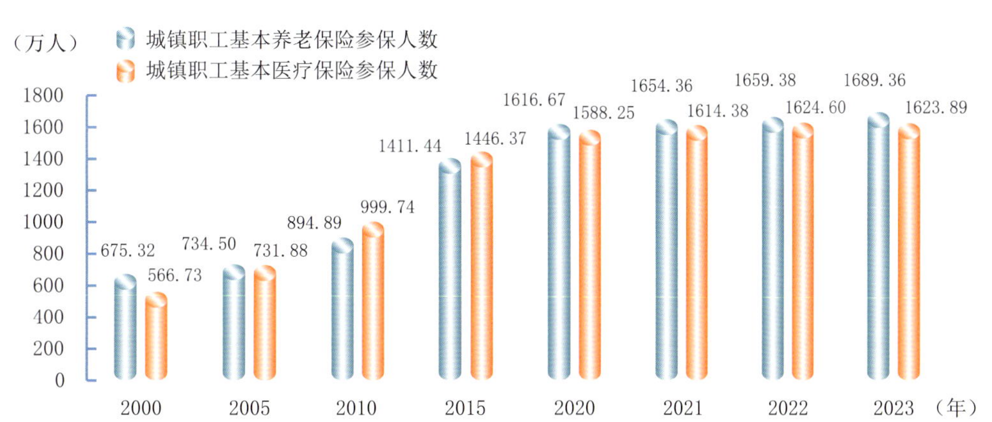

注：城镇职工基本养老保险参保人数和城镇职工基本医疗保险参保人数包括参保的离退休人员

Note:The number of participants in the urban basic pension insurance and the number of participants in the basic medical insurance for urban staff and workers, including the retired veteran cadres and retired staff and workers with insurance.

价格指数 Price Index

上海市居民消费价格指数（上年价格 =100）

Consumer Price Indexs (preceding year=100)

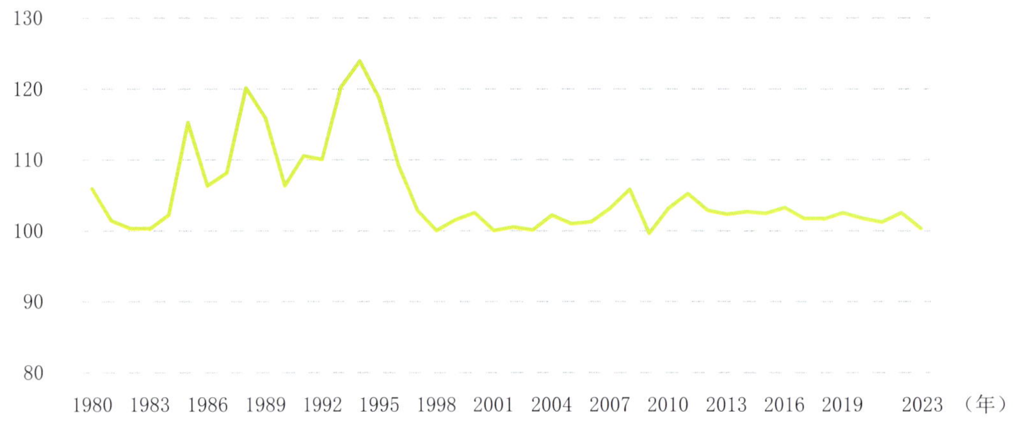

上海市工业生产者出厂价格及购进价格指数（上年价格 =100）

Producer Price Index for Industrial Products and Purchasing Price Index for Industrial Producers (preceding year=100)

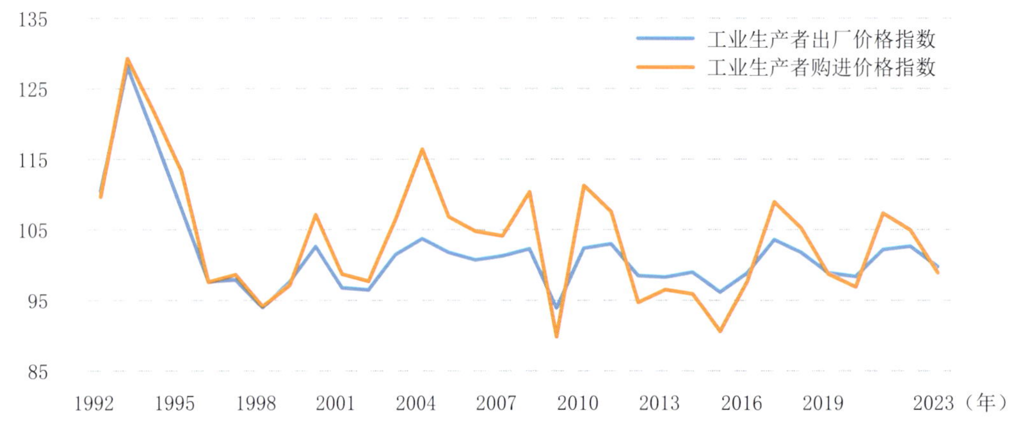

上海市新建商品住宅及二手住宅价格指数（上年价格 =100）

Newly Built Commodity Residential Housing and Existing Residential Housing Price Indices (preceding year=100)

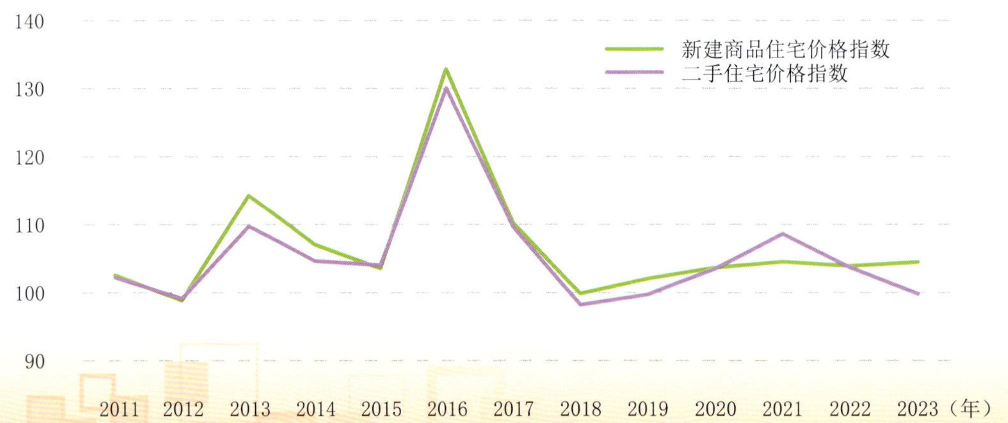

上海市居民人均可支配收入

Per Capita Disposable Income of Citywide Households

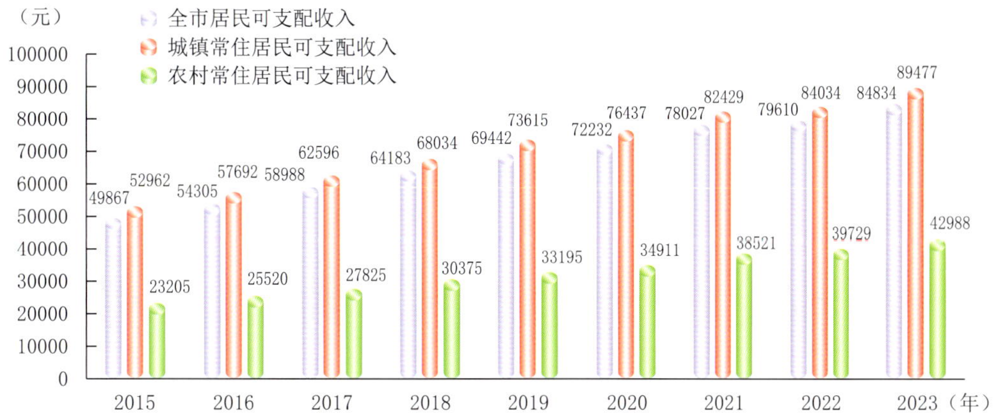

上海市居民人均消费支出

Per Capita Consumption Expenditure of Citywide Households

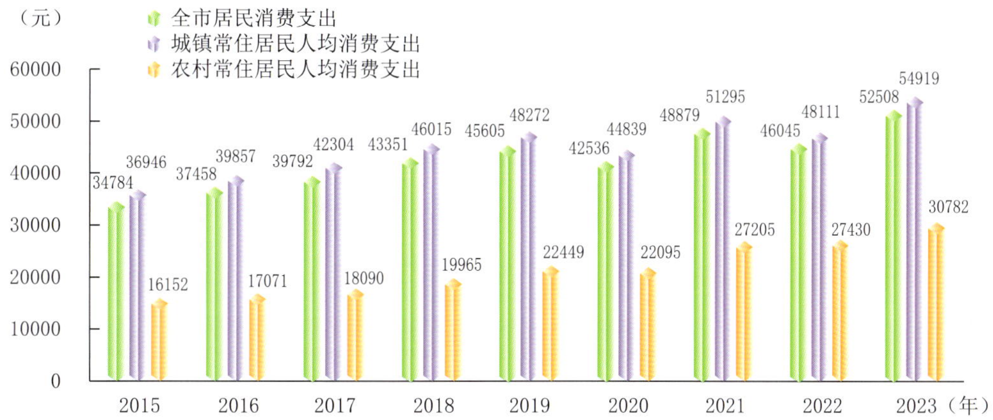

上海市 2015 年和 2023 年全市居民消费结构

Composition of Per Capita Consumption Expenditure of Citywide Households in 2015 and 2023

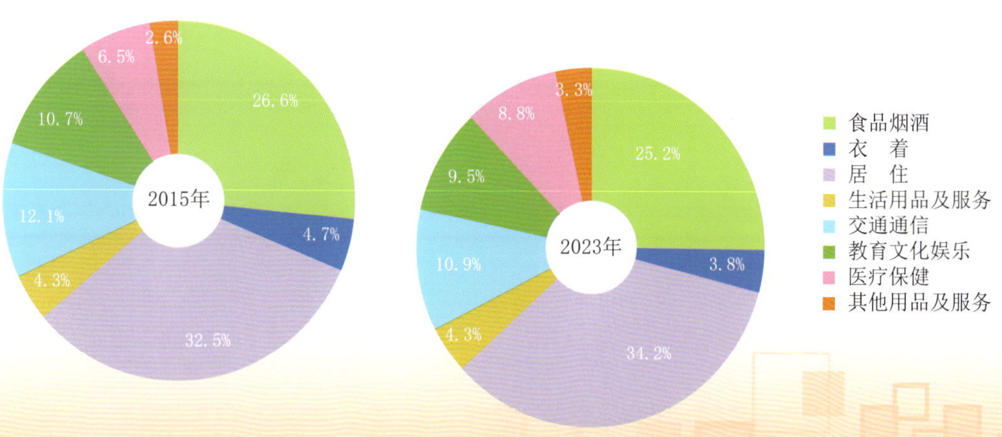

城市建设 Urban Construction

上海市轨道运营线路长度

Length of Operation Lines of Urban Metro

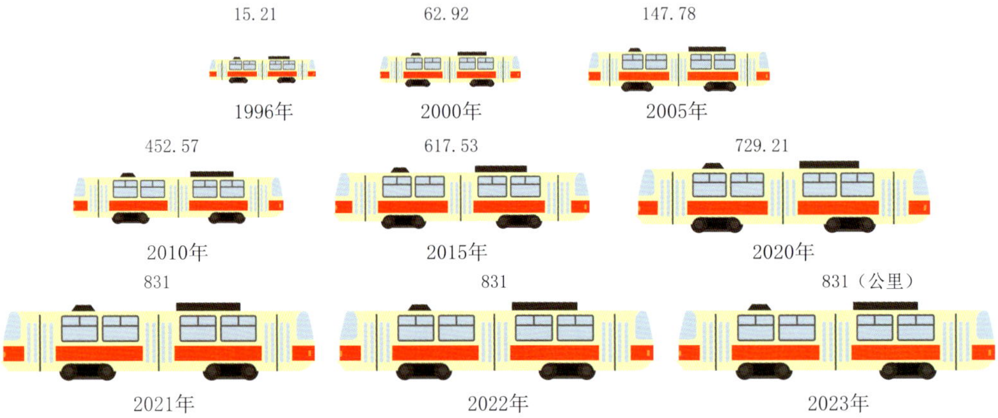

上海市森林覆盖率

Coverage Rate of Forest

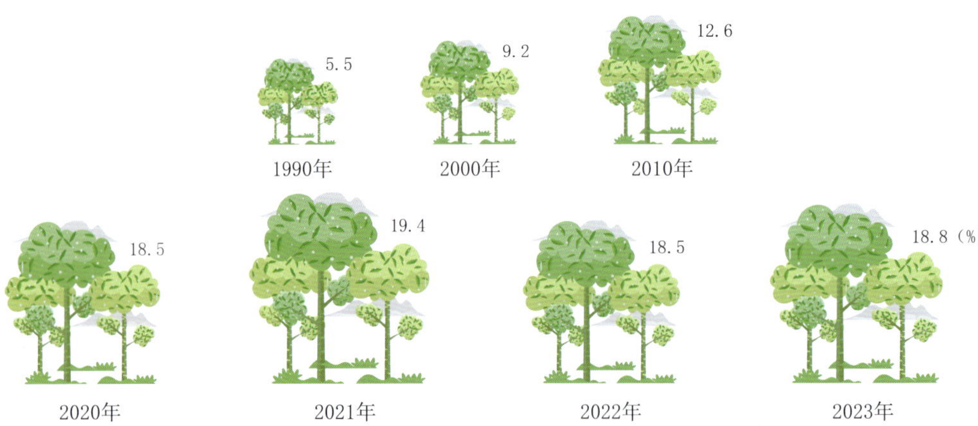

上海市城镇人均居住面积和城镇居民人均住房建筑面积

Per Capita Net Floor Space and Construction Area of Urban Residents

Health and Education 卫生和教育

上海市医院床位数

Number of Hospital Beds

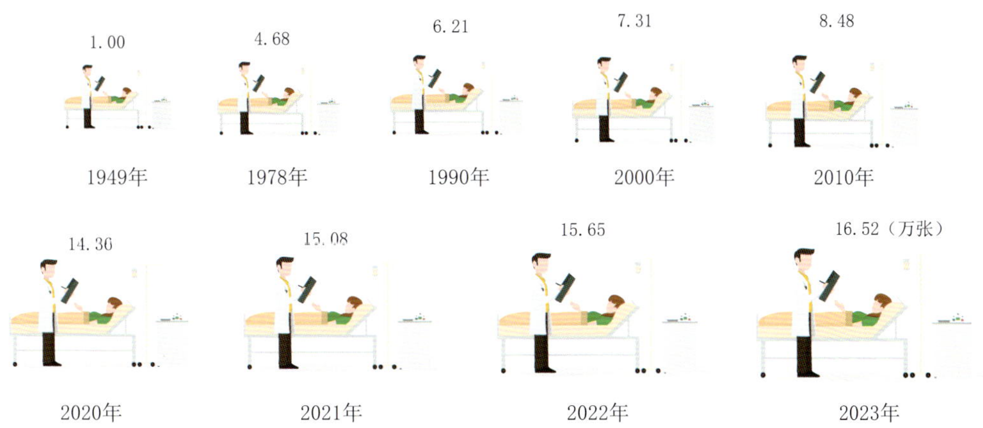

上海市孕产妇死亡率及婴儿死亡率

Mortality Rate of Matemity Female and Children

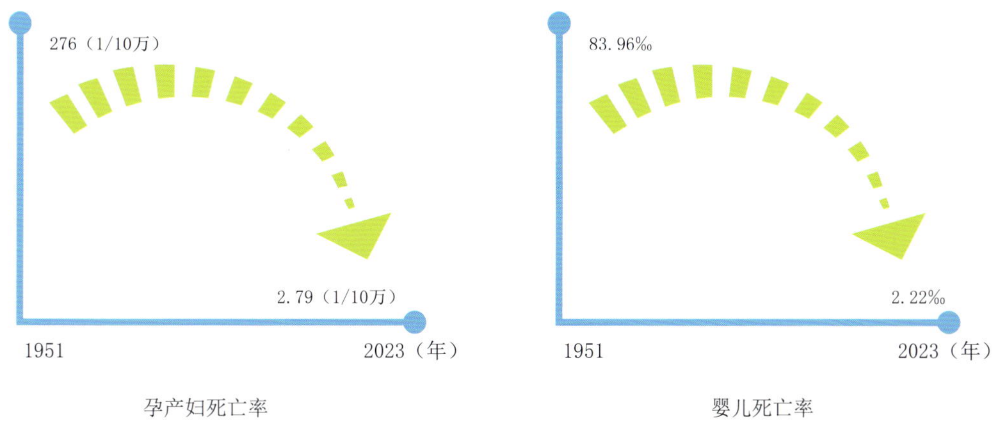

上海市各级学校在校学生数

Number of Enrolments of Formal Education by Type and Level

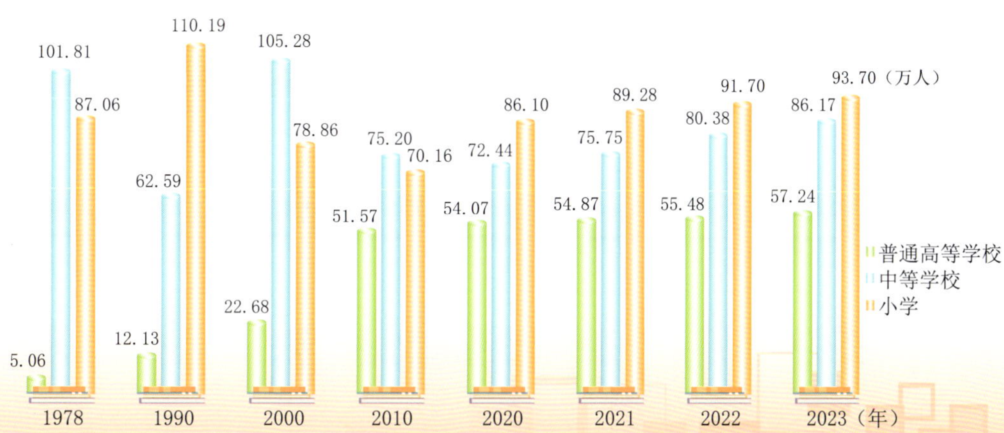

编者说明

一、《上海调查年鉴 2024》是一本记录上海城乡居民生活质量、物价变动和农业生产等内容的资料工具书。本年鉴收录了历年上海城乡居民家庭收支，生产、流通、消费与房地产领域的价格变化和农业的统计调查数据，以及上述领域改革开放以来历年的主要统计调查数据；同时包括全国各省(自治区、直辖市)和主要城市价格、居民收支统计数据资料。

二、年鉴共分七个部分：第一部分，综述；第二部分，人民生活；第三部分，价格；第四部分，农业；第五部分，全国及主要城市比较资料；第六部分，长三角三省一市主要经济发展指标；第七部分，年度报告。为便于读者使用资料，各篇章前设有简要说明，对本篇章的主要内容、资料来源、统计范围和统计方法予以简要概述；篇末附有主要统计指标解释。

三、居民收支、价格和部分农业调查数据资料，是由国家统计局上海调查总队依据国家统计局统一制定的抽样调查方案实施抽样调查的结果。

四、年鉴中有关经济发展、城市居民生活质量、长三角三省一市主要经济发展指标和部分农业调查数据等资料来源于上海市统计局。

五、年鉴中第五部分“全国及主要城市比较资料” 数据来源于国家统计局城市社会经济调查司和住户调查司提供的统计资料。

六、年鉴中涉及到的历史数据，均以最新出版的本年鉴数据为准；年鉴中部分数据合计数或相对数由于单位取舍不同而产生的计算误差，未做调整。年鉴中 2023 年部分指标采用快报数口径。

七、年鉴符号使用说明：“空格”表示该项统计数据不详或无该项数据；“#”表示其中主要项；“…”表示数据不足本表最小计量单位数。

Editor's Notes

I. *Shanghai Survey Yearbook 2024* is an annual statistical publication, which reflects comprehensively the urban and rural residents' living conditions, price changes of production, circulation, consumption and real estate, and development of agriculture industry in Shanghai. It covers historical data and provides key statistics of the years since China adopted the reform and opening policy. It also lists price indices and households' income and expenditure of the nation, other provinces (autonomous regions and municipalities) and major cities.

II. The yearbook contains seven chapters. 1.Statistical Communique; 2.People's Livelihoods; 3.Prices; 4.Agriculture; 5.Comparative Information of the Nation and Major Cities; 6. Economic Development Indicators in Three Provinces and One City of the Yangtze River Delta; 7. Annual Report. To facilitate readers, the Brief Introduction at the beginning of each chapter provides a summary of the main contents, data sources, statistical scope, statistical methods. At the end of each chapter, Explanatory Notes on Main Statistical Indicators are included.

III. The data information of urban and rural households' income and expenditures, prices and part of the agriculture data are collected through sample surveys carried out by the Survey Office of the National Bureau of Statistics in Shanghai, in accordance with the uniform sample survey scheme stipulated by the National Bureau of Statistics.

IV. Aggregated data about the economic development, urban residents' living quality, Economic Development Indicators in Three Provinces and One City of The Yangtze River Delta, part of the agriculture data are provided by Shanghai Municipal Statistics Bureau.

V. The data of Chapter 5 (Comparative Information of the Nation and Major Cities) are provided by the Department of Urban Surveys and the Department of Household Surveys of the National Bureau of Statistics.

VI. Please refer to the newly published version of the yearbook for updated historical data. Statistical discrepancies on totals and relative figures due to rounding are not adjusted in the yearbook. Part of the 2023 indices in the yearbook takes the measure of quick estimation.

VII. Notations used in the yearbook: "blank space" indicates that the data are either unclear or not available; "#" indicates a major breakdown of the total; "..." indicates a figure not big enough to be rounded into the least unit of measurement in the chart.

目　　录

Contents

第一篇　综　述

Statistical Communique

第二篇　人民生活

People's Livelihoods

第三篇　价　格
Prices

第四篇 农 业
Agriculture

第五篇 全国及主要城市比较资料
Comparative Information of the Nation and Major Cities

第六篇 长三角三省一市主要经济发展指标
Economic Development Indicators in Three Provinces and One City of the Yangtze River Delta

第七篇 年度报告
Annual Report

第一篇 综 述

Statistical Communique

2023年上海市国民经济和社会发展统计公报

2023年，上海以习近平新时代中国特色社会主义思想为指导，全面贯彻落实党的二十大和二十届二中全会精神，深入贯彻落实习近平总书记考察上海重要讲话精神，坚决贯彻落实党中央、国务院的决策部署，坚持稳中求进工作总基调，深化高水平改革开放，推动高质量发展，着力提升城市能级和核心竞争力。全市经济社会发展稳中有进、稳中向好，改革开放红利稳步释放，民生福祉持续改善。

一、综 合

初步核算，全年实现地区生产总值（GDP）47218.66亿元，比上年增长5.0%（见图1）。其中，第一产业增加值96.09亿元，下降1.5%；第二产业增加值11612.97亿元，增长1.9%；第三产业增加值35509.60亿元，增长6.0%。第三产业增加值占地区生产总值的比重为75.2%。

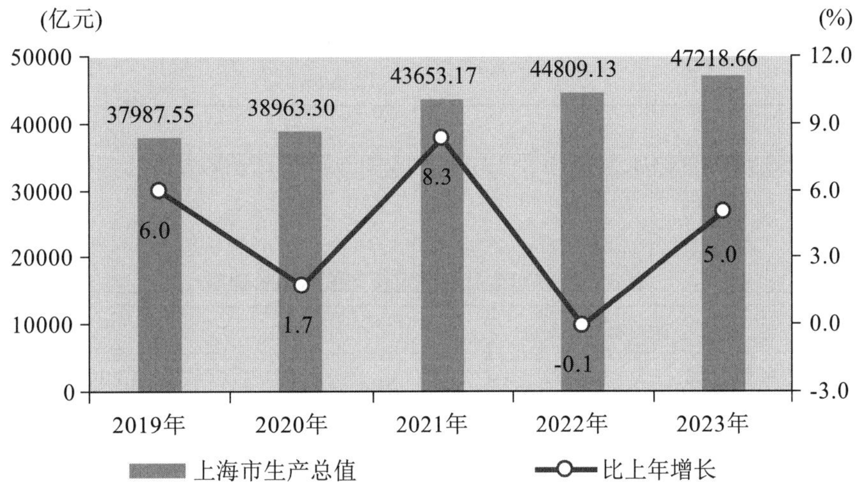

图1 2019～2023年地区生产总值及其增长速度

全年战略性新兴产业增加值11692.50亿元，比上年增长6.9%。战略性新兴产业增加值占上海市生产总值的比重为24.8%（见表1）。

表1 2023年战略性新兴产业增加值及其增长速度

指 标	绝对值（亿元）	比上年增长（%）
战略性新兴产业增加值	**11692.50**	**6.9**
工业战略性新兴产业增加值	3988.18	1.5
服务业战略性新兴产业增加值	7704.32	10.0

全年新设经营主体53.55万户，比上年增长29.1%；新设经营主体注册资本（金）总量1.95万亿元，比上年增长5.1%。截至2023年12月31日，全市共有各类经营主体341.76万户，比上年末增长4.1%；注册资本（金）总量41.90万亿元，比上年末增长3.6%。

全年地方一般公共预算收入8312.50亿元，比上年增长9.3%；非税收入占全市地方一般公共预算收入比重为14.5%。地方一般公共预算支出9638.51亿元，增长2.6%（见表2）。全年税务部门组织的税收收入完成 15794.30 亿元（不含关税及海关代征税），增长 2.1%。

表 2　2023 年地方一般公共预算收支及其增长速度

指　标	绝对值（亿元）	比上年增长（%）
地方一般公共预算收入	**8312.50**	**9.3**
#增值税	2669.80	40.0
个人所得税	952.93	0.3
企业所得税	1716.42	-10.5
契税	330.06	3.1
地方一般公共预算支出	**9638.51**	**2.6**
#一般公共服务支出	426.95	-5.7
公共安全支出	473.55	-0.6
教育支出	1206.14	7.4
科学技术支出	528.05	36.7
社会保障和就业支出	1187.63	6.0
卫生健康支出	881.74	-32.6
节能环保支出	254.97	25.1
城乡社区支出	1346.56	-5.5

全年全社会固定资产投资总额比上年增长 13.8%。其中，第三产业投资增长 15.7%；外商投资经济投资增长 22.3%（见表 3）。

表 3　2023 年全社会固定资产投资增长速度

指　标	比上年增长（%）
全社会固定资产投资总额	**13.8**
按经济类型分	
国有经济	18.3
集体经济	21.2
个体私营经济	6.1
港澳台商投资经济	-0.7
外商投资经济	22.3
按产业分	
第一产业	13.2
第二产业	5.4
第三产业	15.7
按行业分	
#工业	5.5
交通运输、仓储和邮政业	3.8
信息传输、软件和信息技术服务业	21.6
金融业	1.6 倍
教育	12.3
卫生和社会工作	22.5
文化、体育和娱乐业	-8.9

以上年价格为 100，全年居民消费价格指数为 100.3。其中，食品烟酒类价格指数为 98.8，居住类价格指数为 100.2，医疗保健类价格指数为 100.2（见表 4）。工业生产者出厂价格指数为 99.7，工业生产者购进价格指数为 98.9。

以上年价格为 100，全年新建商品住宅销售价格指数为 104.4，二手住宅销售价格指数为 99.8。

表 4　2023 年居民消费价格指数

指　标	指 数（以上年价格为 100）
居民消费价格指数	**100.3**
食品烟酒	98.8
衣着	102.0
居住	100.2
生活用品及服务	100.4
交通通信	99.1
教育文化娱乐	103.6
医疗保健	100.2
其他用品及服务	104.8

二、农　业

全年实现农业总产值 261.82 亿元，比上年下降 1.7%。其中，种植业产值 140.04 亿元，下降 1.4%；林业产值 6.32 亿元，下降 15.9%；牧业产值 44.92 亿元，增长 5.4%；渔业产值 52.97 亿元，下降 4.2%；农林牧渔专业及辅助性活动产值 17.57 亿元，下降 4.0%。

全年全市农作物播种面积 27.32 万公顷，比上年增长 0.5%。其中，粮食播种面积 12.72 万公顷，增长 3.5%；蔬菜播种面积 8.56 万公顷，下降 2.1%。全年全市粮食产量 101.86 万吨，比上年增长 6.6%；地产蔬菜产量 250.63 万吨，下降 1.9%；生猪出栏 120.36 万头，增长 21.3%；鲜奶产量 30.68 万吨，增长 1.5%（见表 5）。

至年末，全市有效期内绿色食品企业数共 1138 家，产品 2403 个，全年获证产量 160.81 万吨；地产农产品绿色食品认证率达 31.8%；农产品地理标志产品 16 个。

全年新增建设高标准农田 2247 公顷,改造提升高标准农田 667 公顷。至年末，纳入统计范围的农民专业合作社 1950 家，其中市级农民合作社示范社 310 家，国家级农民合作社示范社 98 家；各类农业产业化重点龙头企业 204 家，其中市级以上龙头企业 130 家，国家级龙头企业 26 家；经农业农村部门备案的家庭农场 3319 家，其中市级示范家庭农场 115 家。

表 5　2023 年主要农副产品产量及其增长速度

产品名称	单 位	产量	比上年增长（%）
粮食	万吨	101.86	6.6
地产蔬菜	万吨	250.63	-1.9
生猪出栏	万头	120.36	21.3
鲜奶	万吨	30.68	1.5
家禽出栏	万羽	575.17	26.7
水产品	万吨	27.32	5.6

三、工业和建筑业

全年实现工业增加值 10846.16 亿元，比上年增长 1.1%。全年完成规模以上工业总产值 39399.57 亿元，下降 0.2%。其中，国有控股企业总产值 14042.60 亿元，增长 5.3%。

全年新能源、高端装备、生物、新一代信息技术、新材料、新能源汽车、节能环保、数字创意等工业战略性新兴产业完成工业总产值 17304.61 亿元（见表 6），占全市规模以上工业总产值比重达到 43.9%。

表 6　2023 年工业战略性新兴产业总产值及其增长速度

指　标	绝对值（亿元）	比上年增长（%）
工业战略性新兴产业总产值	**17304.61**	**-1.8**
#新能源	747.14	21.3
高端装备	2648.12	4.8
生物	1719.14	-5.3
新一代信息技术	4893.76	-22.0
新材料	2868.48	-0.4
新能源汽车	3876.30	32.1
节能环保	872.69	-3.6
数字创意	77.78	-29.0

全年规模以上工业产品销售率为 100.1%。规模以上工业企业主要产品中，发电机组产量 2807.49 万千瓦，增长 7.2%；新能源汽车产量 128.68 万辆，增长 34.4%（见表 7）。

表 7　2023 年规模以上工业企业主要产品产量及其增长速度

产品名称	单 位	产 量	比上年增长（%）
钢材	万吨	1917.21	-0.2
电站用汽轮机	万千瓦	1706.53	-1.7
工业机器人	万套	6.57	-14.3
汽车	万辆	215.61	4.8
#新能源汽车	万辆	128.68	34.4
发电机组（发电设备）	万千瓦	2807.49	7.2
化学药品原药	万吨	4.45	12.3
笔记本计算机	万台	1166.20	-38.7
化学纤维	万吨	19.94	5.8
智能手机	万台	2367.08	-19.5
集成电路圆片	万片	853.00	-13.1

全年规模以上工业企业实现利润总额 2519.49 亿元，比上年下降 0.3%；实现税金总额 1876.55 亿元，增长 7.3%。

全年实现建筑业增加值 882.25 亿元，比上年增长 16.8%。全年完成建筑业总产值 10045.79 亿元，比上年增长 8.9%；房屋建筑施工面积 56244.45 万平方米，下降 3.0%；竣工面积 9707.67 万平方米，增长 11.1%。

四、国内贸易

全年实现批发和零售业增加值 5094.52 亿元，比上年增长 2.3%。

全年实现商品销售总额 16.38 万亿元，比上年下降 0.4%。其中，零售业销售额 1.44 万亿元，增长 9.7%。

全年实现社会消费品零售总额18515.50亿元，比上年增长12.6%（见表8）。其中，限额以上实体零售业态的零售额同比增长11.9%。

表8 2023年社会消费品零售总额及其增长速度

指 标	绝对值（亿元）	比上年增长（%）
社会消费品零售总额	**18515.50**	**12.6**
#批发和零售业	17010.24	11.1
住宿和餐饮业	1505.26	33.3
#国有及国有独资公司	141.05	5.8
私营	2474.31	2.4
股份有限公司	524.87	13.1
港澳台商投资	3955.06	12.7
外商投资	2888.66	17.0

全年完成电子商务交易额3.73万亿元，比上年增长11.7%。其中，B2B交易额2.08万亿元，增长4.6%；网络购物交易额1.65万亿元，增长22.2%。网络购物交易额中，商品类网络购物交易额9112.8亿元，增长8.8%；服务类网络购物交易额7353.4亿元，增长44.4%。

五、交通和邮电

全年实现交通运输、仓储和邮政业增加值2331.48亿元，比上年增长15.6%。

全年各种运输方式完成货物运输量153343.69万吨，比上年增长8.6%。对外旅客发送量18185.44万人次，增长2.2倍（见表9）。

表9 2023年货物运输量与对外旅客发送量及其增长速度

指 标	单 位	绝对值	比上年增长（%）
货物运输量	**万吨**	**153343.69**	**8.6**
铁路	万吨	527.27	6.2
水运	万吨	102229.93	6.8
公路	万吨	50436.27	12.5
航空	万吨	150.23	22.0
对外旅客发送量	**万人次**	**18185.44**	**2.2倍**
铁路	万人次	12188.82	2.2倍
水运	万人次	2.95	91.4
公路	万人次	1131.64	1.2倍
航空	万人次	4862.03	2.3倍

全年完成港口货物吞吐量84252.63万吨，比上年增长15.1%；集装箱吞吐量4915.83万国际标准箱，增长3.9%。集装箱水水中转比例达57.8%，比上年提高3.9个百分点；国际中转比例11.9%，比上年下降0.1个百分点。

上海浦东、虹桥两大国际机场全年共起降航班70.07万架次，增长1.1倍；实现进出港旅客9696.91万人次，增长2.4倍。其中，境内航线进出港旅客7844.28万人次，增长1.8倍；境外（含国际及港澳台）航线进出港旅客1852.63万人次，增长12.8倍。实现货邮吞吐量380.33万吨，增长15.2%。其中，浦东机场完成344.01万吨，增长10.4%。

至年末，全市轨道交通运营线路20条，长度达到831公里，运营车站508个。至年末，地面公交运营车辆达 1.74 万辆,运营路线达 1576 条，运营线路长度 24479 公里。巡游出租车 3.22 万辆，全年载客车次 1.49 亿次。全年公共交通客运总量 48.06 亿人次，日均 1316.64 万人次，比上年增长 54.0%。其中，轨道交通客运量 36.61 亿人次，增长 60.6%；公共汽电车客运量 11.06 亿人次，增长 35.1%；黄浦江和三岛轮渡客运量 3011.31 万人次，增长 76.2%；金山铁路客运量 817.80 万人次，增长 53.1%。

全年完成邮政业务总量 2132.91 亿元，比上年增长 15.3%；电信业务总量 644.89 亿元，增长 14.4%。邮政业全年完成快递业务 37.03 亿件，快递业务收入 2089.36 亿元。

六、金融业

全年实现金融业增加值 8646.86 亿元，比上年增长 5.2%。

至年末，全市中外资金融机构本外币各项存款余额 204429.29 亿元，比年初增加 12444.76 亿元；贷款余额 111766.72 亿元，比年初增加 7557.37 亿元（见表 10）。

表 10　2023 年中外资金融机构本外币存贷款情况

指　标	绝对值（亿元）	比年初增减额（亿元）
各项存款余额	**204429.29**	**12444.76**
#住户存款	60165.85	7543.06
非金融企业存款	75804.27	2719.33
财政性存款	5359.81	670.26
机关团体存款	20550.53	2011.29
非银行业金融机构存款	34085.80	70.05
各项贷款余额	**111766.72**	**7557.37**
#住户贷款	31494.57	718.89
企（事业）单位贷款	73765.16	6273.91
非银行业金融机构贷款	463.51	-115.23

全年金融市场交易总额达到 3373.63 万亿元，比上年增长 15.0%（见图 2）。上海证券交易所总成交额 551.54 万亿元，增长 11.2%。其中，股票成交额 89.36 万亿元，下降 7.2%；债券成交额 35.81 万亿元，增长 64.1%。全年通过上海证券市场股票筹资 6076.62 亿元，比上年下降 28.3%；发行公司债和资产支持证券共 51590.90 亿元，增长 19.4%。至年末，上海证券市场上市证券 33725 只，比上年末增加 3615 只。其中，股票 2302 只，增加 89 只。

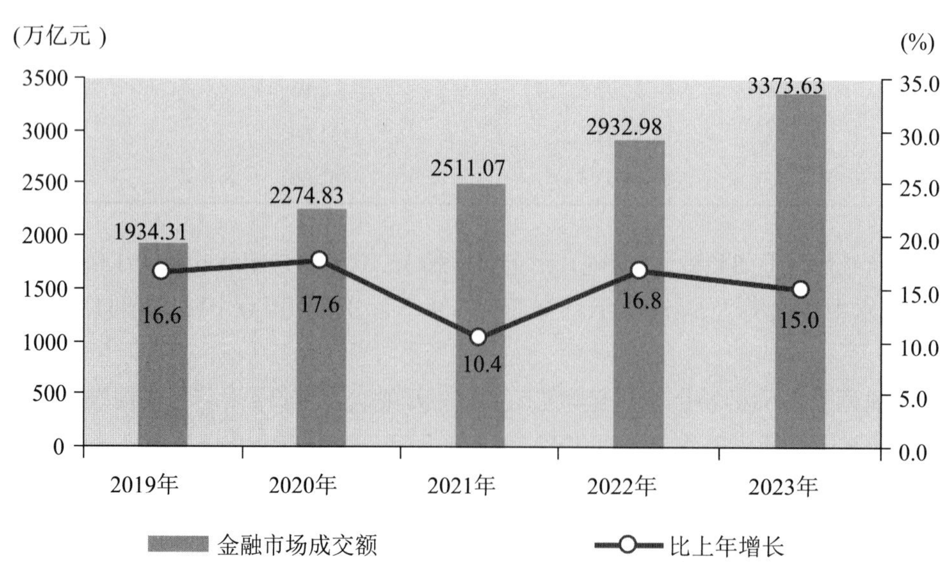

图 2　2019～2023 年金融市场交易总额及其增长速度

全年上海期货交易所总成交金额 187.21 万亿元，比上年增长 3.3%。中国金融期货交易所总成交金额 133.17 万亿元，增长 0.1%。银行间市场总成交金额 2491.94 万亿元，增长 17.9%。上海黄金交易所总成交金额 9.76 万亿元，增长 14.6%。

全年保险公司原保险保费收入 2470.74 亿元，比上年增长 17.9%。其中，财产险公司原保险保费收入 737.80 亿元，增长 11.3%；人身险公司原保险保费收入 1732.94 亿元，增长 21.0%。全年原保险赔付支出 783.37 亿元，增长 19.7%。

七、对外经济

全年上海口岸货物进出口总额 106576.6 亿元，比上年增长 2.8%。其中，进口 43383.5 亿元，增长 0.6%；出口 63193.1 亿元，增长 4.3%。

全年上海关区货物进出口总额 77346.36 亿元，比上年增长 0.5%。其中，进口 31115.48 亿元，下降 1.4%；出口 46230.88 亿元，增长 1.9%。

全年上海市货物进出口总额 42121.61 亿元，比上年增长 0.7%。其中，进口 24743.67 亿元，增长 0.1%；出口 17377.94 亿元，增长 1.6%（见图 3、表 11）。高新技术产品出口占全市比重为 33.2%。按市场分，对欧盟进口 5343.96 亿元，增长 5.0%，出口 3101.72 亿元，下降 1.0%；对美国进口 2020.70 亿元，下降 2.5%，出口 2774.90 亿元，下降 11.8%；对东盟进口 3267.43 亿元，下降 7.8%，出口 2185.18 亿元，增长 3.1%；对日本进口 2481.48 亿元，下降 4.2%，出口 1432.19 亿元，增长 6.5%（见表 12）。

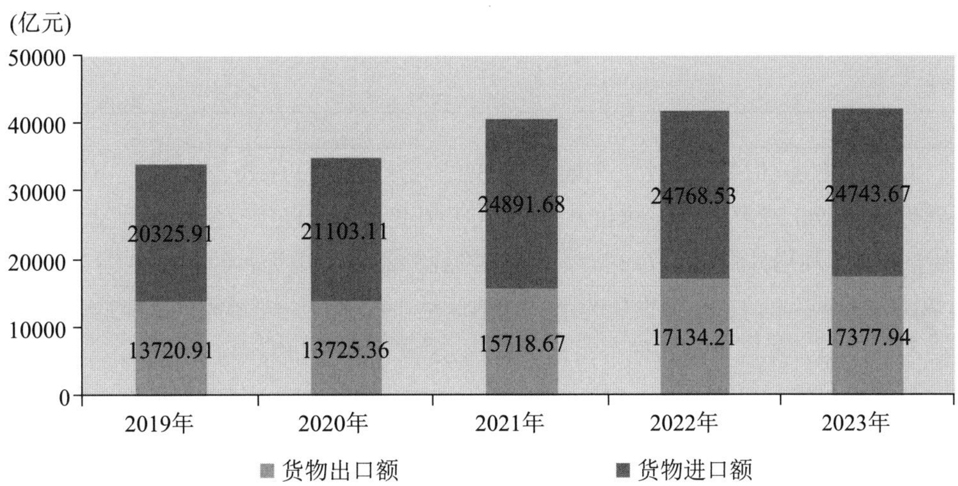

图 3 2019～2023 年上海市货物进出口总额

表 11 2023 年上海市货物进出口总额及其增长速度

指 标	绝对值（亿元）	比上年增长（%）
上海市货物进出口总额	**42121.61**	**0.7**
上海市货物进口总额	**24743.67**	**0.1**
#国有企业	2699.08	9.8
外商投资企业	15962.76	-1.3
私营企业	6047.12	0.3
#一般贸易	15605.11	1.9
加工贸易	1911.53	-17.6
#机电产品	10456.20	-4.0
#高新技术产品	7129.88	-4.1

续表

指　标	绝对值（亿元）	比上年增长（%）
上海市货物出口总额	**17377.94**	**1.6**
#国有企业	1582.39	8.0
外商投资企业	8753.89	-6.7
私营企业	6912.26	12.3
#一般贸易	9428.06	1.5
加工贸易	3923.07	-16.1
#机电产品	12066.72	2.8
#高新技术产品	5765.13	-7.5

表 12　2023 年上海对主要国家和地区货物进出口总额及其增长速度

国家和地区	出口额（亿元）	比上年增长（%）	进口额（亿元）	比上年增长（%）
欧盟	3101.72	-1.0	5343.96	5.0
美国	2774.90	-11.8	2020.70	-2.5
东盟	2185.18	3.1	3267.43	-7.8
日本	1432.19	6.5	2481.48	-4.2
中国香港	1501.09	15.6	139.99	43.3
中国台湾	803.05	-8.8	1570.84	-16.2
韩国	774.90	16.5	1240.97	-18.5
俄罗斯	340.22	52.2	585.45	50.7

全年新设外商投资企业 6017 家，比上年增长 38.3%；合同金额 291.20 亿美元，下降 27.6%；全年外商直接投资实际到位金额 240.87 亿美元，增长 0.5%。全年制造业外商直接投资实际到位金额 24.12 亿美元，增长 1.8 倍，占全市实际利用外资比重为 10.0%；第三产业外商直接投资实际到位金额 216.73 亿美元，下降 6.1%，占比为 90.0%。至年末，在上海投资的国家和地区达 193 个，上海市累计认定跨国公司地区总部 956 家，外资研发中心 561 家。年内新增跨国公司地区总部 65 家，外资研发中心 30 家。

全年备案对外直接投资项目 810 个；对外直接投资中方投资额 69.28 亿美元，比上年下降 19.6%。新签对外承包工程合同金额 146.5 亿美元，增长 60.0%；完成营业额 85.64 亿美元，下降 8.7%。

全年全市共举办各类展览及活动 681 个，举办总面积 1732.67 万平方米。其中，举办国际展 246 个，展览面积 1471.49 万平方米；举办国内展 330 个，展览面积 187.06 万平方米；举办活动 105 个，举办面积 74.12 万平方米。

成功举办第六届中国国际进口博览会。共有 154 个国家、地区和国际组织参展。按一年计意向成交金额 784.1 亿美元，比上届增长 6.7%。

八、中国(上海)自由贸易试验区建设

2023 年，中国(上海)自由贸易试验区深入贯彻落实习近平总书记关于深入推进自由贸易试验区建设的重要指示精神，全面实施自贸试验区提升战略，坚持以高水平开放为引领、以制度创新为核心，统筹发展和安全，高标准对接国际经贸规则，加快壮大发展新动能，打造国家制度型开放示范区。

制度型开放取得新突破。全国首个“丝路电商”合作先行区获批创建，中心功能区启动建设。全国首个在海关特殊监管区域建设的诚信示范区启动运行。生物医药入境特殊物品联合监管检疫改革试点实现“白名单”制度试点向条件管理转化。

全球资源配置能级不断提升。上海国际能源交易中心挂盘交易国内首个航运期货品种—集运指数（欧线）期货。上期所首次同步上市期货期权品种—合成橡胶期货及期权。全国性大宗商品仓单注册登记中心上海项目正式上线运行，累计上链客户 846 个。上海数交所国际板和国内首个数据交易链启动建设，挂牌产品超 1700 个，累计交易额超 10 亿元。全球营运商计划（GOP）新增培育企业 35 家，累计达到 218 家。全球机构投资者集聚计划（GIC）推动新增持牌类金融机构 34 家，累计达到 1207 家。大企业开放创新中心计划（GOI）新授牌 25 家，累计达到 90 家。

科创策源功能进一步强化。软 X 射线自由电子激光用户装置、活细胞结构与功能成像等线站工程完成首轮用户实验供光。C919 大飞机正式开启商业载客，首艘国产大型邮轮出坞，全球首个基因工程菌团体标准和国内首个零售药店经营 CAR-T 治疗药品服务规范正式发布。引领区产业发展基金旗下的三大产业引导母基金成功设立，首期总规模超 150 亿元。

改革系统集成推出新举措。试点开展行业综合许可证"免申即办"，发出全国首张"与人体健康相关的动物生物安全二级实验室"行业综合许可证、"现场个性化服务"化妆品生产许可证，市场准营承诺即入制试点扩大至 22 个高频行业，全面实行新入市场主体合规告知制度。在生态环境保护、融资租赁等领域出台 3 部浦东新区法规，在免办强制性产品认证、无人驾驶装备等领域出台 8 部管理措施，形成"18 部浦东新区法规+21 部管理措施"的立法体系。

表 13　2023 年中国（上海）自由贸易试验区（浦东部分）主要经济指标及其增长速度

指标	单位	绝对值	比上年增长（%）
外商直接投资实际到位金额	亿美元	102.03	-5.7
全社会固定资产投资总额	亿元	2240.24	18.0
规模以上工业总产值	亿元	7757.40	5.8
社会消费品零售额	亿元	2718.66	13.7
限额以上商品销售总额	亿元	58917.00	-4.0
服务业营业收入	亿元	9187.83	2.8

九、城市基础设施和房地产

全年城市基础设施建设投资比上年增长 3.3%。其中，交通运输、邮电通信投资增长 2.8%；公用设施投资增长 6.9%（见表 14）。

表 14　2023 年城市基础设施投资增长速度

指　标	比上年增长（%）
城市基础设施投资	**3.3**
电力建设	-10.7
交通运输、邮电通信	2.8
公用设施	6.9

至年末，全市公交专用道路长度 514.3 公里（不含有轨电车长度）；完成架空线入地 112 公里；完成燃气老旧立管改造 7.5 万户，完成老化管道更新 361.8 公里，完成智能燃气表置换 54 万台。

全市自来水供水能力为 1248.5 万立方米/日。全年供水总量为 29.55 亿立方米，比上年增长 1.1%；售水总量为 24.37 亿立方米，增长 2.0%。其中，工业用水量为 3.99 亿立方米，比上年增长 0.7%；居民生活用水量为 11.52 亿立方米，比上年下降 2.9%。全年全市用电量 1848.81 亿千瓦时，比上年增长 5.9%（见表 15）。

至年末，全市家庭液化气用户 173 万户，比上年末下降 11.7%；家庭天然气用户 808 万户，增长 2.9%。

表 15　2023 年公用事业主要指标及其增长速度

指　　标	单 位	绝对值	比上年增长（%）
自来水日供水能力	万立方米	1248.5	1.6
自来水供水总量	亿立方米	29.55	1.1
自来水售水总量	亿立方米	24.37	2.0
#工业用水	亿立方米	3.99	0.7
用电量	亿千瓦时	1848.81	5.9
#城乡居民生活用电	亿千瓦时	296.76	-6.1
液化气销售总量	万吨	23.4	6.4
天然气供应总量	亿立方米	96.8	8.4

全年完成房地产开发投资额比上年增长 18.2%。其中，住宅投资增长 22.8%；办公楼投资增长 4.1%；商业营业用房投资增长 10.8%。全年商品房施工面积 17215.73 万平方米，增长 3.2%；竣工面积 2096.36 万平方米，增长 25.1%。全年商品房销售面积 1808.03 万平方米，下降 2.4%。其中，住宅销售面积 1454.02 万平方米，下降 6.9%。全年商品房销售额 7259.99 亿元，下降 2.8%。其中，住宅销售额 6685.19 亿元，下降 3.6%。全年存量房买卖登记面积 1708.03 万平方米，比上年增长 5.8%。

全年全市完成零星旧改 12.3 万平方米，受益居民 4084 户。全年实施老旧小区改造 1310 万平方米，完成 29.6 万平方米小梁薄板房屋等不成套旧住房改造，启动 10 个城中村改造项目，推动既有多层住宅加装电梯 3001 台，建设筹措 8.1 万套（间）保障性租赁住房，筹措供应 1.1 万张“新时代城市建设者管理者之家”床位。

十、城市信息化

至年末，千兆光网接入能力已覆盖 961 万户家庭。家庭宽带用户平均接入带宽达 415.52Mbps；互联网省际出口带宽 66671Gbps，比上年末增加 9870.7Gbps；互联网国际出口带宽 9513.48Gbps，比上年末增加 256.16Gbps。IPTV 用户数 641.49 万户，比上年末增加 80.67 万户。5G 用户数 2010.87 万户，比上年末增加 628.69 万户。至年末，累计建设超 7.8 万个 5G 室外基站、37 万个室内小站，实现全市域 5G 网络基本覆盖。在智能制造、健康医疗、智慧教育等十大领域累计推进 920 余项 5G 应用项目。

至年末，“一网通办”总门户已接入 3705 项服务事项，其中 3326 项可实现全程网办。全年日均办事 42 万件，实际网办率达 82.9%。“一网通办”实名用户数达 8219 万；法人用户超 352 万。“一网通办”政务服务“好差评”好评率达到 99.94%。“随申码”已覆盖超 8148 万自然人、178 万法人用户，为 179 类超 4600 万个城市物体（包含数字虚拟物体）赋码，2023 年累计使用次数超 2.7 亿次。推进长三角三省一市 40 类电子证照共享互认，实现 171 项服务事项跨省通办。拓展长三角“一网通办”线下专窗，开通 895 个线下专窗办理点，全程网办办件 694.07 万余件。

十一、教育和科学技术

2023 学年，全市共有研究生培养单位 49 家，普通高等学校 68 所，普通中学 900 所，普通中等职业学校 70 所，普通小学 664 所，特殊教育学校 31 所。

2023 学年，全市共有研究生在校生 25.84 万人，普通本专科在校生 57.24 万人，普通高中在校生 20.79 万人，普通初中在校生 56.72 万人，中职在校生 10.77 万人，普通小学在校生 93.71 万人，特殊教育在校生 0.55 万人（见表 16）。

2023 学年，全市共有独立设置成人高校 12 所，成人本专科在校生 14.35 万人。共有网络（开放）本专科在校生 13.79 万人。老年教育机构 297 所。

2023 学年，全市共有民办普通高校 19 所，在校学生 14.63 万人；民办普通中学 134 所，在校学生 9.65 万人；民办小学 54 所，在校学生 9.41 万人。

表 16 2023 学年各级各类学校学生情况及其增长速度

类 别	在校学生数（万人）	比上学年增长（%）	毕业学生数（万人）	比上学年增长（%）
研究生培养单位	25.84	5.5	6.57	4.8
博士	5.70	11.1	0.76	0.4
硕士	20.13	4.0	5.81	5.3
普通本专科	57.24	3.2	14.84	0.7
普通中等学校	88.28	6.4	21.57	8.5
普通中学	77.51	8.1	17.41	7.2
高中	20.79	7.8	5.91	10.5
初中	56.72	8.2	11.50	5.6
中等职业学校	10.77	-4.4	4.16	14.3
普通小学	93.71	2.2	17.47	12.9
特殊教育学校	0.55	1.9	0.08	3.7

全年研究与试验发展（R&D）经费支出相当于地区生产总值的比例为 4.4%左右（见图 4）。

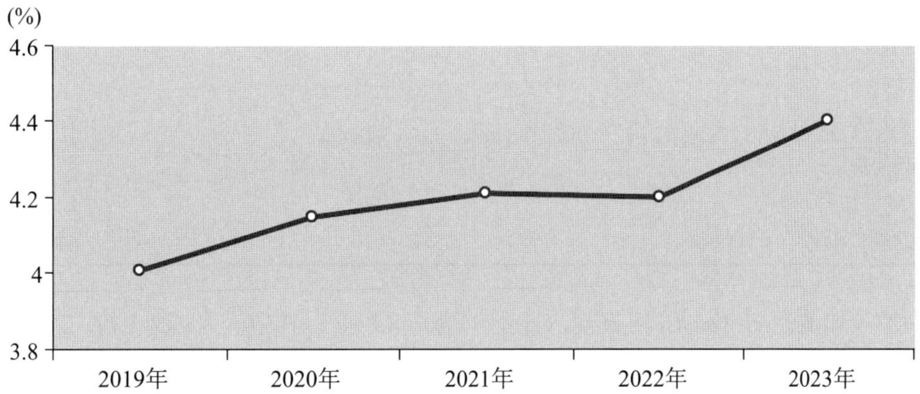

图 4 2019～2023 年 R&D 经费支出相当于地区生产总值的比例

全市新增科技“小巨人”企业和“小巨人”培育企业 155 家，累计超 2800 家。年内新认定高新技术企业 8052 家，有效期内高新技术企业数突破 2.4 万家。全年共落实研发费用加计扣除上年度减免税额 823.22 亿元，享受企业数 4.15 万家；落实高新技术企业减免所得税额 248.68 亿元，享受企业数 3007 家；新认定技术先进型服务企业 42 家，有效期内 243 家。落实技术先进型企业减免所得税额 13.17 亿元，享受企业数 146 家。全年共认定高新技术成果转化项目 837 项。其中，电子信息、生物医药、新材料、先进制造与自动化等重点领域项目占 82.2%。至年末，累计认定高新技术成果转化项目 15929 项。

全年专利授权 15.91 万件。其中，发明专利授权 4.43 万件，比上年增长 20.5%；实用新型专利授权 9.54 万件，下降 19.5%；外观设计专利授权 1.94 万件，下降 15.9%。全年 PCT 国际专利申请量 6185 件，比上年增长 10.6%。至年末，有效专利达 91.51 万件。其中，有效发明专利 24.14 万件，比上年增长 19.5%；有效实用新型专利 55.67 万件，增长 12.8%；有效外观设计专利 11.70 万件，增长 11.0%。每万人口高价值发明专利拥有量达 50.2 件，较上年增加 9.3 件。

全年商标申请量 36.95 万件，比上年下降 8.3%；商标注册量 23.58 万件，下降 32.8%；商标活跃度（每新增 1 户经营主体同时新增注册商标）为 0.44 件。至年末，有效注册商标量达到 261.35 万件，比上年增长 7.7%；商标集聚度（每万户经营主体的平均有效注册商标拥有量）为 7647 件。至年末，全市共有作为集体商标、证明商标注册的地理标志 18 件，地理标志产品 8 个。

全年经认定登记的各类技术交易合同 50824 件，比上年增长 32.8%；合同金额 4850.21 亿元，增长 21.1%。

深入推进科创板注册制试点，全年新增上市企业 67 家，募集资金 1438.8 亿元；至年末累计上市企业 566 家，募集资金 9038.8 亿元。科创板全年新增上海上市企业 11 家，募集资金 337.1 亿元，总市值 1071.2 亿元；至年末累计上海上市企业 89 家，募集资金 2284.9 亿元，总市值 1.5 万亿元。

十二、文化旅游、卫生健康和体育

全年实现旅游产业增加值 1771.24 亿元，比上年增长 98.5%。

至年末，全市共有市、区级公共图书馆 20 个，总流通人次 1684 万人次；文化馆 19 个；备案博物馆 165 个。

至年末，全市共有星级宾馆 154 家，旅行社 1942 家，A 级旅游景区 144 个，红色旅游基地 34 个（见表 17）。

表 17　2023 年旅游设施情况

指　标	单位	绝对值
星级宾馆	家	154
#五星级	家	57
四星级	家	52
旅行社	家	1942
#经营出境旅游业务的旅行社	家	295
A 级旅游景区	个	144
#5A 级景区	个	4
4A 级景区	个	72
红色旅游基地	个	34
#全国红色旅游基地	个	12
旅游咨询服务中心	个	61

全年接待来沪入境旅游者 364.46 万人次，比上年增长 4.8 倍。其中，入境外国人 241.19 万人次，增长 5.2 倍；港、澳、台同胞 123.27 万人次，增长 4.0 倍。在入境旅游者中，入境过夜旅游者 329.53 万人次，增长 4.3 倍。全年接待国内旅游者 32642.76 万人次，增长 73.5%，其中外省市来沪旅游者 10632.94 万人次，增长 40.5%。全年入境旅游外汇收入 61.87 亿美元，增长 2.6 倍；国内旅游收入 3678.11 亿元，增长 76.8%。

至年末，全市共有卫生机构 6531 所，卫生技术人员 25.64 万人（见表 18）。全年全市医疗机构共完成诊疗人次数 2.66 亿人次。上海地区婴儿死亡率 2.14‰，上海地区孕产妇死亡率 2.89/10 万。全市危重孕产妇、危重新生儿抢救成功率分别为 99.7%和 94.0%。

表 18　2023 年卫生机构基本情况

指　标	单 位	绝对值
卫生机构数	**所**	**6531**
#医院	所	480
门诊部	所	1499
社区卫生服务中心	**所**	**248**
疾病预防控制中心	所	19
卫生监督所	所	17
卫生技术人员数	**万人**	**25.64**
#执业（助理）医生	万人	9.23
#医院执业（助理）医生	万人	5.80
注册护士	万人	11.63

注：卫生机构数中含医疗卫生机构的分支机构。

全年启动 23 个国家临床重点专科和 5 个疫情救治重点医院建设，新增 18 个国家高水平中医药重点学科，新增互联网医院 73 家（全市共计 266 家）。

全年新建、改扩建社区卫生服务中心（含分中心）56 家。至年末，全市家庭医生签约居民累计超过 1089 万人。

全年成功举办上海马拉松、ATP1000 大师赛、LPGA 锦标赛、上海超级杯、上海赛艇公开赛等 117 项国际国内重大赛事。成功申办国际奥委会新兴赛事——奥运会资格系列赛。年内上海运动员共获得 19 枚世界大赛金牌、38 枚全国最高级比赛金牌。

全年新增体育场地面积 255.1 万平方米，全市人均体育场地面积达到 2.61 平方米。全年新建和改建社区市民健身中心 33 个、市民健身步道 81 条、市民益智健身苑点 1301 个、市民健身驿站 101 个、市民运动球场 245 片、长者运动健康之家 43 个。至年末，都市运动中心新型体育服务综合体达到 25 个。

十三、人口和就业

至年末，全市常住人口为 2487.45 万人。其中，户籍常住人口 1480.17 万人，外来常住人口 1007.28 万人。全年常住人口出生 9.8 万人，出生率为 3.95‰；死亡 15.8 万人，死亡率为 6.37‰；常住人口自然增长率为-2.42‰；常住人口出生性别比为 107.3。

全年城镇新增就业岗位 60.56 万个（见图 5），全年帮助就业困难人员实现就业 66686 人，新消除零就业家庭 57 户。全年创业帮扶 15176 户，帮助 12314 名长期失业青年实现就业创业。全年共完成补贴性职业技能培训 105.6 万人次，共支持企业开展新型学徒制培训 12640 人，新增取得高级工以上职业资格证书和技能等级证书 5.57 万人次。全年城镇调查失业率平均为 4.5%。至年末，全市户籍城乡登记失业人数 15.09 万人。

至年末，累计核发《外国人工作许可证》43.4 万余份，其中外国高端人才（A 类）约 8.3 万份，约占 19%。共为 1689 位外国人才办理了《外国高端人才确认函》。

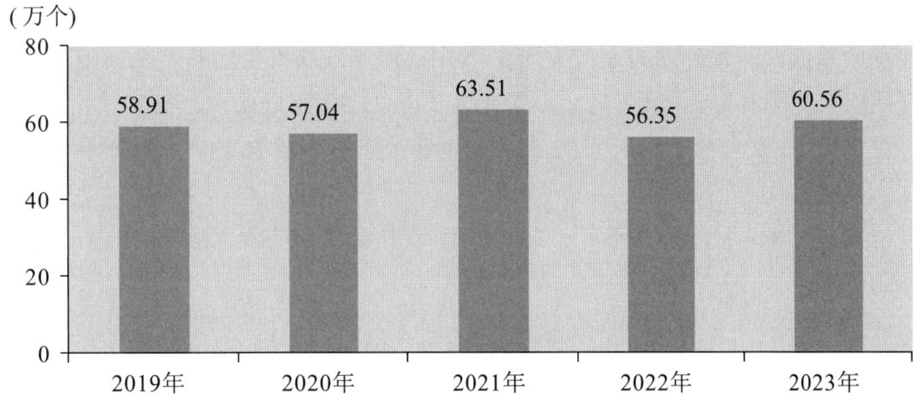

图 5 2019～2023 年新增就业岗位情况

十四、人民生活和社会保障

据抽样调查，全年全市居民人均可支配收入 84834 元，比上年增长 6.6%（见图 6）。其中，城镇常住居民人均可支配收入 89477 元，增长 6.5%；农村常住居民人均可支配收入 42988 元，增长 8.2%。全市居民人均消费支出 52508 元，比上年增长 14.0%。其中，城镇常住居民人均消费支出 54919 元，增长 14.2%；农村常住居民人均消费支出 30782 元，增长 12.2%。

月最低工资标准为 2690 元，小时最低工资标准为 24 元。

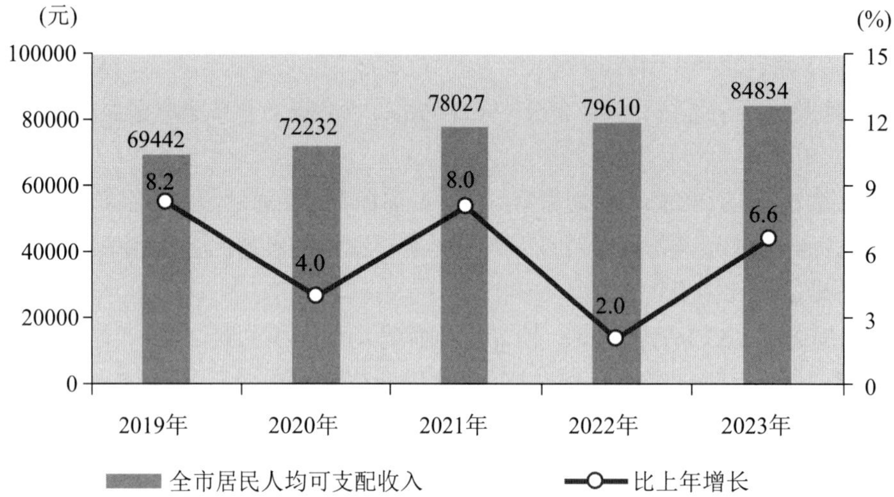

图 6　2019～2023 年全市居民人均可支配收入及其增长速度

至年末，城镇居民人均住房建筑面积 37.51 平方米。

至年末，全市共有 1689.36 万人（包括离退休人员）参加城镇职工基本养老保险，有 71.76 万人参加城乡居民基本养老保险。

至年末，全市共有 1623.23 万人（包括离退休人员）参加职工基本医疗保险，有 380.88 万人参加城乡居民基本医疗保险。

年内新增社区综合为老服务中心 31 家、老年助餐服务场所 318 个、养老床位 5510 张，改造老年认知障碍照护床位 2598 张。至年末，全市共有社区综合为老服务中心 459 家，老年助餐服务场所 1926 个。全市共有养老机构 700 家，床位 16.69 万张，其中，由社会投资开办的 328 家，床位 6.9 万张。

最低生活保障标准从每人每月 1420 元调整为每人每月 1510 元，同步调整特困人员供养标准等社会救助标准。全年各级政府支出最低生活保障资金 24.92 亿元、特困人员救助供养资金 1.64 亿元、支出型贫困生活救助资金 0.04 亿元、临时救助资金 0.11 亿元、粮油帮困资金 0.81 亿元。

全年全市共发放残疾人两项补贴约 8.87 亿元。其中，困难残疾人生活补贴 3.78 亿元，累计惠及近 8.86 万残疾人；重度残疾人护理补贴约 5.09 亿元，累计惠及近 22.30 万残疾人。落实残疾人集中就业企业社会保险补贴政策，对申请 2022 年度社保补贴的 528 家企业经审核后发放 1.05 亿元社保补贴，惠及残疾职工 10216 人。

至年末，全市共有 118 名社会散居孤儿、1573 名困境儿童享受基本生活保障，97 名在学在读孤儿享受“孤儿助学”补助资金。

十五、环境保护

全年全社会用于环境保护的资金投入约 1099.93 亿元，相当于地区生产总值的比例为 2.3%左右。

全年环境空气质量（AQI）优良率为 87.7%，同比上升 0.6 个百分点；二氧化硫年日均值 7 微克/立方米，同比上升 16.7%；可吸入颗粒物(PM_{10})年日均值 48 微克/立方米，同比上升 23.1%；细颗粒物($PM_{2.5}$)年日均值 28 微克/立方米，同比上升 12.0%；二氧化氮年日均值 31 微克/立方米，同比上升 14.8%；一氧化碳年日均值 0.7 毫克/立方米，与上年持平；臭氧日最大 8 小时滑动平均值达标率 91.8%，同比上升 3 个百分点。

年末，城市污水处理厂日处理能力达 1022.5 万立方米，比上年末提高 14.0%。全年全市清运生活垃圾 974.81 万吨(干垃圾+湿垃圾)，日均 2.67 万吨。其中干垃圾 630.12 万吨，合 17263.69 吨/日，同比增长 5.3%；湿垃圾 344.68 万吨，合 9443.33 吨/日，同比增长 18.2%。生活垃圾焚烧处置量 19996.58 吨/日，湿垃圾资源化利用量 6710.44 吨/日。已建成焚烧厂 15 座，焚烧能力 28000 吨/日；湿垃圾集中处理设施 10 座，资源化利用能力 6680 吨/日，另有分散处置能力 1856 吨/日，湿垃圾资源化利用能力共 8536 吨/日。生活垃圾焚烧和湿垃圾资源化能力 3.65 万吨/日，另有应急填埋能力 5000 吨/日。可回收物收运量 280.97 万吨，合 7697.73

吨/日，同比增长 28.1%；有害垃圾收运量 729.58 吨，合 2 吨/日，同比增长 30.0%。

全年新建绿地 1044 公顷（其中公园绿地 523 公顷）、绿道 231 公里、立体绿化 43 万平方米，森林覆盖率达到 18.8%。全年新建公园 162 座，全市城乡公园数量达到 832 座。

十六、生产安全和食品药品安全

全年工矿商贸（含建筑业、化工、工贸等）、道路运输、生产经营性火灾、水上运输、铁路运输、航空运输、农业机械、渔业船舶等 8 个行业领域，共发生生产安全死亡事故 438 起、死亡 455 人。其中，工矿商贸 221 起、死亡 234 人；道路运输 208 起、死亡 211 人；水上运输 5 起、死亡 6 人；生产经营性火灾 2 起、死亡 2 人；农业机械 2 起、死亡 2 人；铁路运输、航空运输、渔业船舶等 3 个行业领域未发生死亡事故。亿元国内生产总值事故死亡人数为 0.010。

全年全市食品安全总体监测合格率为 99.2%。全年未报告发生集体性食物中毒事件以及其他重大食品安全事故。全年药品、医疗器械、化妆品抽检合格率分别为 99.8%、98.5%、98.8%。

上海市统计局

国家统计局上海调查总队

2024 年 3 月 21 日

说明：

1. 本公报数据为初步统计数。部分数据因四舍五入问题，存在总计与分项合计不等的情况。

2. 地区生产总值、各产业增加值和总产值绝对数按当年价格计算，增长速度按可比价格计算。

3. 自 2019 年起，上海证券交易所单列的股票、债券成交金额仅指现货，不再包含回购；公司债发行金额包含资产支持证券。

4. 电信业务总量按 2020 年不变价格计算。

5. 根据国家邮政管理总局有关规定，邮政行业业务总量按 2020 年不变单价计算，同比增速按可比口径计算。

6. 旅游产业增加值依据若干行业的有关资料进行跨行业核算，不能将其与地区生产总值中其他行业的增加值进行简单加总，否则会造成重复计算。

7. 银行间市场成交额包括银行间本币市场和外汇市场成交额。自 2017 年起，各市场成交额按单边计算。

8. 中国（上海）自由贸易试验区数据按注册地口径统计，统计范围包括保税片区、陆家嘴片区、世博片区、张江片区、金桥片区（120.72 平方公里）和临港新片区产城融合区（386 区域）浦东部分（341 平方公里）。

9. 学年是指教育年度，即从一年的 9 月 1 日（学年初）至第二年的 8 月 31 日（学年末）。

10. 环境空气质量（AQI）优良率是国家发布的环境空气质量评价标准。AQI 监测体系包括二氧化硫、二氧化氮、可吸入颗粒物(PM10)、细颗粒物(PM2.5)、一氧化碳和臭氧六项污染物指标。2019 年起，环境空气质量监测状态执行《环境空气质量标准》(GB3095-2012)修改单，监测数据与历年已发布数据不具有可比性。

11. 商标申请量、注册量为 2022 年 12 月 16 日至 2023 年 12 月 15 日的商标统计情况，有效注册商标量截至 2023 年 12 月 15 日。

数据来源：

本公报中新设企业数据、食品药品安全数据来自上海市市场监督管理局；财政数据来自上海市财政局；农业企业和农产品认证、高标准农田、龙头企业、农民专业合作社和家庭农场数据来自上海市农业农村委员会；快递数据来自上海市邮政管理局；文化设施、星级宾馆、旅行社、A级旅游景点、红色旅游基地、接待国内外游客和旅游收入数据来自上海市文化和旅游局；存贷款数据来自中国人民银行上海总部；证券数据来自上海证券交易所；期货数据来自上海期货交易所；金融期货数据来自上海金融期货交易所；银行间市场数据来自中国外汇交易中心暨全国银行间同业拆借市场；黄金数据来自上海黄金交易所；保险数据来自国家金融监督管理总局上海监管局；货物进出口数据来自上海海关；电子商务、外商直接投资、跨国公司、对外直接投资、国际经济合作、对外承包工程、派遣劳务和展览会数据来自上海市商务委员会；中国（上海）自由贸易区数据来自浦东新区统计局；航运、轨道交通数据来自上海市交通委员会；商品房开发销售、存量房交易、居民居住、旧区改造、燃气数据来自上海市住房和城乡建设管理委员会；自来水、城市污水处理数据来自上海市水务局；城市信息化数据来自上海市经济和信息化委员会及上海市大数据中心；教育数据来自上海市教育委员会；科技、外国人才和科创板数据来自上海市科学技术委员会；专利和商标数据来自上海市知识产权局；医疗卫生数据来自上海市卫生健康委员会；体育数据来自上海市体育局；就业、养老保险、最低工资数据来自上海市人力资源和社会保障局；医疗保险数据来自上海市医疗保障局；收养性社会服务机构、养老机构、低保数据来自上海市民政局；环保投入、空气质量数据来自上海市生态环境局；城市绿化建设、市容管理数据来自上海市绿化和市容管理局；生产安全数据来自上海市应急管理局；其他数据来自上海市统计局、国家统计局上海调查总队。

第二篇　人民生活

People's Livelihoods

简要说明

第一部分　上海居民收支与生活状况调查主要数据
（新口径，2-1 到 2-18）

一、主要内容

第一部分资料反映 2015 年以来上海常住居民生活收入、消费及其他生活状况。

二、资料来源

上海常住居民生活状况数据来源于国家统计局上海调查总队居民收支与生活状况抽样调查。

三、住户调查对象

上海居民收支与生活状况调查(简称住户调查,下同)对象为“本市常住居民”，既包括本地户籍，也包括外地户籍；既包括以家庭形式居住的户，也包括以集体形式居住的户，即在本市常住的外来务工人员也被纳入调查对象。调查区域扩展到全市 16 个区县的城镇、农村地区。2013 年至 2017 年，全市城镇、农村调查样本量分别为 4600 户和 1400 户，合计为 6000 户。2018 年至 2022 年，全市城镇、农村调查样本量分别为 3390 户和 610 户，合计为 4000 户。2023 年开始，全市城镇、农村调查样本量分别为 3400 户和 1000 户，合计为 4400 户。

四、调查内容

调查主要内容包括居民现金和实物收支情况、住户成员及劳动力从业情况、居民家庭食品和能源消费情况、住房和耐用消费品拥有情况、家庭经营和生产投资情况、收入分配影响因素情况、社区基本情况以及其他民生状况等。

五、指标发布的变化

根据国家统计局要求，国家统计局上海调查总队从 2015 年 1 季度起，发布城乡一体化住户调查新口径调查数据。主要指标包括：上海居民人均可支配收入、城镇常住居民人均可支配收入、农村常住居民人均可支配收入；上海居民人均消费支出、城镇常住居民人均消费支出、农村常住居民人均消费支出等。

六、数据主要变化情况

根据城乡一体化住户调查改革，遵照“统计上的城乡划分标准”，新口径城镇常住居民收入、消费等数据覆盖范围在原有基础上扩大，包括城乡结合部，而农村常住居民范围缩小，不再以行政村划分；新口径城镇常住居民“人均可支配收入”指标加入了自有住房折算净租金，扣除了财产性支出和转移性支出等。计算城镇和农村常住居民消费支出时，包括了自有住房折算租金。

第二部分　历年城镇和农村住户调查主要数据
（老口径，2-19 到 2-40）

一、主要内容

第二部分资料反映 1980－2014 年上海市居民生活现状及变化情况，分为城市居民生活和农村居民生活两部分。

二、城镇住户调查资料来源

城镇居民生活状况的数据来源于国家统计局上海调查总队的城镇住户抽样调查。主要内容包括城市居民生活基本情况、收入、生活消费支出、主要消费品消费量等。

三、城镇住户调查方法

上海城镇住户调查以城市常住户为调查对象，2003 年及之前，调查样本为 500 户，2004 年至 2012 年，调查样本增至 1000 户，分布于黄浦、徐汇、长宁、静安、普陀、闸北、虹口、杨浦、闵行、宝山、浦东 11 个区。

城镇住户调查采用分层、多阶段与大小成比例（pps）、随机等距等方法抽选调查样本户，采用日记账与问卷调查相结合的方法取得数据。首先，每月向抽中的调查户发放账本，由调查户采用日记账方式对本住户及每个成员的收支情况进行记录；然后由调查人员每月在规定的时间将账本回收并进行审核、编码和录入；最后由国家统计局上海调查总队将数据汇总得出人均可支配收入等数据资料。另外，家庭和个人基本情况以及部分调查户的收支情况通过问卷的形式取得数据。

四、农村住户调查资料来源

农村居民生活状况的数据来源于国家统计局上海调查总队的住户收支与生活状况调查。主要内容包括农村居民生活基本情况、收入、生活消费支出、主要消费品消费量等。

五、农村住户调查方法

农村住户调查是以农村常住户为调查对象，农村常住户指长期(半年以上)居住在农村范围内的住户。户口不在本地而在本地居住半年及以上的住户也包括在本地农村常住户范围内。按国家统计局住户收支与生活状况调查方案，采用抽样调查方法在全市郊区县抽取约 1200 户农村居民家庭作为调查样本，分布于浦东、闵行、宝山、嘉定、金山、松江、青浦、奉贤、崇明 9 个区县。

为保证农村住户调查资料的准确性，住户收支与生活状况调查在 95%的概率把握程度下要求抽样误差不得超过±3%。调查数据采用农村居民记账与一次性调查相结合的方法取得，调查户按照国家统计局上海调查总队统一编制的账本和要求记账，现金收支账、实物收支账发生一笔记一笔，由区县调查员每月收取调查户的账本，录入计算机，通过乡镇、区县、总队多级审核确保调查数据真实可靠。

BRIEF INTRODUCTION

Part1 Main Data from Survey on Income, Expenditure and Living Conditions of Residents in Shanghai (New Statistics Scope, from Chart 2-1 to 2-18)

I. Main Contents

Data in this chapter shows the income, expenditure and living conditions of residents in Shanghai since 2015.

Ⅱ. Sources of Data

Survey on Income and Expenditures and Living Conditions is conducted by NBS Survey Office in Shanghai.

Ⅲ. Respondents of the Survey

Respondents of survey on income, expenditure and living conditions of residents in Shanghai (household survey for short) includes household registered and nonlocal registered residence, family household and institutional household in Shanghai. In other words, migrant workers are included. Region of the survey covers all 16 districts of Shanghai, both urban and rural area. From 2013-2017,sample number of urban and rural survey changes to 4600 and 1400 respectively, a total of 6000 households. From 2018-2022, sample number of urban and rural survey changes to 3390 and 610 respectively, a total of 4000 households. Since 2023, sample number of urban and rural survey changes to 3400 and 1000 respectively, a total of 4400 households.

Ⅳ. Survey Contents

The main contents of the survey include the resident's income and expenditure, household members and labor force, food and energy consumption, housing and durable goods, household management and production investment, income distribution factors, the basic situation of the community and other people's livelihood condition.

Ⅴ. Changes of Index Releasing

In terms of the system of Integrated Urban and Rural Households on Income and Expenditures and Living Conditions conducted since 2015, NBS Survey office in Shanghai releases integrated urban and rural household survey data, including per capita disposable income of citywide households, per capita disposable income of urban households, per capita disposable income of rural households, per capita consumption expenditure of citywide households, per capita consumption expenditure of urban households, per capita consumption expenditure of rural households.

VI. Main Changes in Data

According to the integrated household survey, main changes of population covered by data of per capita disposable income of urban and rural households: migrant workers resided in urban areas are included in the denominator when calculating per capita disposable income of urban household, migrant workers are not included in denominator when calculating per capita disposable income of rural households; college students of their households are regarded as permanent residents. Main changes of urban household and rural household per capita disposable income and expenditure of new coverage: converted rents of self-owned housing are included when calculating per capita disposable income and expenditure of urban and rural households.

Part2 Main Data from Historical Urban and Rural Household Survey (Old Statistics Scope, from Chart 2-19 to 2-40)

Ⅰ. Main Contents

Data in this chapter show the living conditions of residents in Shanghai from 1980 to 2014. This chapter consists of two parts: living conditions of urban households and living conditions of rural households.

Ⅱ. Sources of Data for Survey on Urban Households

Data on living conditions of urban residents come from data collected through a sample survey on urban households conducted by NBS Survey Office in Shanghai. The main contents of the survey include basic living conditions of urban residents, income, consumption expenditure and the consumption of major consumer goods, etc.

Ⅲ. Methodology for Survey on Urban Households

Objects of the urban household survey are resident households in urban areas. Before 2003, the sample size is 500 households. It increased to 1,000 between 2004 and 2012, covering 11 districts of Shanghai, which are Huangpu, Xuhui, Changning, Jing'an, Putuo, Zhabei, Hongkou, Yangpu, Minhang, Baoshan and Pudong District.

Samples of the urban household survey are selected by using stratified sampling, multistage sampling, probability proportional to size (PPS) sampling and systematic random sampling, etc. Data are obtained from daily expense record and survey questionnaires. Selected households receive account books each month and keep taking down daily expenses to record income and expenditure of the households and its individual members. Professional surveyors collect the account books at a fixed time each month and then verify, encode and record the data. The raw data are later delivered to NBS Survey Office in Shanghai to calculate into processed data such as the average disposable income per capita. In addition, basic information of the family and individuals in that household as well as the income and expenditure situation of some objects are obtained through questionnaires.

IV. Sources of Data for Survey on Rural Households

Data on living conditions of rural residents come from data collected through the survey on household income, expenditure and living condition, which is conducted by NBS Survey Office in Shanghai. The main contents of the survey include basic living condition of rural residents, income, consumption expenditure and the consumption of major consumer goods, etc.

V. Methodology for Survey on Rural Households

Objects of the rural household survey are rural resident households. Rural resident households refer to households residing in rural villages on a long-term basis (for half a year or more). Households without local residential household registrations but residing in the current addresses for half a year or more are included as local resident households. According to the schema of the survey on income, expenditure and living conditions of rural households, a combination of various sampling approaches are used to select 1,200 rural households from 9 districts and counties across the whole city, which are Pudong, Minhang, Baoshan, Jiading, Jinshan, Songjiang, Qingpu, Fengxian, and Chongming.

In order to guarantee accuracy of the survey data on income, expenditure and living conditions of rural households, it is required that the sampling error should not exceed ±3%, with a 95% confidence level. A combination of daily expense record kept by rural households and one-time survey is used for data collection. Surveyed households record expenses according to unified requirements complied by NBS Survey Office in Shanghai on specifically designed account books. Income and expenditure of cash and real goods are recorded case by case. Surveyors collect account books from districts and counties and compile and record data into computers. Surveyors and inspectors from townships, counties, districts and the headquarters will verify the data to ensure accuracy and reliability.

第一部分　上海居民收支与生活状况调查主要数据

（新口径，2-1 到 2-18）

Part 1 Main Data from Survey on Income, Expenditure and Living Conditions of Residents in Shanghai (New Statistics Scope, from Chart 2-1 to 2-18)

2-1 全市居民家庭基本情况

指 标	Indicators	2015
基本情况(人)	**Basic Statistics(person)**	
户均人口	Average Family Size	2.62
户均从业人口	Number of Employed Persons per Household	1.29
平均每一从业人口负担人数(包括从业者本人)	Number of Dependents per Employee (Including Employed Person)	2.03
家庭收入与支出(元/人)	**Income and Expenditure of Resident Household(yuan/person)**	
人均可支配收入	Per Capita Disposable Income	49 867
人均消费支出	Per Capita Consumption Expenditure	34 784

2-2 城镇常住居民家庭基本情况

指 标	Indicators	2015
基本情况(人)	**Basic Statistics(person)**	
户均人口	Average Family Size	2.64
户均从业人口	Number of Employed Persons per Household	1.26
平均每一从业人口负担人数(包括从业者本人)	Number of Dependents per Employee (Including Employed Person)	2.09
家庭收入与支出(元/人)	**Income and Expenditure of Resident Household(yuan/person)**	
人均可支配收入	Per Capita Disposable Income	52 962
人均消费支出	Per Capita Consumption Expenditure	36 946

2-3 农村常住居民家庭基本情况

指 标	Indicators	2015
基本情况(人)	**Basic Statistics(person)**	
户均人口	Average Family Size	2.47
户均从业人口	Number of Employed Persons per Household	1.54
平均每一从业人口负担人数(包括从业者本人)	Number of Dependents per Employee (Including Employed Person)	1.60
家庭收入与支出(元/人)	**Income and Expenditure of Resident Household(yuan/person)**	
人均可支配收入	Per Capita Disposable Income	23 205
人均消费支出	Per Capita Consumption Expenditure	16 152

Basic Conditions of Citywide Households

2016	2017	2018	2019	2020	2021	2022	2023
2.69	2.69	2.53	2.55	2.54	2.54	2.53	2.39
1.28	1.25	1.19	1.19	1.14	1.14	1.11	1.07
2.09	2.16	2.13	2.15	2.24	2.23	2.28	2.24
54 305	58 988	64 183	69 442	72 232	78 027	79 610	84 834
37 458	39 792	43 351	45 605	42 536	48 879	46 045	52 508

Basic Conditions of Urban Households

2016	2017	2018	2019	2020	2021	2022	2023
2.69	2.69	2.54	2.57	2.56	2.56	2.55	2.43
1.25	1.22	1.18	1.17	1.12	1.12	1.09	1.07
2.14	2.21	2.16	2.19	2.28	2.28	2.33	2.28
57 692	62 596	68 034	73 615	76 437	82 429	84 034	89 477
39 857	42 304	46 015	48 272	44 839	51 295	48 111	54 919

Basic Conditions of Rural Households

2016	2017	2018	2019	2020	2021	2022	2023
2.69	2.69	2.39	2.45	2.42	2.32	2.32	2.12
1.54	1.48	1.28	1.31	1.27	1.25	1.22	1.07
1.75	1.82	1.87	1.87	1.90	1.86	1.90	1.99
25 520	27 825	30 375	33 195	34 911	38 521	39 729	42 988
17 071	18 090	19 965	22 449	22 095	27 205	27 430	30 782

2-4 全市居民收支情况(绝对额)
Per Capita Income and Consumption Expenditure of Citywide Households

单位：元/人 (yuan/person)

指 标	Indicators	2015	2016	2017	2018	2019	2020	2021	2022	2023
居民人均可支配收入	**Per Capita Disposable Income**	**49 867**	**54 305**	**58 988**	**64 183**	**69 442**	**72 232**	**78 027**	**79 610**	**84 834**
工资性收入	Income from Wages and Salaries	30 499	32 718	34 365	37 137	40 025	41 500	48 835	48 942	53 260
经营净收入	Net Business Income	1 319	1 399	1 533	1 821	2 209	2 052	2 063	1 525	1 592
财产净收入	Net Income from Property	7 173	7 684	9 030	9 666	10 055	9 904	10 209	10 741	10 764
转移净收入	Net Income from Transfer	10 876	12 504	14 060	15 559	17 153	18 776	16 920	18 402	19 218
居民人均消费支出	**Per Capita Consumption Expenditure**	**34 784**	**37 458**	**39 792**	**43 351**	**45 605**	**42 536**	**48 879**	**46 045**	**52 508**
食品烟酒	Food, Tobacco and Liquor	9 272	9 564	10 006	10 728	10 952	11 225	12 604	12 653	13 214
衣 着	Clothing	1 623	1 734	1 733	2 037	2 072	1 694	2 087	1 717	1 996
居 住	Housing	11 308	12 264	13 709	14 209	15 046	15 247	16 137	17 073	17 944
生活用品及服务	Household Facilities, Articles and Services	1 485	1 755	1 825	2 096	2 123	2 091	2 248	2 128	2 270
交通通信	Transportation and Communication	4 206	4 228	4 058	4 881	5 356	4 558	5 626	4 529	5 728
教育文化娱乐	Education, Culture and Recreation	3 718	4 174	4 686	5 049	5 495	3 663	4 710	3 100	4 976
医疗保健	Health Care and Medical Services	2 268	2 721	2 602	3 070	3 205	3 033	3 878	3 616	4 650
其他用品及服务	Miscellaneous Goods and Services	904	1 018	1 173	1 281	1 356	1 025	1 589	1 229	1 730

2-5 城镇常住居民收支情况(绝对额)
Per Capita Income and Consumption Expenditure of Urban Households

单位：元/人 (yuan/person)

指　标	Indicators	2015	2016	2017	2018	2019	2020	2021	2022	2023
居民人均可支配收入	**Per Capita Disposable Income**	**52 962**	**57 692**	**62 596**	**68 034**	**73 615**	**76 437**	**82 429**	**84 034**	**89 477**
工资性收入	Income from Wages and Salaries	32 010	34 339	35 995	39 146	42 328	43 803	51 494	51 637	56 171
经营净收入	Net Business Income	1 303	1 400	1 551	1 829	2 192	2 063	2 024	1 449	1 521
财产净收入	Net Income from Property	7 915	8 487	9 976	10 653	11 064	10 884	11 204	11 781	11 809
转移净收入	Net Income from Transfer	11 734	13 466	15 074	16 406	18 031	19 687	17 707	19 167	19 976
居民人均消费支出	**Per Capita Consumption Expenditure**	**36 946**	**39 857**	**42 304**	**46 015**	**48 272**	**44 839**	**51 295**	**48 111**	**54 919**
食品烟酒	Food, Tobacco and Liquor	9 691	10 015	10 456	11 104	11 273	11 515	12 878	12 880	13 568
衣　着	Clothing	1 711	1 835	1 827	2 139	2 162	1 763	2 153	1 763	2 077
居　住	Housing	12 137	13 216	14 749	15 376	16 253	16 465	17 370	18 299	19 100
生活用品及服务	Household Facilities, Articles and Services	1 573	1 868	1 928	2 205	2 215	2 177	2 328	2 212	2 358
交通通信	Transportation and Communication	4 457	4 447	4 253	5 108	5 626	4 677	5 721	4 612	5 895
教育文化娱乐	Education, Culture and Recreation	4 046	4 534	5 087	5 491	5 966	3 963	5 090	3 314	5 339
医疗保健	Health Care and Medical Services	2 362	2 840	2 735	3 222	3 332	3 189	4 063	3 719	4 733
其他用品及服务	Miscellaneous Goods and Services	969	1 102	1 269	1 370	1 445	1 090	1 692	1 312	1 849

2-6 全市居民收支情况(比上年同期名义增长)
Growth Rates of Per Capita Income and Consumption Expenditure of Citywide Households

单位：% (%)

指　标	Indicators	2015	2016	2017	2018	2019	2020	2021	2022	2023
居民人均可支配收入	**Per Capita Disposable Income**	**8.5**	**8.9**	**8.6**	**8.8**	**8.2**	**4.0**	**8.0**	**2.0**	**6.6**
工资性收入	Income from Wages and Salaries	6.1	7.3	5.0	8.1	7.8	3.7	8.9	0.2	8.8
经营净收入	Net Business Income	1.7	6.0	9.6	18.8	21.3	-7.1	0.5	-26.1	4.4
财产净收入	Net Income from Property	10.3	7.1	17.5	7.0	4.0	-1.5	3.1	5.2	0.2
转移净收入	Net Income from Transfer	16.5	15.0	12.4	10.7	10.2	9.5	9.5	8.8	4.4
居民人均消费支出	**Per Capita Consumption Expenditure**	**5.2**	**7.7**	**6.2**	**8.9**	**5.2**	**-6.7**	**14.9**	**-5.8**	**14.0**
食品烟酒	Food, Tobacco and Liquor	2.9	3.2	4.6	7.2	2.1	2.5	12.3	0.4	4.4
衣　着	Clothing	0.6	6.9	平	17.5	1.7	-18.2	23.2	-17.7	16.2
居　住	Housing	4.8	8.5	11.8	3.6	5.9	1.3	5.8	5.8	5.1
生活用品及服务	Household Facilities, Articles and Services	-3.1	18.2	4.0	14.8	1.3	-1.5	7.5	-5.3	6.7
交通通信	Transportation and Communication	17.0	0.5	-4.0	20.3	9.7	-14.9	23.4	-19.5	26.5
教育文化娱乐	Education, Culture and Recreation	12.3	12.3	12.2	7.7	8.8	-33.3	28.6	-34.2	60.5
医疗保健	Health Care and Medical Services	2.0	19.9	-4.4	18.0	4.4	-5.4	27.9	-6.8	28.6
其他用品及服务	Miscellaneous Goods and Services	-8.4	12.5	15.3	9.2	5.8	-24.4	55.0	-22.7	40.8

注：因2020年样本轮换以及口径调整，2021年居民人均工资性收入增幅、居民人均转移净收入增幅为同口径测算增幅，不可两年金额直接计算。

Note: Due to the sample rotation in 2020 and the adjustment of caliber, the increase in per capita income of residents from wages and salaries in 2021 and the increase in per capita net income of residents from transfer in 2021 are calculated by the same caliber, and cannot be calculated directly by the two-year amount.

2-7 城镇常住居民收支情况(比上年同期名义增长)
Growth Rates of Per Capita Income and Consumption Expenditure of Urban Households

单位：% (%)

指　标	Indicators	2015	2016	2017	2018	2019	2020	2021	2022	2023
居民人均可支配收入	**Per Capita Disposable Income**	**8.4**	**8.9**	**8.5**	**8.7**	**8.2**	**3.8**	**7.8**	**1.9**	**6.5**
工资性收入	Income from Wages and Salaries	6.0	7.3	4.8	8.8	8.1	3.5	8.9	0.3	8.8
经营净收入	Net Business Income	-4.9	7.5	10.8	17.9	19.9	-5.9	-1.9	-28.4	5.0
财产净收入	Net Income from Property	10.3	7.2	17.5	6.8	3.9	-1.6	2.9	5.1	0.2
转移净收入	Net Income from Transfer	16.4	14.8	11.9	8.8	9.9	9.2	9.4	8.2	4.2
居民人均消费支出	**Per Capita Consumption Expenditure**	**5.0**	**7.9**	**6.1**	**8.8**	**4.9**	**-7.1**	**14.4**	**-6.2**	**14.2**
食品烟酒	Food, Tobacco and Liquor	2.7	3.3	4.4	6.2	1.5	2.1	11.8	…	5.3
衣　着	Clothing	0.7	7.2	-0.4	17.1	1.0	-18.5	22.1	-18.1	17.8
居　住	Residence	4.4	8.9	11.6	4.3	5.7	1.3	5.5	5.3	4.4
生活用品及服务	Household Facilities, Articles and Services	-3.5	18.8	3.2	14.4	0.5	-1.7	6.9	-5.0	6.6
交通通信	Transportation and Communication	17.2	-0.2	-4.4	20.1	10.1	-16.9	22.3	-19.4	27.8
教育文化娱乐	Education, Culture and Recreation	12.2	12.0	12.2	7.9	8.7	-33.6	28.4	-34.9	61.1
医疗保健	Health Care and Medical Services	1.5	20.3	-3.7	17.8	3.4	-4.3	27.4	-8.5	27.3
其他用品及服务	Miscellaneous Goods and Services	-8.4	13.7	15.1	8.0	5.5	-24.6	55.2	-22.5	40.9

注：因2020年样本轮换以及口径调整，2021年居民人均工资性收入增幅、居民人均转移净收入增幅为同口径测算增幅，不可两年全额直接计算。

Note: Due to the sample rotation in 2020 and the adjustment of caliber, the increase in per capita income of residents from wages and salaries in 2021 and the increase in per capita net income of residents from transfer in 2021 are calculated by the same caliber, and cannot be calculated directly by the two-year amount.

2-8　全市居民可支配收入及构成

指　标	Indicators	单位	Unit	2015	2016
可支配收入	**Disposable Income**	**元/人**	**yuan/person**	**49 867**	**54 305**
工资性收入	Income from Wages and Salaries	元/人	yuan/person	30 499	32 718
经营净收入	Net Business Income	元/人	yuan/person	1 319	1 399
财产净收入	Net Income from Property	元/人	yuan/person	7 173	7 684
转移净收入	Net Income from Transfer	元/人	yuan/person	10 876	12 504
可支配收入构成	**Composition of Disposable Income**	**%**		**100.0**	**100.0**
工资性收入	Income from Wages and Salaries	%		61.2	60.3
经营净收入	Net Business Income	%		2.6	2.6
财产净收入	Net Income from Property	%		14.4	14.1
转移净收入	Net Income from Transfer	%		21.8	23.0

2-9　城镇常住居民可支配收入及构成

指　标	Indicators	单位	Unit	2015	2016
可支配收入	**Disposable Income**	**元/人**	**yuan/person**	**52 962**	**57 692**
工资性收入	Income from Wages and Salaries	元/人	yuan/person	32 010	34 339
经营净收入	Net Business Income	元/人	yuan/person	1 303	1 400
财产净收入	Net Income from Property	元/人	yuan/person	7 915	8 487
转移净收入	Net Income from Transfer	元/人	yuan/person	11 734	13 466
可支配收入构成	**Composition of Disposable Income**	**%**		**100.0**	**100.0**
工资性收入	Income from Wages and Salaries	%		60.4	59.5
经营净收入	Net Business Income	%		2.5	2.4
财产净收入	Net Income from Property	%		14.9	14.7
转移净收入	Net Income from Transfer	%		22.2	23.4

Per Capita Income of Citywide Households and Its Composition

2017	2018	2019	2020	2021	2022	2023
58 988	**64 183**	**69 442**	**72 232**	**78 027**	**79 610**	**84 834**
34 365	37 137	40 025	41 500	48 835	48 942	53 260
1 533	1 821	2 209	2 052	2 063	1 525	1 592
9 030	9 666	10 055	9 904	10 209	10 741	10 764
14 060	15 559	17 153	18 776	16 920	18 402	19 218
100.0	**100.0**	**100.0**	**100.0**	**100.0**	**100.0**	**100.0**
58.3	57.9	57.6	57.5	62.6	61.5	62.8
2.6	2.8	3.2	2.8	2.6	1.9	1.9
15.3	15.1	14.5	13.7	13.1	13.5	12.7
23.8	24.2	24.7	26.0	21.7	23.1	22.6

Per Capita Income of Urban Households and Its Composition

2017	2018	2019	2020	2021	2022	2023
62 596	**68 034**	**73 615**	**76 437**	**82 429**	**84 034**	**89 477**
35 995	39 146	42 328	43 803	51 494	51 637	56 171
1 551	1 829	2 192	2 063	2 024	1 449	1 521
9 976	10 653	11 064	10 884	11 204	11 781	11 809
15 074	16 406	18 031	19 687	17 707	19 167	19 976
100.0	**100.0**	**100.0**	**100.0**	**100.0**	**100.0**	**100.0**
57.5	57.5	57.5	57.3	62.5	61.5	62.8
2.5	2.7	3.0	2.7	2.4	1.7	1.7
15.9	15.7	15.0	14.2	13.6	14.0	13.2
24.1	24.1	24.5	25.8	21.5	22.8	22.3

2-10 全市居民消费支出

单位：元/人

指 标	Indicators	2015	2016	2017
消费支出	**Consumption Expenditure**	**34 784**	**37 458**	**39 792**
食品烟酒	Food, Tobacco and Liquor	9 272	9 564	10 006
#食品	#Food	5 905	6 114	6 238
在外饮食(不含食堂用餐)	Dining Out (excluding the canteen)	2 191	2 267	2 576
衣着	Clothing	1 623	1 734	1 733
衣类	Garment	1 270	1 354	1 379
鞋类	Shoes	353	380	354
居住	Housing	11 308	12 264	13 709
#租赁房房租	#Rent	829	717	727
水电燃料及其他	Utilities, Fuel Fee and Miscellaneous Cost	951	1 001	1 037
生活用品及服务	Household Facilities, Articles and Services	1 485	1 755	1 825
#家用器具	#Household Appliances	335	449	442
家庭日用杂品	Household Articles	341	374	370
交通通信	Transportation and Communication	4 206	4 228	4 058
交通	Transportation	2 913	3 017	2 826
通信	Communication	1 293	1 211	1 232
教育文化娱乐	Education, Culture and Recreation	3 718	4 174	4 686
教育	Education	1 345	1 536	1 677
文化娱乐	Culture and Recreation	2 373	2 638	3 008
医疗保健	Health Care and Medical Services	2 268	2 721	2 602
医疗器具及药品	Medical Instrument and Medicine	400	459	482
医疗服务	Medical Services	1 868	2 262	2 121
其他用品及服务	Miscellaneous Goods and Services	904	1 018	1 173

Per Capita Consumption Expenditure of Citywide Households

(yuan/person)

2018	2019	2020	2021	2022	2023
43 351	**45 605**	**42 536**	**48 879**	**46 045**	**52 508**
10 728	10 952	11 225	12 604	12 653	13 214
6 276	6 361	7 239	7 380	8 263	7 270
3 207	3 279	2 518	3 424	2 589	3 991
2 037	2 072	1 694	2 087	1 717	1 996
1 665	1 662	1 346	1 708	1 411	1 650
372	410	348	379	306	345
14 209	15 046	15 247	16 137	17 073	17 944
1 584	1 447	1 431	1 283	1 403	2 525
1 161	1 139	1 173	1 323	1 458	1 514
2 096	2 123	2 091	2 248	2 128	2 270
515	475	485	480	557	508
405	418	436	467	462	518
4 881	5 356	4 558	5 626	4 529	5 728
3 669	4 183	3 389	4 311	3 372	4 528
1 212	1 173	1 169	1 315	1 157	1 200
5 049	5 495	3 663	4 710	3 100	4 976
2 263	2 597	2 194	2 991	2 026	2 421
2 786	2 898	1 469	1 719	1 074	2 555
3 070	3 205	3 033	3 878	3 616	4 650
518	495	514	626	651	874
2 552	2 710	2 519	3 252	2 965	3 776
1 281	1 356	1 025	1 589	1 229	1 730

2-11 城镇常住居民消费支出

单位：元/人

指 标	Indicators	2015	2016	2017
消费支出	**Consumption Expenditure**	**36 946**	**39 857**	**42 304**
食品烟酒	Food, Tobacco and Liquor	9 691	10 015	10 456
#食品	#Food	6 129	6 346	6 465
在外饮食(不含食堂用餐)	Dining Out (excluding the canteen)	2 387	2 472	2 784
衣着	Clothing	1 711	1 835	1 827
衣类	Garment	1 343	1 436	1 458
鞋类	Shoes	368	399	369
居住	Housing	12 137	13 216	14 749
#租赁房房租	#Rent	870	757	753
水电燃料及其他	Utilities, Fuel Fee and Miscellaneous Cost	973	1 029	1 063
生活用品及服务	Household Facilities, Articles and Services	1 573	1 868	1 928
#家用器具	#Household Appliances	355	476	458
家庭日用杂品	Household Articles	354	389	386
交通通信	Transportation and Communication	4 457	4 447	4 253
交通	Transportation	3 113	3 192	2 978
通信	Communication	1 344	1 255	1 276
教育文化娱乐	Education, Culture and Recreation	4 046	4 534	5 087
教育	Education	1 453	1 636	1 789
文化娱乐	Culture and Recreation	2 593	2 898	3 298
医疗保健	Health Care and Medical Services	2 362	2 840	2 735
医疗器具及药品	Medical Instrument and Medicine	425	485	515
医疗服务	Medical Services	1 937	2 355	2 220
其他用品及服务	Miscellaneous Goods and Services	969	1 102	1 269

Per Capita Consumption Expenditure of Urban Households

(yuan/person)

2018	2019	2020	2021	2022	2023
46 015	**48 272**	**44 839**	**51 295**	**48 111**	**54 919**
11 104	11 273	11 515	12 878	12 880	13 568
6 449	6 483	7 391	7 471	8 412	7 410
3 428	3 503	2 683	3 645	2 734	4 232
2 139	2 162	1 763	2 153	1 763	2 077
1 754	1 739	1 405	1 766	1 453	1 724
385	423	358	387	310	353
15 376	16 253	16 465	17 370	18 299	19 100
1 701	1 551	1 518	1 357	1 480	2 658
1 191	1 162	1 198	1 342	1 469	1 519
2 205	2 215	2 177	2 328	2 212	2 358
535	493	498	497	573	516
415	429	446	473	469	530
5 108	5 626	4 677	5 721	4 612	5 895
3 850	4 413	3 478	4 365	3 428	4 673
1 258	1 213	1 199	1 356	1 184	1 222
5 491	5 966	3 963	5 090	3 314	5 339
2 452	2 810	2 368	3 238	2 166	2 584
3 039	3 156	1 595	1 852	1 148	2 754
3 222	3 332	3 189	4 063	3 719	4 733
534	512	538	650	678	916
2 688	2 820	2 651	3 413	3 041	3 817
1 370	1 445	1 090	1 692	1 312	1 849

2-12 全市居民消费支出及构成

指　标	Indicators	单位	Unit	2015	2016
消费支出	**Consumption Expenditure**	**元/人**	**yuan/person**	**34 784**	**37 458**
食品烟酒	Food, Tobacco and Liquor	元/人	yuan/person	9 272	9 564
衣　着	Clothing	元/人	yuan/person	1 623	1 734
居　住	Housing	元/人	yuan/person	11 308	12 264
生活用品及服务	Household Facilities, Articles and Services	元/人	yuan/person	1 485	1 755
交通通信	Transportation and Communication	元/人	yuan/person	4 206	4 228
教育文化娱乐	Education, Culture and Recreation	元/人	yuan/person	3 718	4 174
医疗保健	Health Care and Medical Services	元/人	yuan/person	2 268	2 721
其他用品及服务	Miscellaneous Goods and Services	元/人	yuan/person	904	1 018
消费支出构成	**Composition of Consumption Expenditure**	**%**		**100.0**	**100.0**
食品烟酒	Food, Tobacco and Liquor	%		26.6	25.5
衣　着	Clothing	%		4.7	4.6
居　住	Housing	%		32.5	32.7
生活用品及服务	Household Facilities, Articles and Services	%		4.3	4.7
交通通信	Transportation and Communication	%		12.1	11.3
教育文化娱乐	Education, Culture and Recreation	%		10.7	11.2
医疗保健	Health Care and Medical Services	%		6.5	7.3
其他用品及服务	Miscellaneous Goods and Services	%		2.6	2.7

注：因指标口径调整，“食品烟酒”占“消费支出”比重与历史数据不可比。

2-13 城镇常住居民消费支出及构成

指　标	Indicators	单位	Unit	2015	2016
消费支出	**Consumption Expenditure**	**元/人**	**yuan/person**	**36 946**	**39 857**
食品烟酒	Food, Tobacco and Liquor	元/人	yuan/person	9 691	10 015
衣　着	Clothing	元/人	yuan/person	1 711	1 835
居　住	Housing	元/人	yuan/person	12 137	13 216
生活用品及服务	Household Facilities, Articles and Services	元/人	yuan/person	1 573	1 868
交通通信	Transportation and Communication	元/人	yuan/person	4 457	4 447
教育文化娱乐	Education, Culture and Recreation	元/人	yuan/person	4 046	4 534
医疗保健	Health Care and Medical Services	元/人	yuan/person	2 362	2 840
其他用品及服务	Miscellaneous Goods and Services	元/人	yuan/person	969	1 102
消费支出构成	**Composition of Consumption Expenditure**	**%**		**100.0**	**100.0**
食品烟酒	Food, Tobacco and Liquor	%		26.2	25.1
衣　着	Clothing	%		4.6	4.6
居　住	Housing	%		32.8	33.2
生活用品及服务	Household Facilities, Articles and Services	%		4.3	4.7
交通通信	Transportation and Communication	%		12.1	11.1
教育文化娱乐	Education, Culture and Recreation	%		11.0	11.4
医疗保健	Health Care and Medical Services	%		6.4	7.1
其他用品及服务	Miscellaneous Goods and Services	%		2.6	2.8

注：因指标口径调整，“食品烟酒”占“消费支出”比重与历史数据不可比。

Per Capita Consumption Expenditure of Citywide Households and Its Composition

2017	2018	2019	2020	2021	2022	2023
39 792	**43 351**	**45 605**	**42 536**	**48 879**	**46 045**	**52 508**
10 006	10 728	10 952	11 225	12 604	12 653	13 214
1 733	2 037	2 072	1 694	2 087	1 717	1 996
13 709	14 209	15 046	15 247	16 137	17 073	17 944
1 825	2 096	2 123	2 091	2 248	2 128	2 270
4 058	4 881	5 356	4 558	5 626	4 529	5 728
4 686	5 049	5 495	3 663	4 710	3 100	4 976
2 602	3 070	3 205	3 033	3 878	3 616	4 650
1 173	1 281	1 356	1 025	1 589	1 229	1 730
100.0	**100.0**	**100.0**	**100.0**	**100.0**	**100.0**	**100.0**
25.1	24.7	24.0	26.4	25.8	27.5	25.2
4.4	4.7	4.5	4.0	4.3	3.7	3.8
34.5	32.8	33.0	35.9	33.0	37.1	34.2
4.6	4.8	4.7	4.9	4.6	4.6	4.3
10.2	11.3	11.7	10.7	11.5	9.8	10.9
11.8	11.6	12.1	8.6	9.6	6.7	9.5
6.5	7.1	7.0	7.1	7.9	7.9	8.8
2.9	3.0	3.0	2.4	3.3	2.7	3.3

Note: Because of the adjustment of the coverage of the indicators, the proportion of "Food, Tobacco and Liquor" in "Composition of Consumption Expenditure" is not comparable to historical data.

Per Capita Consumption Expenditure of Urban Households and Its Composition

2017	2018	2019	2020	2021	2022	2023
42 304	**46 015**	**48 272**	**44 839**	**51 295**	**48 111**	**54 919**
10 456	11 104	11 273	11 515	12 878	12 880	13 568
1 827	2 139	2 162	1 763	2 153	1 763	2 077
14 749	15 376	16 253	16 465	17 370	18 299	19 100
1 928	2 205	2 215	2 177	2 328	2 212	2 358
4 253	5 108	5 626	4 677	5 721	4 612	5 895
5 087	5 491	5 966	3 963	5 090	3 314	5 339
2 735	3 222	3 332	3 189	4 063	3 719	4 733
1 269	1 370	1 445	1 090	1 692	1 312	1 849
100.0	**100.0**	**100.0**	**100.0**	**100.0**	**100.0**	**100.0**
24.7	24.1	23.3	25.7	25.1	26.8	24.7
4.3	4.7	4.5	3.9	4.2	3.7	3.8
34.9	33.4	33.7	36.7	33.9	38.0	34.8
4.6	4.8	4.6	4.9	4.5	4.6	4.3
10.0	11.1	11.6	10.4	11.2	9.6	10.7
12.0	11.9	12.4	8.9	9.9	6.9	9.7
6.5	7.0	6.9	7.1	7.9	7.7	8.6
3.0	3.0	3.0	2.4	3.3	2.7	3.4

Note: Because of the adjustment of the coverage of the indicators, the proportion of "Food, Tobacco and Liquor" in "Composition of Consumption Expenditure" is not comparable to historical data.

2-14 全市居民平均每百户主要耐用消费品拥有量
Main Durable Goods Owned Per 100 Citywide Households

指　标	Indicators	单位	Unit	2015	2016	2017	2018	2019	2020	2021	2022	2023
家用汽车	Automobile	辆	unit	24	29	31	37	39	39	44	45	46
助力车	Moped	辆	unit	58	65	67	68	71	73	77	78	76
洗衣机	Washing Machine	台	set	89	93	95	93	95	96	96	96	96
电冰箱(柜)	Refrigerator	台	set	96	99	100	100	102	102	103	103	103
微波炉	Microwave Oven	台	set	84	87	88	85	86	86	84	85	81
彩色电视机	Colour TV Set	台	set	174	183	186	173	177	176	172	172	143
空调	Air Conditioner	台	set	181	197	203	200	207	207	210	210	204
热水器	Water Heater	台	set	88	93	95	95	97	98	99	99	98
排油烟机	Smoke Exhaust Ventilator	台	set	74	78	81	81	83	83	84	84	84
固定电话	Telephone	线	set	75	73	73	56	47	45	35	35	27
移动电话	Mobile phone	部	set	217	228	230	220	224	226	230	230	219
计算机	Computer	台	set	117	131	131	99	105	105	98	97	81

注：因住户调查样本轮换，2018、2023年部分数据可能存在波动。
Note: Due to household survey sample rotation, some data may fluctuate in 2018 and 2023.

2-15 城镇常住居民平均每百户主要耐用消费品拥有量
Main Durable Goods Owned Per 100 Urban Households

指　标	Indicators	单位	Unit	2015	2016	2017	2018	2019	2020	2021	2022	2023
家用汽车	Automobile	辆	unit	26	30	32	38	39	40	45	45	48
助力车	Moped	辆	unit	51	56	59	61	64	66	70	71	70
洗衣机	Washing Machine	台	set	92	95	96	94	96	97	97	97	97
电冰箱(柜)	Refrigerator	台	set	97	100	101	100	101	102	103	103	103
微波炉	Microwave Oven	台	set	87	89	90	86	87	87	85	86	83
彩色电视机	Colour TV Set	台	set	177	185	188	175	178	178	174	174	145
空调	Air Conditioner	台	set	191	205	210	207	213	214	216	216	208
热水器	Water Heater	台	set	91	95	97	96	98	99	100	100	99
排油烟机	Smoke Exhaust Ventilator	台	set	79	82	85	85	87	87	87	87	87
固定电话	Telephone	线	set	77	74	75	56	47	46	37	37	28
移动电话	Mobile phone	部	set	221	230	233	223	227	228	233	232	222
计算机	Computer	台	set	126	141	140	107	113	113	106	105	88

注：因住户调查样本轮换，2018、2023年部分数据可能存在波动。
Note: Due to household survey sample rotation, some data may fluctuate in 2018 and 2023.

2-16 农村常住居民平均每百户主要耐用消费品拥有量
Main Durable Goods Owned Per 100 Rural Households

指 标	Indicators	单位	Unit	2015	2016	2017	2018	2019	2020	2021	2022	2023
家用汽车	Automobile	辆	unit	14	21	24	28	32	35	41	43	36
助力车	Moped	辆	unit	121	139	140	129	130	132	137	135	119
洗衣机	Washing Machine	台	set	70	81	83	83	86	85	90	90	87
电冰箱(柜)	Refrigerator	台	set	84	91	93	101	104	103	104	104	102
微波炉	Microwave Oven	台	set	65	73	73	75	77	74	76	77	68
彩色电视机	Colour TV Set	台	set	148	166	169	162	170	161	157	157	132
空调	Air Conditioner	台	set	101	129	136	142	156	152	163	165	169
热水器	Water Heater	台	set	66	76	79	85	90	92	89	89	92
排油烟机	Smoke Exhaust Ventilator	台	set	38	44	46	49	55	53	57	59	55
固定电话	Telephone	线	set	61	61	60	50	41	36	21	21	18
移动电话	Mobile phone	部	set	187	208	210	197	203	207	208	208	192
计算机	Computer	台	set	47	51	53	37	40	41	31	29	25

注：因住户调查样本轮换，2018、2023年部分数据可能存在波动。
Note: Due to household survey sample rotation, some data may fluctuate in 2018 and 2023.

2-17 全市分区居民人均可支配收入
Per Capita Disposable Income by Districts of Shanghai

单位：元/人 (yuan/person)

区	District	2015	2016	2017	2018	2019	2020	2021	2022	2023
浦东新区	Pudong New Area	50 726	55 776	60 715	66 179	71 647	74 627	80 746	84 089	90 985
闵行区	Minhang	50 912	55 851	60 736	66 385	71 820	74 736	80 790	82 413	89 089
宝山区	Baoshan	48 499	53 371	58 249	63 491	68 721	71 456	77 530	79 344	84 898
嘉定区	Jiading	40 830	44 876	48 944	53 545	58 277	60 713	65 874	67 277	72 659
金山区	Jinshan	32 336	35 602	38 780	42 281	45 973	48 010	52 331	53 817	57 584
松江区	Songjiang	39 529	43 517	47 667	52 195	56 838	59 515	64 812	66 452	71 435
青浦区	Qingpu	36 188	39 614	43 225	47 336	51 563	53 744	58 688	59 944	64 680
奉贤区	Fengxian	33 062	36 680	39 987	43 586	47 396	49 439	54 086	55 292	59 605
崇明区	Chongming	27 380	30 503	33 489	36 647	39 953	41 990	45 979	48 237	51 854

2-18 全市分区居民人均可支配收入增幅
Growth Rate of Per Capita Disposable Income by Districts of Shanghai

单位：% (%)

区	District	2015	2016	2017	2018	2019	2020	2021	2022	2023
浦东新区	Pudong New Area	8.6	10.0	8.9	9.0	8.3	4.2	8.2	4.1	8.2
闵行区	Minhang	8.8	9.7	8.7	9.3	8.2	4.1	8.1	2.0	8.1
宝山区	Baoshan	8.9	10.0	9.1	9.0	8.2	4.0	8.5	2.3	7.0
嘉定区	Jiading	8.7	9.9	9.1	9.4	8.8	4.2	8.5	2.1	8.0
金山区	Jinshan	8.6	10.1	8.9	9.0	8.7	4.4	9.0	2.8	7.0
松江区	Songjiang	9.0	10.1	9.5	9.5	8.9	4.7	8.9	2.5	7.5
青浦区	Qingpu	8.8	9.5	9.1	9.5	8.9	4.2	9.2	2.1	7.9
奉贤区	Fengxian	9.0	10.9	9.0	9.0	8.7	4.3	9.4	2.2	7.8
崇明区	Chongming	9.1	11.4	9.8	9.4	9.0	5.1	9.5	4.9	7.5

第二部分　历年城镇和农村住户调查主要数据
（老口径，2-19 到 2-40）
Part 2　Main Data from Historical Urban and Rural Household Survey
(Old Statistics Scope, from Chart 2- 19 to 2-40)

2-19 城乡居民家庭人均可支配收入和消费支出(1978-2014)
Per Capita Disposable Income and Consumption Expenditures of Urban and Rural Households

单位：元 (yuan)

年 份 Year	人均可支配收入 Per Capita Disposable Income			人均消费支出 Per Capita Consumption Expenditures		
	城市居民 Urban Residents	农村居民 Rural Residents	城乡居民收入比 (农村居民收入＝100) Ratio of Urban-Rural Residents' Income (Rural Residents' Disposable Income=100)	城市居民 Urban Residents	农村居民 Rural Residents	城乡居民消费支出比 (农村居民消费＝100) Ratio of Urban-Rural Residents' Consumption Expenditures (Rural Residents' Consumption Expenditures=100)
1978	406	281	144.5	357	193	185.0
1979	481	360	133.6	429	247	173.4
1980	637	401	158.9	553	323	171.2
1981	637	444	143.5	585	390	150.0
1982	659	536	122.9	576	444	129.7
1983	686	562	122.1	615	512	120.1
1984	834	785	106.2	726	619	117.3
1985	1 075	806	133.4	992	778	127.5
1986	1 293	936	138.1	1 170	896	130.6
1987	1 437	1 059	135.7	1 282	977	131.2
1988	1 723	1 301	132.4	1 648	1 229	134.1
1989	1 976	1 520	130.0	1 812	1 319	137.4
1990	2 183	1 665	131.1	1 937	1 262	153.5
1991	2 486	2 003	124.1	2 167	1 540	140.7
1992	3 009	2 226	135.2	2 509	1 967	127.6
1993	4 277	2 727	156.8	3 530	2 200	160.5
1994	5 868	3 437	170.7	4 669	2 715	172.0
1995	7 172	4 246	168.9	5 868	3 368	174.2
1996	8 159	4 846	168.4	6 763	3 868	174.8
1997	8 439	5 277	159.9	6 820	4 228	161.3
1998	8 773	5 407	162.3	6 866	4 207	163.2
1999	10 932	5 481	199.5	8 248	3 867	213.3
2000	11 718	5 565	210.6	8 868	4 138	214.3
2001	12 883	5 850	220.2	9 336	4 753	196.4
2002	13 250	6 212	213.3	10 464	5 311	197.0
2003	14 867	6 658	223.3	11 040	5 670	194.7
2004	16 683	7 337	227.4	12 631	6 329	199.6
2005	18 645	8 342	223.5	13 773	7 265	189.6
2006	20 668	9 213	224.3	14 762	8 006	184.4
2007	23 623	10 222	231.1	17 255	8 845	195.1
2008	26 675	11 385	234.3	19 398	9 115	212.8
2009	28 838	12 324	234.0	20 992	9 804	214.1
2010	31 838	13 746	231.6	23 200	10 225	226.9
2011	36 230	15 644	231.6	25 102	11 272	222.7
2012	40 188	17 401	231.0	26 253	12 096	217.0
2013	43 851	19 208	228.3	28 155	13 425	209.7
2014	47 710	21 192	225.1	30 520	15 291	199.6

注：2000年前农村居民平均每人可支配收入按纯收入口径计算。
Note:Before 2000, per capita disposable income of rural residents refers to the net income.

2-20　城乡居民家庭人均收入消费名义指数(1980-2014)

Nominal Indices of Per Capita Disposable Income and Consumption Expenditures of Urban and Rural Households

年　份 Year	可支配收入指数 Nominal Indices of Per Capita Disposable Income (1980=100)		消费支出指数 Nominal Indices of Per Capita Consumption Expenditures (1980=100)	
	城市居民 Urban Residents	农村居民 Rural Residents	城市居民 Urban Residents	农村居民 Rural Residents
1980	100.0	100.0	100.0	100.0
1981	100.0	110.7	105.7	120.7
1982	103.5	133.7	104.1	137.5
1983	107.7	140.1	111.3	158.5
1984	131.0	195.8	131.3	191.6
1985	168.8	201.0	179.4	240.9
1986	203.1	233.4	211.7	277.4
1987	225.6	264.1	231.9	302.5
1988	270.6	324.4	298.1	380.5
1989	310.2	379.1	327.8	408.4
1990	342.7	415.2	350.4	390.7
1991	390.3	499.5	391.9	476.8
1992	472.5	555.1	453.9	609.0
1993	671.7	680.0	638.5	681.1
1994	921.5	857.1	844.4	840.6
1995	1 126.2	1 058.9	1 061.3	1 042.7
1996	1 281.1	1 208.5	1 223.2	1 197.5
1997	1 325.1	1 316.0	1 233.5	1 309.0
1998	1 377.6	1 348.4	1 241.9	1 302.5
1999	1 716.5	1 366.8	1 491.7	1 197.2
2000	1 840.0	1 387.8	1 603.9	1 281.1
2001	2 023.0	1 458.9	1 688.5	1 471.5
2002	2 255.6	1 549.1	1 881.0	1 644.3
2003	2 530.9	1 660.3	1 984.7	1 755.4
2004	2 840.0	1 829.7	2 270.6	1 959.4
2005	3 174.0	2 080.3	2 476.0	2 249.2
2006	3 518.3	2 297.5	2 653.7	2 478.6
2007	4 021.3	2 549.1	3 101.9	2 738.4
2008	4 540.9	2 839.2	3 487.1	2 822.0
2009	4 909.1	3 073.3	3 773.7	3 035.3
2010	5 419.1	3 427.9	4 195.3	3 165.6
2011	6 167.6	3 901.2	4 539.2	3 489.8
2012	6 841.3	4 339.4	4 719.5	3 744.9
2013	7 464.9	4 790.0	5 061.3	4 156.3
2014	8 121.8	5 284.8	5 486.5	4 734.1

注：城市和农村居民收入消费名义指数以1980年为100，未扣除价格因素。

Note: The 1980 nominal index of per capita disposable income and consumption expenditures of urban and rural households is set at 100, without excluding the price factors.

2-21 城乡居民家庭人均收入消费实际指数(1980-2014)
Real Indices of Per Capita Disposable Income and Consumption Expenditures of Urban and Rural Households

年 份 Year	可支配收入指数 Real Indices of Per Capita Disposable Income (1980=100)		消费支出指数 Real Indices of Per Capita Consumption Expenditures (1980=100)	
	城市居民 Urban Residents	农村居民 Rural Residents	城市居民 Urban Residents	农村居民 Rural Residents
1980	100.0	100.0	100.0	100.0
1981	98.6	109.3	104.2	119.2
1982	101.8	131.5	102.4	135.2
1983	105.7	137.6	109.2	155.6
1984	125.8	188.0	126.1	184.1
1985	140.7	167.6	149.5	200.8
1986	159.2	183.1	166.0	217.6
1987	163.7	191.7	168.2	219.5
1988	163.4	196.1	180.1	229.9
1989	161.6	197.6	170.8	212.8
1990	168.0	203.6	171.7	191.6
1991	173.1	221.7	173.9	211.6
1992	190.5	223.9	183.0	245.7
1993	225.4	228.2	214.2	228.6
1994	249.5	232.2	228.7	227.7
1995	256.9	241.7	242.1	238.0
1996	267.6	252.6	255.5	250.3
1997	269.3	267.5	250.7	266.1
1998	280.0	274.1	252.4	264.8
1999	343.7	273.8	298.7	239.8
2000	359.4	271.2	313.3	250.4
2001	395.2	285.1	329.8	287.6
2002	438.4	301.2	365.6	319.7
2003	491.4	322.5	385.4	341.0
2004	539.6	347.9	431.4	372.6
2005	597.1	391.8	465.8	423.6
2006	654.0	427.5	493.3	461.2
2007	724.3	459.9	558.7	494.0
2008	773.1	484.2	593.6	481.3
2009	839.1	526.2	645.0	519.7
2010	898.6	569.1	691.4	525.8
2011	972.0	615.9	711.1	550.8
2012	1 048.8	666.2	723.5	564.5
2013	1 118.6	718.9	758.4	612.5
2014	1 185.1	772.3	800.5	679.3

注：人均可支配收入和消费支出实际指数是扣除价格因素后按同口径计算的。

Note: The real indices of per capita disposable income and consumption expenditures are calculated according to the same scale after deducting the price factors.

2-22 城乡居民家庭人均消费支出项目比较(1978-2014)

单位：元

年份 Year	食品 Food		衣着 Clothing		家庭设备用品及服务 Household Facilities, Articles and Services		医疗保健 Health Care and Medical Services	
	城市居民 Urban Residents	农村居民 Rural Residents	城市居民 Urban Residents	农村居民 Rural Residents	城市居民 Urban Residents	农村居民 Rural Residents	城市居民 Urban Residents	农村居民 Rural Residents
1978	200	117	52	29	26	12	4	
1979	242	137	63	37	30	13	5	
1980	310	167	79	35	50	5	7	
1981	332	198	89	43	53	11	6	
1982	339	221	82	39	51	13	6	
1983	360	241	90	46	55	43	6	4
1984	410	287	120	48	68	42	3	6
1985	517	341	148	67	131	65	5	8
1986	617	406	158	74	164	73	4	10
1987	698	450	181	81	165	94	6	9
1988	868	488	244	110	232	174	7	18
1989	1 011	558	208	111	215	159	9	23
1990	1 095	586	208	107	196	129	11	33
1991	1 234	739	238	134	220	151	14	35
1992	1 403	853	277	148	196	232	37	45
1993	1 873	1 022	414	157	295	259	68	50
1994	2 497	1 315	483	213	427	267	84	75
1995	3 131	1 491	561	233	637	284	113	73
1996	3 429	1 657	590	256	614	363	148	108
1997	3 526	1 756	552	267	525	338	197	174
1998	3 477	1 775	472	239	453	369	261	170
1999	3 731	1 669	551	202	772	389	347	160
2000	3 947	1 823	567	201	683	225	501	209
2001	4 056	1 915	577	226	579	294	558	265
2002	4 120	1 872	613	226	653	281	734	280
2003	4 102	2 004	751	250	792	297	603	333
2004	4 593	2 191	797	280	780	344	762	425
2005	4 940	2 676	940	367	800	458	797	562
2006	5 249	3 024	1 027	418	877	481	763	549
2007	6 125	3 259	1 330	476	959	452	857	571
2008	7 109	3 732	1 521	467	1 182	504	755	697
2009	7 345	3 639	1 593	496	1 365	481	1 002	739
2010	7 777	3 807	1 794	554	1 800	528	1 006	585
2011	8 906	4 517	2 054	644	1 826	649	1 141	909
2012	9 656	4 837	2 111	704	1 906	646	1 017	1 029
2013	9 823	5 334	2 032	771	1 706	694	1 350	1 181
2014	10 677	6 188	2 038	801	1 779	712	1 449	1 308

Items Comparison of Per Capita Consumption Expenditures of Urban and Rural Residents

(yuan)

交通和通信 Transportation and Communication		教育文化娱乐服务 Education, Culture and Recreation Services		居住 Housing		其他商品及服务 Miscellaneous Goods and Services	
城市居民 Urban Residents	农村居民 Rural Residents	城市居民 Urban Residents	农村居民 Rural Residents	城市居民 Urban Residents	农村居民 Rural Residents	城市居民 Urban Residents	农村居民 Rural Residents
13		30		17	25	15	10
16		33		21	50	19	10
20		49		26	82	12	34
23		38		28	96	16	42
23		33		34	128	8	43
25	1	37	6	33	165	9	6
28	2	46	12	36	215	15	7
30	2	91	34	43	254	27	7
32	4	111	40	48	286	36	3
38	3	108	39	60	287	26	14
41	4	145	50	71	343	40	42
48	4	193	68	74	344	54	52
58	6	231	59	90	272	48	70
62	15	216	85	118	324	65	57
114	31	220	121	164	451	98	86
211	65	321	220	208	357	140	70
292	79	381	222	333	454	172	90
321	159	508	256	401	761	196	111
496	200	827	347	416	816	243	121
397	240	828	414	605	921	190	118
406	226	893	463	674	876	230	89
583	197	1 094	474	842	681	328	95
759	279	1 287	559	794	724	330	118
958	340	1 422	673	796	890	390	150
1 115	462	1 668	661	1 189	1 392	372	137
1 259	587	1 834	676	1 280	1 437	419	86
1 703	720	2 195	806	1 327	1 446	474	117
1 984	739	2 273	936	1 412	1 323	627	204
2 333	780	2 432	920	1 436	1 658	645	176
3 154	884	2 654	857	1 412	2 097	764	249
3 373	880	2 875	850	1 646	1 806	937	179
3 499	1 212	3 139	943	1 913	2 103	1 136	191
4 076	1 459	3 363	1 012	2 166	2 070	1 218	210
3 808	1 309	3 746	1 139	2 226	1 806	1 395	299
4 564	1 705	3 724	1 088	1 790	1 834	1 485	253
4 736	1 719	4 122	964	2 848	2 260	1 538	502
4 885	1 891	4 931	1 069	3 031	2 747	1 730	575

2-23 城市居民家庭生活基本情况(1978-2014)

年 份 Year	调查户数 (户) Number of Households Surveyed (household)	平均每一就业者负担人数 (人) Number of Dependents Per Employee (person)	平均每户就业面 (%) Proportion of Employment per Household (%)
1978	500	1.68	59.5
1979	500	1.63	61.5
1980	500	1.68	59.4
1981	500	1.64	60.8
1982	500	1.63	61.5
1983	500	1.59	63.0
1984	500	1.56	64.2
1985	500	1.64	61.0
1986	500	1.59	62.8
1987	500	1.61	62.0
1988	500	1.63	61.5
1989	500	1.64	61.2
1990	500	1.64	60.9
1991	500	1.66	60.1
1992	500	1.69	59.2
1993	500	1.71	58.4
1994	500	1.82	55.0
1995	500	1.88	53.1
1996	500	1.94	51.5
1997	500	1.94	51.6
1998	500	1.96	51.1
1999	500	1.78	56.2
2000	500	1.85	53.9
2001	500	1.94	51.7
2002	500	1.91	52.4
2003	500	1.93	51.8
2004	1 000	1.99	50.3
2005	1 000	1.94	51.5
2006	1 000	1.89	53.0
2007	1 000	1.84	54.5
2008	1 000	1.82	54.9
2009	1 000	1.83	54.6
2010	1 000	1.81	55.2
2011	1 000	1.84	54.5
2012	1 000	1.86	53.6
2013	1 000	1.81	55.2
2014	1 000	1.83	54.7

Basic Conditions of Urban Households

人均可支配收入 (元) Per Capita Disposable Income (yuan)	人均消费支出 (元) Per Capita Consumption Expenditures (yuan)	恩格尔系数 (%) Engel Coefficient (%)	平均消费倾向 (%) Average Propensity to Consume (%)
406	357	56.0	87.9
481	429	56.4	89.2
637	553	56.0	86.8
637	585	56.8	91.8
659	576	58.9	87.4
686	615	58.5	89.7
834	726	56.5	87.1
1 075	992	52.1	92.3
1 293	1 170	52.7	90.5
1 437	1 282	54.4	89.2
1 723	1 648	52.7	95.6
1 976	1 812	55.8	91.7
2 183	1 937	56.5	88.7
2 486	2 167	56.9	87.2
3 009	2 509	55.9	83.4
4 277	3 530	53.1	82.5
5 868	4 669	53.5	79.6
7 172	5 868	53.4	81.8
8 159	6 763	50.7	82.9
8 439	6 820	51.7	80.8
8 773	6 866	50.6	78.3
10 932	8 248	45.2	75.4
11 718	8 868	44.5	75.7
12 883	9 336	43.4	72.5
13 250	10 464	39.4	79.0
14 867	11 040	37.2	74.3
16 683	12 631	36.4	75.7
18 645	13 773	35.9	73.9
20 668	14 762	35.6	71.4
23 623	17 255	35.5	73.0
26 675	19 398	36.6	72.7
28 838	20 992	35.0	72.8
31 838	23 200	33.5	72.9
36 230	25 102	35.5	69.3
40 188	26 253	36.8	65.3
43 851	28 155	34.9	64.2
47 710	30 520	35.0	64.0

2-24 城市居民家庭人均可支配收入及来源(1980-2014)
Per Capita Disposable Income and Sources of Urban Households

单位：元 (yuan)

年 份 Year	人均可支配收入 Per Capita Disposable Income	工资性收入 Income from Wages and Salaries	经营净收入 Net Business Income	财产性收入 Property Income	转移性收入 Transferred Income
1980	637	551			86
1981	637	567			70
1982	659	584	…		75
1983	686	607	…		79
1984	834	754	…		80
1985	1 075	794	1		280
1986	1 293	954	1		338
1987	1 437	1 049	2		386
1988	1 723	1 262	2	12	447
1989	1 976	1 447	2	18	509
1990	2 183	1 548	1	21	613
1991	2 486	1 780		29	677
1992	3 009	2 138	3	44	824
1993	4 277	3 099	4	37	1 137
1994	5 868	4 224	28	54	1 562
1995	7 172	5 002	69	92	2 009
1996	8 159	5 889	87	61	2 122
1997	8 439	5 969	150	69	2 251
1998	8 773	6 004	98	57	2 614
1999	10 932	7 326	156	68	3 382
2000	11 718	7 832	120	65	3 701
2001	12 883	7 975	119	39	4 750
2002	13 250	7 915	436	94	4 805
2003	14 867	10 097	377	130	4 263
2004	16 683	11 422	507	215	4 539
2005	18 645	12 409	798	292	5 146
2006	20 668	13 962	959	300	5 447
2007	23 623	16 598	1 158	369	5 498
2008	26 675	18 909	1 399	369	5 998
2009	28 838	19 811	1 435	474	7 118
2010	31 838	21 745	1 628	511	7 954
2011	36 230	24 454	1 994	633	9 149
2012	40 188	26 752	2 267	576	10 593
2013	43 851	28 518	2 317	788	12 228
2014	47 710	30 629	2 345	846	13 890

2-25 城市居民家庭人均可支配收入构成(1980-2014)
Composition of Per Capita Disposable Income of Urban Households

单位：% (%)

年 份 Year	人均可支配收入 Per Capita Disposable Income	工资性收入 Income from Wages and Salaries	经营净收入 Net Business Income	财产性收入 Property Income	转移性收入 Transferred Income
1980	100.0	86.5			13.5
1981	100.0	89.0			11.0
1982	100.0	88.6	…		11.4
1983	100.0	88.5	…		11.5
1984	100.0	90.4	…		9.6
1985	100.0	73.9	0.1		26.0
1986	100.0	73.8	0.1		26.1
1987	100.0	73.0	0.1		26.9
1988	100.0	73.3	0.1	0.7	25.9
1989	100.0	73.2	0.1	0.9	25.8
1990	100.0	70.9	…	1.0	28.1
1991	100.0	71.6		1.2	27.2
1992	100.0	71.0	0.1	1.5	27.4
1993	100.0	72.4	0.1	0.9	26.6
1994	100.0	72.0	0.5	0.9	26.6
1995	100.0	69.7	1.0	1.3	28.0
1996	100.0	72.2	1.1	0.7	26.0
1997	100.0	70.7	1.8	0.8	26.7
1998	100.0	68.4	1.1	0.7	29.8
1999	100.0	67.0	1.4	0.6	31.0
2000	100.0	66.8	1.0	0.6	31.6
2001	100.0	61.9	0.9	0.3	36.9
2002	100.0	59.7	3.3	0.7	36.3
2003	100.0	67.9	2.5	0.9	28.7
2004	100.0	68.5	3.0	1.3	27.2
2005	100.0	66.5	4.3	1.6	27.6
2006	100.0	67.6	4.6	1.4	26.4
2007	100.0	70.2	4.9	1.6	23.3
2008	100.0	70.9	5.2	1.4	22.5
2009	100.0	68.7	5.0	1.6	24.7
2010	100.0	68.3	5.1	1.6	25.0
2011	100.0	67.5	5.5	1.7	25.3
2012	100.0	66.6	5.6	1.4	26.4
2013	100.0	65.0	5.3	1.8	27.9
2014	100.0	64.2	4.9	1.8	29.1

2-26 按收入水平分组城市居民家庭人均可支配收入(1985-2014)
Per Capita Disposable Income of Urban Households by 5 Income Levels

单位：元 (yuan)

年 份 Year	总平均 Total Average	低收入户 Low Income	较低收入户 Medium-low Income	中间收入户 Medium Income	较高收入户 Medium-high Income	高收入户 High Income
1985	1 075	744	918	1 043	1 216	1 506
1986	1 293	923	1 106	1 256	1 445	1 796
1987	1 437	1 007	1 231	1 380	1 610	2 086
1988	1 723	1 190	1 451	1 678	1 953	2 519
1989	1 976	1 351	1 664	1 919	2 230	2 872
1990	2 183	1 518	1 836	2 104	2 470	3 128
1991	2 486	1 683	2 092	2 434	2 754	3 713
1992	3 009	1 975	2 503	2 936	3 441	4 452
1993	4 277	2 612	3 380	4 017	4 821	6 707
1994	5 868	3 339	4 559	5 405	6 456	9 899
1995	7 172	4 057	5 412	6 600	8 005	11 906
1996	8 159	4 557	6 092	7 528	9 257	13 339
1997	8 439	4 682	6 475	7 939	9 659	13 730
1998	8 773	4 854	6 740	8 132	9 997	14 255
1999	10 932	6 246	7 949	9 534	11 893	19 624
2000	11 718	6 840	8 815	10 529	12 892	19 959
2001	12 883	6 873	9 170	11 155	13 812	23 488
2002	13 250	7 108	9 917	12 162	14 794	23 195
2003	14 867	6 546	9 816	12 602	16 363	30 282
2004	16 683	7 065	10 664	14 149	19 371	34 404
2005	18 645	7 851	11 800	15 668	21 313	37 722
2006	20 668	8 973	13 045	16 774	22 994	42 884
2007	23 623	10 297	15 131	20 249	27 286	47 149
2008	26 675	11 593	17 550	22 675	30 239	53 733
2009	28 838	13 205	19 320	24 717	32 212	57 726
2010	31 838	14 996	21 780	27 484	35 120	62 465
2011	36 230	17 206	24 824	31 414	40 771	70 067
2012	40 188	19 059	27 597	34 351	44 474	78 522
2013	43 851	20 766	30 221	36 989	48 141	87 676
2014	47 710	24 317	34 120	40 799	52 089	93 901

注：收入水平根据居民家庭人均可支配收入由低到高排序，按照调查总户数各20%分为5组。

Note: The income levels are listed from low to high according to the Per Capita Disposable Income of Urban Households and they are divided into five levels, each involving 20% of the total number of households surveyed.

2-27 城市居民家庭人均分类消费支出（1980-2014）
Per Capita Consumption Expenditures of Urban Households by Category

单位：元 (yuan)

年 份 Year	消费支出 Total Consumption Expenditures	食 品 Food	衣 着 Clothing	家庭设备用品及服务 Household Facilities, Articles and Services	医疗保健 Health Care and Medical Services
1980	553	310	79	50	7
1981	585	332	89	53	6
1982	576	339	82	51	6
1983	615	360	90	55	6
1984	726	410	120	68	3
1985	992	517	148	131	5
1986	1 170	617	158	164	4
1987	1 282	698	181	165	6
1988	1 648	868	244	232	7
1989	1 812	1 011	208	215	9
1990	1 937	1 095	208	196	11
1991	2 167	1 234	238	220	14
1992	2 509	1 403	277	196	37
1993	3 530	1 873	414	295	68
1994	4 669	2 497	483	427	84
1995	5 868	3 131	561	637	113
1996	6 763	3 429	590	614	148
1997	6 820	3 526	552	525	197
1998	6 866	3 477	472	453	261
1999	8 248	3 731	551	772	347
2000	8 868	3 947	567	683	501
2001	9 336	4 056	577	579	558
2002	10 464	4 120	613	653	734
2003	11 040	4 102	751	792	603
2004	12 631	4 593	797	780	762
2005	13 773	4 940	940	800	797
2006	14 762	5 249	1 027	877	763
2007	17 255	6 125	1 330	959	857
2008	19 398	7 109	1 521	1 182	755
2009	20 992	7 345	1 593	1 365	1 002
2010	23 200	7 777	1 794	1 800	1 006
2011	25 102	8 906	2 054	1 826	1 141
2012	26 253	9 656	2 111	1 906	1 017
2013	28 155	9 823	2 032	1 706	1 350
2014	30 520	10 677	2 038	1 779	1 449

2-27 续表 continued

单位：元 (yuan)

年 份 Year	消费支出 Total Consumption Expenditures			
	交通和通信 Transportation and Communication	教育文化娱乐服务 Education, Culture and Recreation Services	居 住 Housing	其他商品及服务 Miscellaneous Goods and Services
1980	20	49	26	12
1981	23	38	28	16
1982	23	33	34	8
1983	25	37	33	9
1984	28	46	36	15
1985	30	91	43	27
1986	32	111	48	36
1987	38	108	60	26
1988	41	145	71	40
1989	48	193	74	54
1990	58	231	90	48
1991	62	216	118	65
1992	114	220	164	98
1993	211	321	208	140
1994	292	381	333	172
1995	321	508	401	196
1996	496	827	416	243
1997	397	828	605	190
1998	406	893	674	230
1999	583	1 094	842	328
2000	759	1 287	794	330
2001	958	1 422	796	390
2002	1 115	1 668	1 189	372
2003	1 259	1 834	1 280	419
2004	1 703	2 195	1 327	474
2005	1 984	2 273	1 412	627
2006	2 333	2 432	1 436	645
2007	3 154	2 654	1 412	764
2008	3 373	2 875	1 646	937
2009	3 499	3 139	1 913	1 136
2010	4 076	3 363	2 166	1 218
2011	3 808	3 746	2 226	1 395
2012	4 564	3 724	1 790	1 485
2013	4 736	4 122	2 848	1 538
2014	4 885	4 931	3 031	1 730

2-28 城市居民家庭人均分类消费支出构成（1980-2014）
Composition of Per Capita Consumption Expenditures of Urban Households by Category

单位：% (%)

年 份 Year	消费支出 Total Consumption Expenditures	食 品 Food	衣 着 Clothing	家庭设备用品及服务 Household Facilities, Articles and Services	医疗保健 Health Care and Medical Services
1980	100.0	56.0	14.3	9.0	1.3
1981	100.0	56.8	15.2	9.1	1.0
1982	100.0	58.9	14.2	8.9	1.0
1983	100.0	58.5	14.6	8.9	1.0
1984	100.0	56.5	16.5	9.4	0.4
1985	100.0	52.1	14.9	13.2	0.5
1986	100.0	52.7	13.5	14.0	0.4
1987	100.0	54.4	14.1	12.9	0.5
1988	100.0	52.7	14.8	14.1	0.4
1989	100.0	55.8	11.5	11.9	0.5
1990	100.0	56.5	10.7	10.1	0.6
1991	100.0	56.9	11.0	10.2	0.6
1992	100.0	55.9	11.0	7.8	1.5
1993	100.0	53.1	11.7	8.3	1.9
1994	100.0	53.5	10.3	9.1	1.8
1995	100.0	53.4	9.6	10.8	1.9
1996	100.0	50.7	8.7	9.1	2.2
1997	100.0	51.7	8.1	7.7	2.9
1998	100.0	50.6	6.9	6.6	3.8
1999	100.0	45.2	6.7	9.3	4.2
2000	100.0	44.5	6.4	7.7	5.6
2001	100.0	43.4	6.2	6.2	6.0
2002	100.0	39.4	5.9	6.2	7.0
2003	100.0	37.2	6.8	7.2	5.4
2004	100.0	36.4	6.3	6.2	6.0
2005	100.0	35.9	6.8	5.8	5.8
2006	100.0	35.6	6.9	5.9	5.2
2007	100.0	35.5	7.7	5.5	5.0
2008	100.0	36.6	7.9	6.1	3.9
2009	100.0	35.0	7.6	6.5	4.8
2010	100.0	33.5	7.7	7.8	4.3
2011	100.0	35.5	8.2	7.3	4.5
2012	100.0	36.8	8.0	7.3	3.9
2013	100.0	34.9	7.2	6.1	4.8
2014	100.0	35.0	6.7	5.8	4.7

2-28 续表 continued

单位：% (%)

年 份 Year	消费支出 Total Consumption Expenditures 交通和通信 Transportation and Communication	教育文化娱乐服务 Education, Culture and Recreation Services	居 住 Housing	其他商品及服务 Miscellaneous Goods and Services
1980	3.6	8.9	4.7	2.2
1981	3.9	6.5	4.8	2.7
1982	4.0	5.7	5.9	1.4
1983	4.1	6.0	5.4	1.5
1984	3.8	6.3	5.0	2.1
1985	3.0	9.2	4.4	2.7
1986	2.7	9.5	4.1	3.1
1987	3.0	8.4	4.7	2.0
1988	2.5	8.8	4.3	2.4
1989	2.6	10.6	4.1	3.0
1990	3.0	11.9	4.7	2.5
1991	2.9	10.0	5.4	3.0
1992	4.6	8.8	6.5	3.9
1993	6.0	9.1	5.9	4.0
1994	6.3	8.2	7.1	3.7
1995	5.5	8.7	6.8	3.3
1996	7.3	12.2	6.2	3.6
1997	5.8	12.1	8.9	2.8
1998	5.9	13.0	9.8	3.4
1999	7.1	13.3	10.2	4.0
2000	8.6	14.5	9.0	3.7
2001	10.3	15.2	8.5	4.2
2002	10.7	15.9	11.4	3.5
2003	11.4	16.6	11.6	3.8
2004	13.5	17.4	10.5	3.7
2005	14.4	16.5	10.2	4.6
2006	15.8	16.5	9.7	4.4
2007	18.3	15.4	8.2	4.4
2008	17.4	14.8	8.5	4.8
2009	16.7	14.9	9.1	5.4
2010	17.6	14.5	9.3	5.3
2011	15.2	14.9	8.9	5.5
2012	17.4	14.2	6.8	5.6
2013	16.8	14.6	10.1	5.5
2014	16.0	16.2	9.9	5.7

2-29 城市居民家庭人均分类消费支出名义指数(1980-2014，以1980年为100)
Nominal Indices of Per Capita Consumption Expenditure of Urban Households by Category (1980=100)

年 份 Year	消费支出 Total Consumption Expenditures	食 品 Food	衣 着 Clothing	家庭设备用品及服务 Household Facilities, Articles and Services	医疗保健 Health Care and Medical Services
1980	100.0	100.0	100.0	100.0	100.0
1981	105.7	107.2	112.2	106.7	93.0
1982	104.1	109.3	103.0	102.8	91.1
1983	111.3	116.4	113.6	109.2	93.3
1984	131.3	132.4	152.1	135.6	48.1
1985	179.4	166.9	186.8	263.1	72.2
1986	211.7	199.1	200.4	329.0	57.8
1987	231.9	225.5	228.2	329.9	83.7
1988	298.1	280.3	308.1	463.3	107.7
1989	327.8	326.4	262.7	431.0	130.8
1990	350.4	353.5	263.2	392.4	163.4
1991	391.9	398.6	300.9	440.0	201.3
1992	453.9	453.1	350.2	392.7	537.2
1993	638.5	604.9	523.5	589.7	973.3
1994	844.4	806.5	611.4	853.0	1 201.4
1995	1 061.3	1 011.0	709.7	1 273.7	1 617.9
1996	1 223.2	1 107.3	745.8	1 228.3	2 119.2
1997	1 233.5	1 138.8	697.7	1 050.0	2 826.3
1998	1 241.9	1 123.0	597.4	905.4	3 739.8
1999	1 491.7	1 204.8	696.6	1 544.2	4 975.1
2000	1 603.9	1 274.6	717.7	1 365.1	7 182.6
2001	1 688.5	1 309.9	730.3	1 157.8	8 001.4
2002	1 881.0	1 330.5	775.2	1 306.5	10 518.7
2003	1 984.7	1 324.8	949.7	1 584.8	8 643.4
2004	2 270.6	1 483.3	1 007.8	1 560.3	10 923.1
2005	2 476.0	1 595.2	1 189.6	1 600.3	11 426.8
2006	2 653.7	1 695.0	1 298.9	1 754.9	10 940.6
2007	3 101.9	1 978.0	1 682.4	1 918.7	12 291.4
2008	3 487.1	2 295.5	1 923.4	2 364.1	10 831.2
2009	3 773.7	2 371.8	2 015.1	2 730.3	14 371.2
2010	4 170.6	2 511.3	2 269.3	3 599.8	14 419.9
2011	4 512.5	2 875.9	2 597.8	3 651.8	16 359.9
2012	4 719.5	3 118.0	2 670.4	3 812.4	14 579.2
2013	5 061.3	3 172.0	2 570.6	3 410.4	19 363.6
2014	5 486.5	3 447.9	2 578.3	3 558.1	20 779.0

2-29 续表 continued

年 份 Year	消费支出 Total Consumption Expenditures			
	交通和通信 Transportation and Communication	教育文化娱乐服务 Education, Culture and Recreation Services	居 住 Housing	其他商品及服务 Miscellaneous Goods and Services
1980	100.0	100.0	100.0	100.0
1981	112.7	77.2	106.8	132.0
1982	113.9	67.3	128.6	70.4
1983	123.1	75.1	126.1	78.0
1984	140.0	94.5	135.7	122.0
1985	150.7	185.7	161.9	227.4
1986	158.9	225.6	183.2	302.9
1987	191.0	221.0	227.2	221.5
1988	206.3	296.0	269.6	341.3
1989	238.8	394.7	281.9	453.3
1990	289.1	472.3	341.1	400.9
1991	312.4	441.7	446.9	542.5
1992	569.2	449.8	621.8	823.4
1993	1 054.5	654.7	790.1	1 184.1
1994	1 460.7	777.7	1 264.4	1 445.5
1995	1 605.8	1 036.5	1 523.6	1 653.1
1996	2 483.1	1 688.6	1 576.8	2 050.3
1997	1 986.9	1 689.8	2 294.8	1 601.9
1998	2 034.6	1 823.2	2 555.7	1 935.5
1999	2 917.9	2 234.3	3 192.5	2 761.7
2000	3 799.4	2 628.2	3 013.5	2 773.6
2001	4 792.8	2 903.7	3 018.2	3 284.2
2002	5 578.8	3 406.1	4 509.3	3 134.8
2003	6 299.0	3 744.2	4 857.8	3 525.6
2004	8 521.6	4 482.1	5 033.3	3 993.9
2005	9 927.1	4 640.5	5 357.4	5 281.1
2006	11 674.2	4 965.1	5 447.0	5 432.0
2007	15 782.2	5 418.3	5 357.4	6 431.2
2008	16 880.5	5 869.2	6 245.5	7 891.3
2009	17 508.3	6 409.2	7 258.5	9 565.7
2010	20 399.8	6 867.1	8 218.4	10 253.1
2011	19 058.4	7 649.4	8 444.0	11 744.8
2012	22 838.6	7 603.1	6 792.9	12 508.2
2013	23 702.2	8 416.5	10 804.5	12 948.1
2014	24 446.4	10 067.6	11 497.7	14 562.9

2-30 按收入水平分组城市居民家庭人均消费支出(1985-2014)
Per Capita Consumption Expenditures of Urban Households by 5 Income Levels

单位：元 (yuan)

年 份 Year	总平均 Total Average	低收入户 Low Income	较低收入户 Medium-low Income	中间收入户 Medium Income	较高收入户 Medium-high Income	高收入户 High Income
1985	992	724	870	973	1 123	1 309
1986	1 170	863	1 038	1 121	1 288	1 590
1987	1 282	949	1 114	1 203	1 459	1 789
1988	1 648	1 149	1 405	1 588	1 931	2 327
1989	1 812	1 299	1 625	1 743	2 079	2 428
1990	1 937	1 433	1 702	1 907	2 115	2 632
1991	2 167	1 524	1 866	2 295	2 348	2 968
1992	2 509	1 785	2 185	2 509	2 915	3 316
1993	3 530	2 407	2 967	3 416	3 895	5 061
1994	4 669	3 095	3 728	4 718	5 178	6 825
1995	5 868	3 700	4 696	5 497	6 601	8 911
1996	6 763	4 353	5 683	6 546	7 390	9 810
1997	6 820	4 533	5 624	6 659	7 395	10 072
1998	6 866	4 583	5 824	6 924	7 373	9 694
1999	8 248	5 987	7 011	7 623	8 966	11 911
2000	8 868	6 272	7 516	8 555	9 445	12 763
2001	9 336	6 900	7 647	8 473	10 010	13 666
2002	10 464	7 264	9 176	9 569	12 152	14 629
2003	11 040	6 481	8 931	10 060	12 569	17 427
2004	12 631	6 684	8 814	11 646	13 753	23 629
2005	13 773	7 698	9 807	11 524	15 024	25 470
2006	14 762	8 004	11 233	13 142	15 815	26 325
2007	17 255	9 217	12 959	15 468	18 993	30 820
2008	19 398	10 458	13 614	17 204	21 869	35 273
2009	20 992	11 654	16 155	18 487	24 253	36 063
2010	23 200	12 555	15 970	21 611	26 773	40 744
2011	25 102	13 700	18 449	23 228	30 387	41 397
2012	26 253	15 095	18 232	22 946	29 575	47 092
2013	28 155	16 210	19 263	24 325	33 183	50 218
2014	30 520	17 879	20 881	27 974	35 904	53 734

2-31 农村居民家庭生活基本情况(1978-2014)
Basic Conditions of Rural Households

年 份 Year	调查户数 (户) Number of Households Surveyed (household)	人均可支配收入 (元) Per Capita Disposable Income (yuan)	人均生活消费支出 (元) Per Capita Consumption Expenditures (yuan)	恩格尔系数 (%) Engel Coefficient (%)	平均消费倾向 (%) Average Propensity to Consume (%)
1978	96	281	193	60.6	68.7
1979	96	360	247	55.5	68.6
1980	280	401	323	51.7	80.5
1981	360	444	390	50.8	87.8
1982	360	536	444	49.8	82.8
1983	360	562	512	47.0	91.1
1984	360	785	619	46.4	78.9
1985	1 000	806	778	43.8	96.5
1986	1 000	936	896	45.3	95.7
1987	1 000	1 059	977	46.1	92.3
1988	1 000	1 301	1 229	39.7	94.5
1989	1 000	1 520	1 319	42.3	86.8
1990	1 000	1 665	1 262	46.4	75.8
1991	600	2 003	1 540	48.0	76.9
1992	600	2 226	1 967	43.4	88.4
1993	600	2 727	2 200	46.4	80.7
1994	600	3 437	2 715	48.4	79.0
1995	600	4 246	3 368	44.3	79.3
1996	600	4 846	3 868	42.8	79.8
1997	600	5 277	4 228	41.5	80.1
1998	600	5 407	4 207	42.2	77.8
1999	600	5 481	3 867	43.1	70.6
2000	600	5 565	4 138	44.0	74.4
2001	600	5 850	4 753	40.3	81.2
2002	600	6 212	5 311	35.2	85.5
2003	600	6 658	5 670	35.4	85.2
2004	600	7 337	6 329	34.6	86.3
2005	600	8 342	7 265	36.8	87.1
2006	600	9 213	8 006	37.8	86.9
2007	600	10 222	8 845	36.8	86.5
2008	600	11 385	9 115	40.9	80.1
2009	600	12 324	9 804	37.1	79.6
2010	600	13 746	10 225	37.2	74.4
2011	1 200	15 644	11 272	40.1	72.1
2012	1 200	17 401	12 096	40.0	69.5
2013	1 200	19 208	13 425	39.7	69.9
2014	1 200	21 192	15 291	40.5	72.2

2-32 农村居民家庭人均可支配收入及来源（1978-2014）
Per Capita Disposable Income and Sources of Rural Households

单位：元 (yuan)

年 份 Year	人均可支配收入 Per Capita Disposable Income	工资性收入 Income from Wages and Salaries	家庭经营纯收入 Net Business Income	财产性收入 Property Income	转移性收入 Transferred Income
1978	281	227	18	2	34
1979	360	278	34		48
1980	401	297	55	2	47
1981	444	313	71	8	52
1982	536	405	78	6	47
1983	562	359	155	6	42
1984	785	451	275	9	50
1985	806	430	323	15	38
1986	936	536	344	22	34
1987	1 059	655	338	32	34
1988	1 301	829	412	17	43
1989	1 520	1 000	461	16	43
1990	1 665	1 066	539	16	44
1991	2 003	1 235	681	33	54
1992	2 226	1 454	685	30	57
1993	2 727	1 662	949	50	66
1994	3 437	2 112	1 084	104	137
1995	4 246	2 734	1 183	155	174
1996	4 846	3 240	1 278	181	147
1997	5 277	3 736	1 226	144	171
1998	5 407	3 869	1 185	221	132
1999	5 481	4 192	929	127	233
2000	5 565	4 310	934	143	178
2001	5 850	4 491	967	157	235
2002	6 212	4 920	774	205	313
2003	6 658	5 284	813	222	339
2004	7 337	5 757	886	297	397
2005	8 342	6 364	811	430	737
2006	9 213	6 892	766	556	999
2007	10 222	7 498	754	673	1 297
2008	11 385	8 182	711	837	1 655
2009	12 324	8 721	590	932	2 081
2010	13 746	9 606	589	970	2 581
2011	15 644	10 493	877	1 243	3 031
2012	17 401	11 496	905	1 382	3 618
2013	19 208	12 378	920	1 587	4 323
2014	21 192	13 430	1 035	1 757	4 970

注：2000年前农村居民平均每人可支配收入按纯收入口径计算。2011年，按可比口径计算，全年家庭经营纯收入增长为22%。

Note: Before 2000, the Per Capita Disposable Income of Rural Residents is calculated according to their net income. Since 2011,according to the calculation of comparable caliber, the growth rate of annual Household Business Income is 22%.

2-33 农村居民家庭人均可支配收入构成（1978-2014）
Composition of Per Capita Disposable Income of Rural Households

单位：% (%)

年 份 Year	人均可支配收入 Per Capita Disposable Income	工资性收入 Income from Wages and Salaries	家庭经营纯收入 Net Business Income	财产性收入 Property Income	转移性收入 Transferred Income
1978	100.0	80.8	6.4	0.7	12.1
1979	100.0	77.2	9.4		13.4
1980	100.0	74.1	13.7	0.5	11.7
1981	100.0	70.5	16.0	1.8	11.7
1982	100.0	75.6	14.6	1.1	8.7
1983	100.0	63.9	27.6	1.1	7.4
1984	100.0	57.5	35.0	1.1	6.4
1985	100.0	53.3	40.1	1.9	4.7
1986	100.0	57.3	36.8	2.3	3.6
1987	100.0	61.9	31.9	3.0	3.2
1988	100.0	63.7	31.7	1.3	3.3
1989	100.0	65.8	30.3	1.1	2.8
1990	100.0	64.0	32.4	1.0	2.6
1991	100.0	61.7	34.0	1.6	2.7
1992	100.0	65.3	30.8	1.3	2.6
1993	100.0	60.9	34.8	1.8	2.5
1994	100.0	61.5	31.5	3.0	4.0
1995	100.0	64.4	27.9	3.6	4.1
1996	100.0	66.9	26.4	3.7	3.0
1997	100.0	70.8	23.2	2.7	3.3
1998	100.0	71.6	21.9	4.1	2.4
1999	100.0	76.5	16.9	2.3	4.3
2000	100.0	77.4	16.8	2.6	3.2
2001	100.0	76.8	16.5	2.7	4.0
2002	100.0	79.2	12.5	3.3	5.0
2003	100.0	79.4	12.2	3.3	5.1
2004	100.0	78.5	12.1	4.0	5.4
2005	100.0	76.3	9.7	5.2	8.8
2006	100.0	74.8	8.3	6.0	10.9
2007	100.0	73.3	7.4	6.6	12.7
2008	100.0	71.9	6.2	7.4	14.5
2009	100.0	70.8	4.8	7.5	16.9
2010	100.0	69.9	4.3	7.0	18.8
2011	100.0	67.1	5.6	7.9	19.4
2012	100.0	66.1	5.2	7.9	20.8
2013	100.0	64.4	4.8	8.3	22.5
2014	100.0	63.4	4.9	8.3	23.4

2-34 按收入水平分组农村居民家庭人均可支配收入(1994-2014)

Per Capita Disposable Income of Rural Households by 5 Income Levels

单位：元 (yuan)

年 份 Year	总平均 Total Average	低收入户 Low Income	较低收入户 Medium-low Income	中间收入户 Medium Income	较高收入户 Medium-high Income	高收入户 High Income
1994	3 437	1 693	2 488	3 181	4 091	6 050
1995	4 246	1 951	3 071	3 899	5 044	7 593
1996	4 846	2 228	3 504	4 399	5 546	8 760
1997	5 277	2 361	3 727	4 854	6 222	9 461
1998	5 407	2 385	3 849	4 965	6 392	9 738
1999	5 481	2 212	3 692	4 883	6 528	10 266
2000	5 565	2 330	3 906	5 264	6 725	10 405
2001	5 850	2 351	4 078	5 649	7 122	10 930
2002	6 212	2 429	4 266	5 701	7 513	11 989
2003	6 658	2 761	4 621	6 213	7 972	12 777
2004	7 337	3 122	5 148	7 006	8 775	13 652
2005	8 342	3 347	5 594	7 612	9 755	15 309
2006	9 213	3 830	6 194	8 412	10 714	16 843
2007	10 222	4 321	7 098	9 442	11 807	18 443
2008	11 385	4 690	8 065	10 487	13 094	20 748
2009	12 324	5 279	8 785	11 184	14 039	22 465
2010	13 746	5 968	10 107	12 929	16 327	24 536
2011	15 644	7 018	11 772	14 568	18 145	27 227
2012	17 401	7 707	13 071	16 490	20 340	29 180
2013	19 208	8 708	14 415	18 152	22 618	31 196
2014	21 192	10 476	16 375	20 693	25 129	32 631

注：收入水平根据居民家庭人均可支配收入由低到高排序，按照调查总户数各20%分为5组。
Note: The income levels are listed from low to high according to the Per Capita Disposable Income of Rural Households and they are divided into five levels, each involving 20% of the total number of households surveyed.

2-35 农村居民家庭人均分类生活消费支出(1978-2014)

单位：元

年 份 Year	生活消费支出 Total Consumption Expenditures	食 品 Food	衣 着 Clothing	居 住 Housing
1978	193	117	29	25
1979	247	137	37	50
1980	323	167	35	82
1981	390	198	43	96
1982	444	221	39	128
1983	512	241	46	165
1984	619	287	48	215
1985	778	341	67	254
1986	896	406	74	286
1987	977	450	81	287
1988	1 229	488	110	343
1989	1 319	558	111	344
1990	1 262	586	107	272
1991	1 540	739	134	324
1992	1 967	853	148	451
1993	2 200	1 022	157	357
1994	2 715	1 315	213	454
1995	3 368	1 491	233	761
1996	3 868	1 657	256	816
1997	4 228	1 756	267	921
1998	4 207	1 775	239	876
1999	3 867	1 669	202	681
2000	4 138	1 823	201	724
2001	4 753	1 915	226	890
2002	5 311	1 872	226	1 392
2003	5 670	2 004	250	1 437
2004	6 329	2 191	280	1 446
2005	7 265	2 676	367	1 323
2006	8 006	3 024	418	1 658
2007	8 845	3 259	476	2 097
2008	9 115	3 732	467	1 806
2009	9 804	3 639	496	2 103
2010	10 225	3 807	554	2 070
2011	11 272	4 517	644	1 806
2012	12 096	4 837	704	1 834
2013	13 425	5 334	771	2 260
2014	15 291	6 188	801	2 747

Per Capita Consumption Expenditures of Rural Households by Category

(yuan)

家庭设备用品及服务 Household Facilities, Articles and Services	交通和通信 Transportation and Communication	文教娱乐用品及服务 Education, Culture and Recreation Articles and Services	医疗保健 Health Care and Medical Services	其他商品及服务 Miscellaneous Goods and Services
12				10
13				10
5				34
11				42
13				43
43	1	6	4	6
42	2	12	6	7
65	2	34	8	7
73	4	40	10	3
94	3	39	9	14
174	4	50	18	42
159	4	68	23	52
129	6	59	33	70
151	15	85	35	57
232	31	121	45	86
259	65	220	50	70
267	79	222	75	90
284	159	256	73	111
363	200	347	108	121
338	240	414	174	118
369	226	463	170	89
389	197	474	160	95
225	279	559	209	118
294	340	673	265	150
281	462	661	280	137
297	587	676	333	86
344	720	806	425	117
458	739	936	562	204
481	780	920	549	176
452	884	857	571	249
504	880	850	697	179
481	1 212	943	739	191
528	1 459	1 012	585	210
649	1 309	1 139	909	299
646	1 705	1 088	1 029	253
694	1 719	964	1 181	502
712	1 891	1 069	1 308	575

2-36 农村居民家庭人均分类生活消费支出构成(1978-2014)

单位：%

年 份 Year	生活消费支出 Total Consumption Expenditures	食 品 Food	衣 着 Clothing	居 住 Housing
1978	100.0	60.6	15.0	13.0
1979	100.0	55.5	15.0	20.2
1980	100.0	51.7	10.8	25.4
1981	100.0	50.8	11.0	24.6
1982	100.0	49.8	8.8	28.8
1983	100.0	47.0	9.0	32.2
1984	100.0	46.4	7.8	34.7
1985	100.0	43.8	8.6	32.6
1986	100.0	45.3	8.3	31.9
1987	100.0	46.1	8.3	29.4
1988	100.0	39.7	9.0	27.9
1989	100.0	42.3	8.4	26.1
1990	100.0	46.4	8.5	21.6
1991	100.0	48.0	8.7	21.0
1992	100.0	43.4	7.5	22.9
1993	100.0	46.4	7.1	16.2
1994	100.0	48.4	7.9	16.7
1995	100.0	44.3	6.9	22.6
1996	100.0	42.8	6.6	21.1
1997	100.0	41.5	6.3	21.8
1998	100.0	42.2	5.7	20.8
1999	100.0	43.1	5.2	17.6
2000	100.0	44.0	4.9	17.5
2001	100.0	40.3	4.7	18.7
2002	100.0	35.2	4.3	26.2
2003	100.0	35.4	4.4	25.3
2004	100.0	34.6	4.4	22.9
2005	100.0	36.8	5.1	18.2
2006	100.0	37.8	5.2	20.7
2007	100.0	36.8	5.4	23.7
2008	100.0	40.9	5.1	19.8
2009	100.0	37.1	5.1	21.5
2010	100.0	37.2	5.4	20.2
2011	100.0	40.1	5.7	16.0
2012	100.0	40.0	5.8	15.2
2013	100.0	39.7	5.8	16.8
2014	100.0	40.5	5.2	17.9

Composition of Per Capita Consumption Expenditures of Rural Households by Category

(%)

家庭设备用品及服务 Household Facilities, Articles and Services	交通和通信 Transportation and Communication	文教娱乐用品及服务 Education, Culture and Recreation Articles and Services	医疗保健 Health Care and Medical Services	其他商品及服务 Miscellaneous Goods and Services
6.2				5.2
5.3				4.0
1.6				10.5
2.8				10.8
2.9				9.7
8.4	0.2	1.2	0.8	1.2
6.8	0.3	1.9	1.0	1.1
8.4	0.3	4.4	1.0	0.9
8.2	0.4	4.5	1.1	0.3
9.6	0.3	4.0	0.9	1.4
14.1	0.3	4.1	1.5	3.4
12.1	0.3	5.2	1.7	3.9
10.2	0.5	4.7	2.6	5.5
9.8	1.0	5.5	2.3	3.7
11.8	1.6	6.1	2.3	4.4
11.8	3.0	10.0	2.3	3.2
9.8	2.9	8.2	2.8	3.3
8.4	4.7	7.6	2.2	3.3
9.4	5.2	9.0	2.8	3.1
8.0	5.7	9.8	4.1	2.8
8.8	5.4	11.0	4.0	2.1
10.1	5.1	12.3	4.1	2.5
5.4	6.7	13.5	5.1	2.9
6.2	7.1	14.2	5.6	3.2
5.3	8.7	12.4	5.3	2.6
5.2	10.4	11.9	5.9	1.5
5.4	11.4	12.7	6.7	1.9
6.3	10.2	12.9	7.7	2.8
6.0	9.7	11.5	6.9	2.2
5.1	10.0	9.7	6.5	2.8
5.5	9.7	9.3	7.7	2.0
4.9	12.4	9.6	7.5	1.9
5.2	14.3	9.9	5.7	2.1
5.8	11.6	10.1	8.1	2.6
5.3	14.1	9.0	8.5	2.1
5.2	12.8	7.2	8.8	3.7
4.7	12.4	7.0	8.5	3.8

2-37 农村居民家庭人均分类生活消费支出名义指数(以1978年为100)

年 份 Year	生活消费支出 Total Consumption Expenditures	食 品 Food	衣 着 Clothing	居 住 Housing
1978	100.0	100.0	100.0	100.0
1979	128.2	117.2	128.4	199.4
1980	167.4	142.8	120.2	328.0
1981	202.1	169.3	147.6	384.0
1982	230.1	189.0	133.9	512.0
1983	265.3	206.1	157.9	660.0
1984	320.7	245.4	164.8	860.0
1985	403.1	291.6	230.0	1 016.0
1986	464.2	347.1	254.0	1 144.0
1987	506.2	384.7	278.1	1 148.0
1988	636.8	417.1	379.3	1 372.0
1989	683.4	477.1	381.1	1 376.0
1990	653.9	501.0	367.3	1 088.0
1991	797.9	631.8	460.0	1 296.0
1992	1 019.2	729.3	508.1	1 804.0
1993	1 139.9	873.8	539.0	1 428.0
1994	1 406.7	1 124.3	731.2	1 816.0
1995	1 745.1	1 274.8	799.9	3 044.0
1996	2 004.1	1 416.7	878.8	3 264.0
1997	2 190.7	1 501.4	916.6	3 684.0
1998	2 179.8	1 517.6	820.5	3 504.0
1999	2 003.6	1 427.0	693.4	2 724.0
2000	2 144.0	1 558.7	690.0	2 896.0
2001	2 462.7	1 637.3	775.8	3 560.0
2002	2 751.8	1 600.5	775.8	5 568.0
2003	2 937.8	1 712.8	862.1	5 748.0
2004	3 279.3	1 873.3	961.2	5 784.0
2005	3 764.2	2 288.0	1 259.9	5 292.0
2006	4 148.2	2 585.5	1 434.9	6 632.0
2007	4 582.9	2 786.4	1 634.1	8 388.0
2008	4 722.8	3 190.8	1 603.2	7 224.0
2009	5 079.8	3 111.3	1 702.7	8 412.0
2010	5 297.9	3 255.0	1 901.8	8 280.0
2011	5 840.4	3 860.7	2 220.7	7 224.0
2012	6 267.4	4 135.6	2 416.8	7 336.0
2013	6 956.0	4 560.5	2 646.8	9 040.0
2014	7 922.8	5 290.7	2 749.7	10 988.0

注：1.分类生活消费支出按原始数据计算，与用取整后的数据比较有尾数上差异。
2.交通和通信、文教娱乐用品及服务、医疗保健以1983年为100。

Nominal Indices of Per Capita Consumption Expenditure of Rural Households by Category (1978=100)

家庭设备用品及服务 Household Facilities, Articles and Services	交通和通信 Transportation and Communication	文教娱乐用品及服务 Education, Culture and Recreation Articles and Services	医疗保健 Health Care and Medical Services	其他商品及服务 Miscellaneous Goods and Services
100.0				100.0
113.7				103.2
43.4				349.1
95.5				431.2
112.8				441.5
373.3	100.0	100.0	100.0	61.6
364.6	200.0	200.0	150.0	71.9
564.2	200.0	566.7	200.0	71.9
633.7	400.0	666.7	250.0	30.8
816.0	300.0	650.0	225.0	143.7
1 450.0	400.0	833.3	450.0	431.2
1 380.2	400.0	1 133.3	575.0	533.9
1 119.8	600.0	983.3	825.0	718.7
1 310.8	1 500.0	1 416.7	875.0	585.2
2 013.9	3 100.0	2 016.7	1 125.0	883.0
2 248.3	6 500.0	3 666.7	1 250.0	718.7
2 317.7	7 900.0	3 700.0	1 875.0	924.0
2 465.3	15 900.0	4 266.7	1 825.0	1 139.6
3 151.0	20 000.0	5 783.3	2 700.0	1 242.3
2 934.0	24 000.0	6 900.0	4 350.0	1 211.5
3 203.1	22 600.0	7 716.7	4 250.0	913.8
3 376.7	19 700.0	7 900.0	4 000.0	975.4
1 953.1	27 900.0	9 316.7	5 225.0	1 211.5
2 552.1	34 000.0	11 216.7	6 625.0	1 540.0
	46 200.0	11 016.7	7 000.0	1 406.6
2 475.0	58 700.0	11 266.7	8 325.0	883.0
2 986.1	72 000.0	13 433.3	10 625.0	1 201.2
3 975.7	73 900.0	15 600.0	14 050.0	2 094.5
4 175.3	78 000.0	15 333.3	13 725.0	1 807.0
3 923.6	88 400.0	14 283.3	14 275.0	2 556.5
4 375.0	88 000.0	14 166.7	17 425.0	1 837.8
4 175.3	121 200.0	15 716.7	18 475.0	1 961.0
4 583.3	145 900.0	16 866.7	14 625.0	2 156.1
5 408.3	130 900.0	18 983.3	22 725.0	2 990.0
5 607.6	170 500.0	18 133.3	25 725.0	2 597.5
6 024.3	171 900.0	16 066.7	29 525.0	5 154.0
6 180.6	189 100.0	17 816.7	32 700.0	5 903.5

Note: 1. Figures in Consumption Expenditures Indices by Category are calculated by raw data, so they may have differences compared to the indices calculated by rounding data.

2. In the categories of Transportation and Communication, Education, Culture and Recreation Articles and Services, Medical and Health Services, the figures of 1983 are set at 100.

2-38 按收入水平分组农村居民家庭人均生活消费支出(1994-2014)
Per Capita Consumption Expenditures of Rural Households by 5 Income Levels

单位：元 (yuan)

年 份 Year	总平均 Total Average	低收入户 Low Income	较低收入户 Medium-low Income	中间收入户 Medium Income	较高收入户 Medium-high Income	高收入户 High Income
1994	2 715	1 578	1 989	2 635	2 952	4 640
1995	3 368	1 813	2 680	2 704	3 408	6 546
1996	3 868	2 229	2 860	3 182	4 221	6 995
1997	4 228	2 558	3 334	3 986	4 866	6 532
1998	4 207	2 468	3 163	3 347	4 871	7 362
1999	3 867	2 275	2 940	4 181	4 279	5 909
2000	4 138	2 390	3 387	3 887	5 487	5 880
2001	4 753	2 921	3 250	4 334	5 356	8 449
2002	5 311	2 350	4 341	4 834	5 873	9 683
2003	5 670	2 886	3 681	5 363	6 286	10 769
2004	6 329	4 076	4 914	5 309	6 992	10 971
2005	7 265	4 618	5 690	6 317	7 059	12 975
2006	8 006	4 788	6 001	6 951	8 015	15 058
2007	8 845	4 890	6 077	7 305	9 541	17 317
2008	9 115	5 024	6 280	9 555	10 700	14 517
2009	9 804	5 472	6 266	9 026	12 843	16 035
2010	10 225	5 026	7 881	8 739	15 103	15 187
2011	11 272	6 979	9 881	11 701	11 654	16 531
2012	12 096	7 784	8 813	10 802	13 725	19 773
2013	13 425	8 011	10 048	12 150	15 793	20 775
2014	15 291	9 629	12 208	13 487	17 909	22 645

2-39 平均每百户城市居民家庭年末耐用消费品拥有量(1980-2014)
Main Durable Goods Owned Per 100 Urban Households

年 份 Year	彩色电视机(台) Colour TV Set (set)	照相机(台) Camera (unit)	洗衣机(台) Washing Machine (set)	电冰箱(台) Refrigerator (set)	组合音响(台) Stereo (set)	家用汽车(辆) Automobile (unit)
1980		7				
1981	1	10	1			
1982	1	11	4	…		
1983	3	13	9	2		
1984	6	13	13	4		
1985	22	20	26	20		
1986	36	28	39	47		
1987	44	31	50	62		
1988	54	37	62	73		
1989	66	40	67	85		
1990	77	44	72	88	1	
1991	81	43	72	92	3	
1992	89	42	71	93	5	
1993	94	46	76	92	7	
1994	101	54	73	95	11	
1995	109	52	78	98	13	
1996	113	52	82	101	15	
1997	119	54	87	102	18	
1998	128	59	92	103	21	
1999	144	68	93	103	28	
2000	147	71	93	102	32	
2001	154	72	99	103	34	…
2002	160	79	92	104	33	…
2003	168	70	94	102	40	2
2004	178	80	96	104	45	4
2005	177	85	97	104	48	4
2006	179	86	98	104	48	5
2007	183	89	98	103	52	9
2008	180	86	98	104	49	11
2009	185	91	99	104	50	14
2010	188	95	99	104	52	17
2011	191	94	100	105	48	18
2012	192	98	101	106	49	20
2013	169	53	88	93	16	20
2014	175	56	90	95	17	22

注：国家统计局2012年进行住户调查一体化改革,上海城市居民收支调查范围自2013年起由原来的市中心城市地区扩大至郊区的城镇地区,耐用消费品拥有量有所波动。

Note: The National Bureau of Statistics carried out the reform of household survey integration in 2012. Since 2013, the scope of Shanghai urban household income and expenditure survey has expanded from the original urban areas to suburban urban areas, and the ownership of durable consumer goods fluctuates.

2-39 续表 continued

年 份 Year	家用电脑 (台) Personal Computer (set)	家用空调 (台) Household Air Conditioner (set)	移动电话 (台) Mobile Phone (set)	淋浴热水器 (台) Water Heater (set)	摄像机 (台) Video Camera (unit)
1980					
1981					
1982					
1983					
1984					
1985					
1986					
1987					
1988					
1989					
1990					
1991					
1992		2		7	
1993		5		15	
1994		20		29	
1995	2	33		37	
1996	5	50	1	42	
1997	9	62	2	51	1
1998	13	69	6	54	3
1999	20	85	16	60	3
2000	26	96	29	64	3
2001	38	100	50	67	4
2002	51	118	93	76	5
2003	60	136	133	81	6
2004	70	159	161	88	8
2005	81	168	181	90	10
2006	91	175	200	93	11
2007	104	189	217	96	15
2008	109	191	219	95	15
2009	123	196	223	98	16
2010	129	200	230	98	17
2011	138	207	236	101	18
2012	144	207	239	100	19
2013	110	174	202	86	11
2014	119	183	211	89	12

2-40 平均每百户农村居民家庭年末耐用消费品拥有量(1985-2014)
Main Durable Goods Owned Per 100 Rural Households

年 份 Year	彩色电视机 (台) Colour TV Set (set)	照相机 (台) Camera (unit)	洗衣机 (台) Washing Machine (set)	电冰箱 (台) Refrigerator (set)	微波炉 (台) Microwave Oven (set)	轻骑、摩托车 (辆) Moped and Motorcycle (vehicle)
1985	4	1	2			
1986	7	1	5	1		
1987	9	2	13	4		
1988	12	3	30	11		
1989	19	4	39	21		
1990	25	4	45	29		
1991	25	4	48	30		
1992	28	5	55	38		
1993	36	4	54	42		
1994	44	5	57	50		
1995	49	6	63	56		22
1996	53	7	67	65		33
1997	62	7	67	68		46
1998	74	9	66	72	7	55
1999	83	9	72	73	10	61
2000	97	14	69	74	14	73
2001	105	13	70	76	20	73
2002	120	13	71	79	28	83
2003	125	13	75	81	36	88
2004	137	14	80	85	44	91
2005	157	18	86	89	66	72
2006	167	22	89	94	71	74
2007	179	21	91	96	76	60
2008	186	21	93	101	81	55
2009	190	24	93	101	82	49
2010	198	27	95	103	84	46
2011	188	20	88	99	80	28
2012	190	20	90	101	83	25
2013	178	24	82	95	80	18
2014	139	13	61	78	56	12

注：国家统计局2012年进行住户调查一体化改革，2013年起，上海农村居民收支调查范围逐步转变为乡村地区，不再包含城乡结合部地区，耐用消费品拥有量有所波动。

Note: The National Bureau of Statistics carried out the reform of household survey integration in 2012. Since 2013, the scope of Shanghai rural household income and expenditure survey has gradually changed to rural areas, excluding urban-rural fringe areas, and the ownership of durable consumer goods fluctuates.

2-40 续表 continued

年 份 Year	家用空调 (台) Household Air Conditioner (set)	抽油烟机 (台) Smoke Exhaust Ventilator (set)	热水淋浴器 (台) Water Heater (set)	移动电话 (部) Mobile Phone (set)	家用电脑 (台) Personal Computer (set)	摄像机 (台) Video Camera (unit)
1985						
1986						
1987						
1988						
1989						
1990						
1991						
1992						
1993						
1994						
1995	1	9				
1996	3	15				
1997	4	22				
1998	7	26	29		1	
1999	8	32	37		1	
2000	14	35	44	19	5	
2001	16	39	47	35	7	
2002	24	42	53	63	12	1
2003	37	45	61	91	15	1
2004	55	51	66	112	23	2
2005	84	60	78	130	32	2
2006	99	65	83	148	38	3
2007	120	69	89	147	43	3
2008	129	71	90	156	47	4
2009	135	71	94	174	54	5
2010	147	74	96	194	60	5
2011	130	64	90	189	50	3
2012	136	67	91	200	49	4
2013	138	58	86	183	58	3
2014	83	31	57	171	42	1

主要统计指标解释

第一部分　上海居民收支与生活状况调查主要数据
（新口径，2-1 到 2-18）

■居民可支配收入（城镇/农村常住居民）

指居民可用于最终消费支出和储蓄的总和，即居民可用于自由支配的收入。既包括现金收入，也包括实物收入。按照收入的来源，可支配收入包含四项，分别为：工资性收入、经营净收入、财产净收入和转移净收入。

■居民消费支出（城镇/农村常住居民）

指居民用于满足家庭日常生活消费需要的全部支出，既包括现金消费支出，也包括实物消费支出。消费支出可划分为食品烟酒、衣着、居住、生活用品及服务、交通通信、教育文化娱乐、医疗保健以及其他用品及服务八大类。

第二部分　历年城镇和农村住户调查主要数据
（老口径，2-19 到 2-40）

■城镇居民家庭可支配收入

指居民家庭可用于最终消费支出和其他非义务性支出以及储蓄的总和，即居民家庭可以用来自由支配的收入。它是家庭总收入扣除交纳的所得税、个人交纳的社会保障费以及调查户的记账补贴后的收入。

■城镇居民家庭消费支出

指居民家庭用于满足家庭日常生活消费需要的全部支出，包括食品、衣着、居住、家庭设备用品及服务、交通和通信、教育文化娱乐服务、医疗保健、其他商品及服务等八大类。消费支出构成是按照商品或服务的用途进行分类，如果消费支出的目的与用途不一致时，必须按照用途归入相应类内。

■农村居民可支配收入

指农村居民获得的经过初次分配与再分配后的收入。可支配收入可用于住户的最终消费、非义务性支出以及储蓄。

农村居民可支配收入＝总收入-家庭经营费用支出-税费支出-生产性固定资产折旧-财产性支出-转移性支出。

■农村居民家庭生活消费支出

指农村住户用于物质生活和精神生活方面的支出。包括食品，衣着，居住，家庭设备用品及服务，医疗保健，交通和通信，文教娱乐用品及服务，其他商品和服务等消费支出。

■恩格尔系数

指食品支出占全部消费支出的比重，是反映人们生活水平高低的一项重要指标。国际上常用恩格尔系数来衡量一个国家和地区人民生活水平和富足程度。联合国粮农组织提出的标准，恩格尔系数在 59%以上为贫困型阶段，50－59%为温饱型阶段；40－49%为小康型阶段；30－39%为富裕型阶段；30%以下为最富裕阶段。

■平均消费倾向

指居民消费支出占可支配收入的比重。在实际计算居民家庭平均消费倾向时，收入通常以居民家庭可支配收入来表示。消费倾向是度量居民生活水平的重要指标，一般来说，居民收入越高，消费倾向越低；收入越低，消费倾向越高。在收入既定的前提下，居民消费倾向越高，表明消费欲望越强烈，对经济增长的拉动作用越大；反之，则相反。

EXPLANATORY NOTES ON MAIN STATISTICAL INDICATORS

Part 1 Data of Survey on Income, Expenditure and Living Conditions of Residents in Shanghai (New Statistics Scope from Chart 2-1 to 2-18)

■Disposable Income of Households (usual resident households in urban/rural areas)

It refers to the income of households for purpose of final expenditure and savings. It includes income both in cash and in kind. By sources of income, disposable income includes four categories: income from wages and salaries, net business income, net income from properties and net income from transfer.

■Consumption Expenditure of Households (usual resident households in urban/rural areas)

It refers to all expenditure of households for living expenditure to satisfy family daily living. It includes expenditure in cash and in kind. It includes eight categories: food, tobacco and liquor; clothing; housing; household facilities, articles and services; transportation and communication; education, culture and recreation; health care and medical services, and miscellaneous goods and services..

Part 2 Historical data of urban and rural household survey (Old Statistics Scope，from Chart 2-19 to 2-40)

■Disposable Income of Urban Households

It refers to the actual income at the disposal of members of the urban households which can be used for final consumption, other non-compulsory expenditure and savings. This equals to total income minus income tax, personal contribution to social security and subsidy for keeping diaries in being a sample household.

■Consumption Expenditure of Urban Households

It refers to total expenditure of urban households for consumption in daily life, including expenditure on the eight categories of food; clothing; housing; household facilities, articles and services; transportation and communication; education, culture and recreation services; health care and medical services; miscellaneous goods and services.

■Disposable Income of Rural Households

It refers to the income of the rural households after first distribution and redistribution, which can be used for final consumption, other non-compulsory expenditure and savings.

Disposable Income of rural households = total income-household operation expenses-taxes and fees-depreciation of fixed assets for production-expenses on properties-expenses on transfers.

■Consumption Expenditure of Rural Households

It refers to total expenditure of rural households for consumption in daily life, including expenditure on the eight categories of food; clothing; housing; household facilities, articles and services; transportation and communication; education, culture and recreation articles and services; health care and medical services; miscellaneous goods and services.

■Engel's Coefficient

It refers to the percentage of expenditure on food to the total consumption. It is an important indicator which reflects the living level of people. Internationally, it is often used to measure the living and prosperity level of people in a country or region. According to the standard provided by FAO, countries(regions) whose Engel's coefficient is over 59% are of the poor stage; 50%~59% are of the subsistence stage; 40%~49% are of the well-off stage; 30%~39% are of the rich stage; below 30% are of the very rich stage.

■Average propensity to consume

It refers to the percentage of income that went for consumption. Usually, we select a household's disposable income as the income when we calculate this gauge. Propensity to consume is an important measurement of living standard. Generally speaking, the higher income will generate the lower propensity to consume, and the lower income will generate the higher propensity to consume. Given the fixed income, the higher propensity to consume indicates a stronger desire for consumption, which in turn will give a bigger push to the economic growth, and the other way around, the opposite will be true.

第三篇　价　格

Prices

简要说明

一、本篇资料的主要内容

本篇价格指数资料，反映生产、流通、消费、投资与交易等环节的价格变动趋势和变动幅度。主要包括居民消费价格指数、工业生产者出厂价格指数、工业生产者购进价格指数、房地产价格指数、农产品生产者价格指数等。

二、本篇的资料来源

价格指数编制由国家统计局上海调查总队消费价格调查处、生产价格调查处、农业农村调查处组织实施，依据国家统计局统一制定的价格统计调查制度，由上海调查总队直接以及通过区调查队从基层采集原始价格数据汇总后上报。

三、居民消费价格指数调查方法

编制居民消费价格指数的资料采用抽样调查和重点调查相结合的方法取得，即在全市选择不同经济区域和分布合理的商品销售或服务网点，以及有代表性的商品或服务作为样本，对其市场价格进行定期调查，以样本推断总体。目前，居民消费价格调查已涉及全市 16 个区。

1.价格调查点的抽选方法：对全市消费市场进行摸底调查、掌握市场的基本情况（经营品种、销售额等指标）基础上，将各种类型的商场（店）、超市、农贸市场、服务网点以销售额（成交额或经营规模）为标志，从高到低排队，依据所需调查点的数量进行等距抽样。选择经营品种齐全、销售额大的商场（店）、超市、农贸市场、服务网点作为价格调查点。

2.代表规格品根据全市的消费情况确定，必须遵循以下原则：⑴选择消费量较大的消费项目；⑵价格变动趋势和变动程度有较强的代表性，即选中规格品与未选中规格品的价格变动特征愈相关愈好；⑶在市场销售份额大体相等的情况下，同一基本分类的规格品之间，性质差异愈大愈好，价格变动特征的相关性愈低愈好；⑷生产和销售前景较好；⑸选中的工业消费品必须是合格产品，工业产品包装上必须有注册商标、产地、规格等级等标识。

目前，居民消费价格调查分为 8 大类，268 个基本分类，全市每月共调查 1800 种以上的规格品价格。

3.价格调查方法：居民消费价格调查是抽样调查，主要方法是定人、定点、定时直接调查。

4.权数的确定：居民消费价格指数的权数主要根据全市城镇居民家庭消费支出构成确定。

5.指数计算方法：使用链式拉氏公式计算，每 5 年更换 1 次基期，目前固定基期为 2020 年。

四、工业生产者价格指数调查方法

工业生产者价格包括工业企业产品第一次出售时的出厂价格（以下简称工业生产者出厂价格）和企业作为中间投入的原材料、燃料、动力购进价格（以下简称工业生产者购进价格）。该项调查采用重点调查与典型调查相结合的调查方法，重点调查对象为规模以上工业法人企业;典型调查对象规模以下工业法人企业。

1. 选择代表企业的原则：(1)按工业行业选择调查企业，各中类行业原则上都要有调查企业；(2)大型企业应尽量都选上(或占相当大比重)；(3)选择生产正常、稳定的企业作为调查对象。根据以上原则，上海共选择近 1000 家工业企业进行工业生产者价格调查。

2 选择代表产品的原则：(1)按工业行业选择基本分类和代表产品；(2)选择对国计民生影响大的产品；(3)选择生产较为稳定的产品；(4)选择有发展前景的产品；(5)选择具有地方特色的产品。根据《工业生产者价格调查目录》，上海工业生产者出厂价格调查涵盖全市 35 个工业大类行业，400 余个基本分类的约 1000 种产品；工业生产者购进价格调查涵盖 9 大类，300 余个基本分类的 1000 余种产品。

3.工业生产者价格调查采用企业网上直报的形式。

五、农产品生产者价格指数

农产品生产者价格是指农产品生产者直接出售其产品时实际获得的单位产品价格。农产品生产者价格调查采用抽样调查和重点调查相结合的方法。内容包括被调查单位生产并出售的主要农产品。农产品代表产品的选择涵盖农、林、牧、渔四大类、各中类以及 90%以上的小类，一般是生产量和销售量大的对国计民生影响大、稳定性强的产品，具有发展前景的新产品和具有地方特色的产品。代表品一般稳定五年。调查周期为季度。

BRIEF INTRODUCTION

I. Main Contents

Data on price indices in this chapter show the changing trends and the changing rates in the prices of production, trade, consumption, investment and transaction, mainly including consumer price indices, producer price indices for industrial products, purchasing price indices for industrial producers, house price indices, producer price indices for agriculture .

II. Sources of Data

Statistics on price indices, organized and compiled by NBS Survey Office in Shanghai, are collected from the grassroots units or survey offices in districts in accordance with the scheme of price survey system stipulated by the National Bureau of Statistics, and then statistics are tabulated and reported to the higher agencies.

III. Consumer Price Indices

Data for compilation of the consumer price indices in Shanghai are collected through a combination of sample surveys and surveys of key units. Areas distributed in the city’s economic regions, representative commodities and representative services are selected as samples. Regular surveys are conducted to collect data on their market prices. Population parameters are inferred on the basis of the sample data. At present, 16 districts in Shanghai are all included in the survey of the consumer price indices.

(1) The selection of sample survey areas: Based on the basic conditions (including product varieties, their sales and etc.) the city’s consumer market, the city’s consumer market, shops, supermarkets, wet markets and service outlets of different varieties are ranked by sales (turnover or scales) and then selected on the number of survey areas needed via systematic sampling method schemes. The price survey areas should be shops, supermarkets, wet markets and service outlets with a wide range of products and big sales.

(2) The goods are selected on the city’s consumption conditions, following these principles: (a) goods sold in large quantities (b) Representative for the price changing trends and the changing rates, which means selected goods are highly relevant with those unselected (c) Under the conditions of similar market shares, the bigger the differences in nature among goods and the lower the price relevance, the better (d) Good production and sales outlook (e) Qualified industrial goods, with registered trademark, origin and grade printed on the packaging.

At present, data are collected on more than 1,800 specifications each month in the city under 268 basic headings in 8 categories in the consumer price surveys.

(3) Method of data collection: Sample surveys are used for the consumer price indices, with method of direct survey with fixed people, fixed location and fixed time period.

(4) Determination of the weights: The weights of the consumer price indices are determined according to the composition of the consumption expenditures of Shanghai’s urban and rural households. The weights of the retail price indices are determined mainly according to the total retail sales of commodities in the city.

(5) Method of calculation: The chain Laspeyres' formula is used to calculate, and the base period is replaced every 5 years, which is 2020 currently.

IV. Producer Price Indices

Producer prices include Producer Prices for Industrial Products, which are the prices of manufactured goods when they are sold for the first time, and Purchasing Prices for Industrial Producers, which are prices paid by industrial enterprises when they purchase productive inputs such as raw materials, fuels and power from the market or from other enterprises. Ethologically, the survey is a combination of the key enterprises' survey and typical enterprises’ survey, where key enterprises refer to those industrial enterprises above set scale and typical enterprises refer to those industrial enterprises under set scale.

(1) Principles for the selection of representative enterprises: (a) Enterprises to be covered in the survey are

selected by industrial sectors. In principle, every second-level classification should have representative enterprises; (b) All (or a majority of) large-scale enterprises should be selected; (c) Enterprises selected should be those with normal and stable production. According to these principles, nearly 1000 enterprises in Shanghai are selected for this survey.

(2) Principle for the selection of representative goods: (a) The goods are selected by industrial sectors; (b) The selected goods should have great importance in the national economy and people's living conditions; (c) The production of the goods selected should be stable; (d) The prospects of the goods selected should be promising; (e) The goods selected should be of local specialties. According to the catalog of Producer Price Suvey, more than 470 basic categories (over 1000 goods) and more than 340 basic categories (nearly 1000 inputs) in Shanghai are selected for the surveys of Producer Price Index for Industrial Products and Purchasing Price index for Industrial Producers respectively.

(3) Online direct reporting method is used for the data collection of Producer Price survey.

V. Producer Price Indices for Agriculture Products

Producer price indices for agriculture products refers to the actual price per unit through directly selling their products by producers of farm products. The survey program of Price Index for Farm Products is a combined use of sampling survey and typical units' survey. It covers main farm products produced and sold by the units surveyed. Representative farm products include those in Agriculture, Forestry，Animal Husbandry and Fishery, 90% of small classification in medium-sized classification. The products are generally with large production and sales, having great impact on the national economy and people's living conditions, with strong stability, with promising to new products and with local characters. Representative products are for 5 years. The survey is conducted quarterly.

3-1 各种价格指数
Price Indices

上年=100 (preceding year=100)

年 份 year	居民消费价格指数 Consumer Price Index	工业生产者出厂价格指数 Producer Price Index for Industrial Products	工业生产者购进价格指数 Purchasing Price Index for Industrial Producers	新建商品住宅销售价格指数 Price Index for Newly Built Commodity Residential Housing	二手住宅销售价格指数 Price Index for Existing Residential Housing	农产品生产者价格指数 Producer Price Index for Agriculture Products
1978	100.5					
1980	105.9					
1985	115.2					
1986	106.3					
1987	108.1					
1988	120.1					
1989	115.9					
1990	106.3					
1991	110.5					
1992	110.0	110.4	109.6			
1993	120.2	128.0	129.2			
1994	123.9	118.2	121.6			
1995	118.7	107.9	113.3			
1996	109.2	97.6	97.6			
1997	102.8	97.8	98.6			
1998	100.0	93.9	94.1			
1999	101.5	97.6	97.1			
2000	102.5	102.5	107.1			
2001	100.0	96.7	98.7			
2002	100.5	96.4	97.7			
2003	100.1	101.4	106.4			
2004	102.2	103.6	116.4			110.8
2005	101.0	101.7	106.8			105.7
2006	101.2	100.6	104.8			101.9
2007	103.2	101.2	104.1			110.2
2008	105.8	102.2	110.3			109.7
2009	99.6	93.8	89.8			102.2
2010	103.1	102.3	111.2			107.1
2011	105.2	102.9	107.5	102.5	102.2	110.9
2012	102.8	98.4	94.7	98.8	99.1	101.4
2013	102.3	98.2	96.5	114.2	109.7	104.1
2014	102.7	98.9	95.9	107.0	104.6	99.5
2015	102.4	96.1	90.6	103.5	104.0	102.4
2016	103.2	98.8	97.7	132.8	130.0	106.6
2017	101.7	103.5	108.9	110.2	109.6	98.4
2018	101.6	101.7	105.2	99.8	98.2	100.5
2019	102.5	98.8	98.7	102.0	99.7	105.6
2020	101.7	98.3	96.9	103.6	103.5	106.7
2021	101.2	102.1	107.3	104.5	108.6	104.4
2022	102.5	102.6	104.9	103.8	103.7	102.6
2023	100.3	99.7	98.9	104.4	99.8	98.4

注：从2011年起，工业品价格出厂价格指数和原材料燃料动力购进价格指数，分别改为工业生产者出厂价格指数和工业生产者购进价格指数。

Note: Since 2011,Producer Price Index for Industrial Products and Purchasing Price Indices of Raw Materials, Fuels and Power have been Changed to Producer Price Indices for Industrial Products and Purchasing Price Indices for Industrial Producers respectively.

3-2 各种价格定基指数

Fixed-base Price Indices

年 份 Year	居民消费价格指数 (以1978年价格为100) Consumer Price Index (1978=100)	工业生产者出厂价格指数 (以2000年价格为100) Producer Price Index for Industrial Products (2000=100)	工业生产者购进价格指数 (以2000年价格为100) Purchasing Price Index for Industrial Producers (2000=100)
1978	100.0		
1980	106.9		
1985	128.2		
1986	136.3		
1987	147.3		
1988	176.9		
1989	205.1		
1990	218.0		
1991	240.9		
1992	265.0		
1993	318.5		
1994	394.6		
1995	468.4		
1996	511.5		
1997	525.8		
1998	525.8		
1999	533.7		
2000	547.0	100.0	100.0
2001	547.0	96.7	98.7
2002	549.7	93.2	96.4
2003	550.1	94.5	102.6
2004	561.9	97.9	119.4
2005	567.3	99.6	127.5
2006	574.2	100.2	133.6
2007	592.3	101.4	139.1
2008	626.5	103.6	153.4
2009	624.0	97.2	137.8
2010	643.4	99.4	153.2
2011	676.7	102.3	164.7
2012	695.9	100.7	156.0
2013	711.9	98.9	150.5
2014	730.7	97.8	144.3
2015	748.4	94.0	130.7
2016	772.6	92.9	127.7
2017	785.7	96.2	139.1
2018	798.3	97.8	146.3
2019	818.2	96.6	144.4
2020	832.3	95.0	139.9
2021	842.2	97.0	150.1
2022	863.5	99.5	157.5
2023	865.9	99.2	155.8

3-3 居民消费分类价格指数(1978-2015，以上年价格为100)

年 份 Year	居民消费价格指数 Consumer Price Index	食 品 Food	烟 酒 Tobacco and Liquors	衣 着 Clothing
1978	100.5	100.1		99.9
1980	105.9	106.6		99.9
1985	115.2	125.1		100.5
1986	106.3	109.9		101.6
1987	108.1	111.2		107.5
1988	120.1	124.7		121.8
1989	115.9	113.3		123.8
1990	106.3	103.6		110.9
1991	110.5	112.7		106.3
1992	110.0	113.1		109.8
1993	120.2	121.1		119.2
1994	123.9	130.2		117.4
1995	118.7	124.4		109.0
1996	109.2	109.7		108.8
1997	102.8	99.3		101.0
1998	100.0	97.7		93.0
1999	101.5	97.6		98.2
2000	102.5	98.1		94.9
2001	100.0	100.3	98.9	98.9
2002	100.5	102.9	98.9	97.5
2003	100.1	101.3	99.8	97.5
2004	102.2	108.3	98.3	94.2
2005	101.0	104.5	99.7	92.1
2006	101.2	102.5	100.2	106.4
2007	103.2	109.4	100.7	101.3
2008	105.8	115.3	101.7	101.6
2009	99.6	102.1	100.8	99.3
2010	103.1	107.7	101.1	98.6
2011	105.2	110.8	101.3	104.3
2012	102.8	105.8	101.4	103.0
2013	102.3	104.4	100.1	100.0
2014	102.7	103.2	101.0	103.7
2015	102.4	102.9	104.2	107.8

注：1.家庭设备用品及维修服务：1978-1993年为日用品类，1994-2000年为家庭设备及用品类。
2.医疗保健和个人用品：1978-1993年为药及医药用品类，1994-2000年为医疗保健类。
3.交通和通信：1994-2000年为交通和通信工具类。
4.娱乐教育文化用品及服务：1978-1993年为文化娱乐用品类，1994-2000年为娱乐教育文化用品类。

Consumer Price Indices by Category (preceding year=100)

家庭设备用品及维修服务 Household Facilities, Articles and Repair Services	医疗保健和个人用品 Health Care and Personal Articles	交通和通信 Transportation and Communication	娱乐教育文化用品及服务 Recreation, Education, Culture Articles and Services	居 住 Residence
100.2	100.0		100.0	
100.1	99.3		100.3	
102.0	103.1		99.8	
102.4	106.3		100.6	
106.2	102.6		101.3	
113.9	107.8		108.9	
108.3	115.8		135.6	
108.6	103.0		94.9	
112.5	97.7		90.8	
101.3	106.9		90.9	
108.5	107.6		99.2	
110.8	112.3	103.5	115.6	120.3
103.5	108.2	93.4	103.2	120.1
99.9	107.6	98.6	105.3	109.7
92.4	103.3	99.5	96.9	120.3
93.1	102.6	94.9	92.8	113.4
97.6	101.0	81.4	95.7	105.8
96.6	99.9	93.3	92.1	103.3
97.2	97.4	98.1	102.1	102.3
97.7	97.6	96.9	100.8	100.0
98.4	100.0	96.3	100.3	101.1
97.8	100.0	96.5	99.9	101.6
100.8	100.3	97.5	98.3	102.9
102.7	101.1	97.3	98.2	102.9
103.3	100.2	96.9	97.3	104.5
108.3	103.1	97.5	98.2	102.5
101.5	99.4	97.5	98.0	96.6
101.1	103.7	97.4	100.9	103.5
107.1	104.1	100.2	99.2	105.4
103.5	100.6	100.8	99.3	102.8
101.3	100.0	100.4	100.1	103.9
101.8	100.4	100.1	101.8	104.6
102.9	99.3	97.6	100.3	104.6

Note: 1.Household Facilities, Articles and Repair Services is Daily Use Articles from 1978 to 1993 and Household Facilities and Articles from 1994 to 2000.
2. Health Care and Personal Articles is Medicines and Medical Products from 1978 to 1993 and Medical and Health Care from 1994 to 2000.
3. Transportation and Communication is Transport and Communication Tools from 1994 to 2000.
4. Recreation, Education, Culture Articles and Services is Culture and Recreation Articles from 1978 to 1993 and Recreation, Education and Culture Articles from 1994 to 2000.

3-4 居民消费分类价格指数(2016-2023，以上年价格为100)

年 份 Year	居民消费价格指数 Consumer Price Index	食品烟酒 Food,Tobacco and Alcohol	衣 着 Clothing	居 住 Residence
2016	103.2	103.7	100.8	105.1
2017	101.7	101.2	100.5	101.7
2018	101.6	102.3	98.3	100.2
2019	102.5	105.0	103.2	101.9
2020	101.7	105.3	100.9	100.8
2021	101.2	100.5	99.5	101.1
2022	102.5	104.5	99.0	101.0
2023	100.3	98.8	102.0	100.2

注：2021年，交通通信、教育文化娱乐和其他用品及服务的中文表述有所调整。

Consumer Price Indices by Category (preceding year=100)

生活用品及服务 Articles for Daily Use and Services	交通通信 Transportation and Communication	教育文化娱乐 Education, Culture and Recreation	医疗保健 Health Care	其他用品及服务 Other Articles and Services
101.2	97.0	102.7	109.0	103.3
101.5	100.7	100.9	106.6	102.6
101.4	104.0	103.1	102.4	102.4
100.9	97.8	101.2	103.3	103.3
99.8	96.6	101.1	101.2	102.9
100.7	104.0	102.7	98.9	100.9
102.0	104.4	103.5	102.1	100.6
100.4	99.1	103.6	100.2	104.8

Note: There are some minor adjustments in the Chinese expressions of Transportation and Communication,Education Culture and Recreation, Other Articles and Services in 2021.

3-5 居民消费分类价格指数(1978-1993，以1978年价格为100)

年 份 Year	居民消费价格指数 Consumer Price Index	食 品 Food	衣 着 Clothing	日用品 Daily Use Articles
1978	100.0	100.0	100.0	100.0
1979	100.9	101.7	100.0	100.2
1980	106.9	108.4	99.9	100.3
1981	108.3	109.8	99.3	99.6
1982	108.7	111.9	96.3	95.8
1983	108.9	113.6	90.9	94.4
1984	111.3	117.5	90.8	94.0
1985	128.2	147.0	91.2	95.8
1986	136.3	161.6	92.7	98.2
1987	147.3	179.7	99.6	104.2
1988	176.9	224.1	121.3	118.7
1989	205.1	253.9	150.2	128.6
1990	218.0	263.0	166.5	139.6
1991	240.9	296.5	177.1	157.1
1992	265.0	335.2	194.4	159.1
1993	318.5	406.0	231.7	172.7

注：由于居民消费价格分类从1978年来经历四次大调整，1978-1993年、1994-2000年、2001-2015年、2016-2023年四个阶段的居民消费价格分类内容不完全一致，因此在使用历年分类指数时注意数据口径衔接。

Consumer Price Indices by Category(1978=100)

文化娱乐用品 Culture and Recreation Articles	书报杂志 Books, Newspapers and Magazines	药及医药用品 Medicines and Medical Products	燃 料 Fuels	服务项目 Services
100.0	100.0	100.0	100.0	100.0
101.5	100.0	99.5	100.0	100.3
101.7	100.0	98.8	100.0	100.4
101.9	100.0	99.3	100.0	100.5
100.7	100.0	108.0	100.0	100.7
100.1	100.0	110.1	100.0	101.3
98.9	100.0	116.3	100.0	104.0
98.7	125.7	119.8	100.0	109.7
99.3	144.3	127.4	100.0	112.3
100.5	144.3	130.7	102.8	113.9
109.6	172.0	141.0	106.3	125.1
148.6	319.4	163.2	106.5	135.3
140.9	364.5	168.2	123.7	165.0
128.0	377.6	164.2	209.5	196.2
116.4	415.3	175.5	268.2	220.7
115.5	438.2	188.9	421.8	305.3

Note: Consumer Price Indices by Category has been adjusted for 4 times, so Consumer Price Indices by Category of the four periods (1978-1993, 1994-2000, 2001-2015 and 2016-2023) are not of the same calibre. Please notice the different calibres when use these data.

3-6 居民消费分类价格指数(1994-2000，以1993年价格为100)

年 份 Year	居民消费价格指数 Consumer Price Index	食 品 Food	衣 着 Clothing	家庭设备及用品 Household Facilities and Articles
1994	123.9	130.2	117.4	110.8
1995	147.1	162.0	128.0	114.7
1996	160.6	177.7	139.2	114.6
1997	165.1	176.4	140.6	105.9
1998	165.1	172.4	130.8	98.6
1999	167.6	168.2	128.4	96.2
2000	171.8	165.0	121.9	92.9

3-7 居民消费分类价格指数(2001-2015，以2000年价格为100)

年 份 Year	居民消费价格指数 Consumer Price Index	食 品 Food	烟 酒 Tobacco and Liquors	衣 着 Clothing
2001	100.0	100.3	98.9	98.9
2002	100.5	103.2	97.9	96.4
2003	100.6	104.6	97.6	94.0
2004	102.8	113.2	96.0	88.6
2005	103.7	118.3	95.6	81.6
2006	105.0	121.3	95.9	86.8
2007	108.3	132.7	96.5	88.0
2008	114.6	153.0	98.1	89.4
2009	114.1	156.1	98.9	88.8
2010	117.6	168.2	100.0	87.6
2011	123.7	186.3	101.3	91.3
2012	127.2	197.2	102.8	94.0
2013	130.2	205.8	102.9	94.0
2014	133.6	212.4	103.9	97.5
2015	136.9	218.5	108.2	105.1

Consumer Price Indices by Category (1993=100)

医疗保健 Medical and Health Care	交通和通信工具 Transport and Communication Tools	娱乐教育文化用品 Education, Culture Articles and Services	居　住 Residence	服务项目 Services
112.3	103.5	115.6	120.3	120.6
121.5	96.7	119.3	144.5	150.4
130.7	95.3	125.6	158.5	178.8
135.1	94.8	121.7	190.7	219.8
138.6	90.0	113.0	216.2	251.4
140.0	73.3	108.1	228.8	306.5
139.9	68.4	99.6	236.4	399.7

Consumer Price Indices by Category (2000=100)

家庭设备用品及维修服务 Household Facilities, Articles and Repair Services	医疗保健和个人用品 Health Care and Personal Articles	交通和通信 Transportation and Communication	娱乐教育文化用品及服务 Recreation, Education and Culture Articles and Services	居　住 Residence
97.2	97.4	98.1	102.1	102.3
94.9	95.1	95.0	102.9	102.3
93.4	95.1	91.5	103.2	103.4
91.4	95.0	88.4	103.2	105.1
92.1	95.3	86.2	101.4	108.2
94.6	96.3	83.8	99.6	111.3
97.7	96.6	81.2	96.9	116.3
105.8	99.6	79.2	95.2	119.3
107.4	99.0	77.2	93.2	115.2
108.6	102.7	75.2	94.1	119.2
116.2	106.9	75.3	93.3	125.6
120.3	107.6	75.9	92.7	129.2
121.8	107.6	76.2	92.8	134.2
124.0	108.0	76.3	94.5	140.4
127.5	107.2	74.4	94.8	146.8

3-8 居民消费分类价格指数(2016-2020，以2015年价格为100)

年 份 Year	居民消费价格指数 Consumer Price Index	食品烟酒 Food,Tobacco and Alcohol	衣 着 Clothing	居 住 Residence
2016	103.2	103.7	100.8	105.1
2017	105.0	105.0	101.3	106.9
2018	106.6	107.4	99.6	107.2
2019	109.2	112.8	102.8	109.2
2020	111.1	118.7	103.7	110.1

3-9 居民消费分类价格指数(2021-2023，以2020年价格为100)

年 份 Year	居民消费价格指数 Consumer Price Index	食品烟酒 Food,Tobacco and Alcohol	衣 着 Clothing	居 住 Residence
2021	101.2	100.5	99.5	101.1
2022	103.9	105.1	99.0	102.0
2023	103.6	103.0	101.5	102.1

Consumer Price Indices by Category(2015=100)

生活用品及服务 Articles for Daily Use and Services	交通和通信 Transportation and Communication	教育文化和娱乐 Education, Culture and Recreation	医疗保健 Health Care	其他用品和服务 Other Articles and Services
101.2	97.0	102.7	109.0	103.3
102.7	97.7	103.6	116.2	106.0
104.2	101.6	106.8	119.0	108.5
105.1	99.3	108.2	122.9	112.1
104.9	95.9	109.4	124.4	115.4

Consumer Price Indices by Category(2020=100)

生活用品及服务 Articles for Daily Use and Services	交通通信 Transportation and Communication	教育文化娱乐 Education, Culture and Recreation	医疗保健 Health Care	其他用品及服务 Other Articles and Services
100.7	104.0	102.7	98.9	100.9
103.1	107.4	107.6	101.3	102.9
103.6	105.6	110.1	99.6	106.6

3-10 居民消费分类价格指数(2001-2015，以上年价格为100)

指 标	Indicators	2001年	2005年
居民消费价格指数	**Consumer Price Index**	**100.0**	**101.0**
消费品价格指数	Consumer Goods Price Index	98.6	100.4
服务项目价格指数	Services Price Index	105.4	102.7
食品	**Food**	**100.3**	**104.5**
粮食	Grain	102.9	103.0
淀粉及制品	Starch and Derived Products	103.6	105.2
干豆类及豆制品	Beans and Bean Products	95.6	103.0
油脂	Oil or Fat	84.5	91.2
肉禽及其制品	Meat, Poultry and Processed Products	99.3	105.7
蛋	Eggs	102.4	105.8
水产品	Aquatic Products	100.1	114.2
菜	Vegetables	108.9	103.3
调味品	Flavouring	99.2	102.1
糖	Sugars	101.4	103.2
茶及饮料	Tea and Beverages	98.4	99.3
干鲜瓜果	Dried and Fresh Fruits	104.3	99.4
糕点饼干面包	Cakes, Biscuits and Bread	100.5	98.1
液体乳及乳制品	Milk and Dairy Products	100.8	100.8
在外用膳食品	Dining Out	98.0	104.5
其他食品	Other Foods	99.2	101.1
烟酒	**Tobacco and Liquors**	**98.9**	**99.7**
烟草	Tobacco	99.2	99.5
酒	Liquors	98.2	99.8
衣着	**Clothing**	**98.9**	**92.1**
服装	Garments	96.4	90.8
衣着材料	Clothing Materials	98.7	105.1
鞋袜帽	Footgear and Hats	106.2	94.5
衣着加工服务费	Clothing Manufacturing Services	100.0	103.4
家庭设备用品及维修服务	**Household Facilities, Articles and Repair Services**	**97.2**	**100.8**
耐用消费品	Durable Consumer Goods	94.7	98.6
室内装饰品	Interior Decorations	101.0	99.3
床上用品	Bed Articles	100.5	96.9
家庭日用杂品	Daily Use Household Articles	98.6	103.4
家庭服务及加工维修服务	Household Services and Maintenance and Renovation	100.0	109.8
医疗保健和个人用品	**Health Care and Personal Articles**	**97.4**	**100.3**
医疗保健	Health Care	96.5	100.4
个人用品及服务	Personal Articles and Services	99.8	100.2
交通和通信	**Transportation and Communication**	**98.1**	**97.5**
交通	Transportation	102.3	99.9
通信	Communication	94.4	94.9
娱乐教育文化用品及服务	**Recreation, Education and Culture Articles and Services**	**102.1**	**98.3**
文娱用耐用消费品及服务	Durable Consumer Goods and Services for Culture and Recreation	91.2	85.8
教育	Education	109.6	99.5
文化娱乐类	Cultural and Recreational Articles	105.2	102.6
旅游	Touring and Outing	96.2	107.0
居住	**Residence**	**102.3**	**102.9**
建房及装修材料	Construction and Decoration Materials	97.5	103.9
住房租金	Renting		
自有住房	Private Housing	99.8	106.9
水、电、燃料	Water, Electricity and Fuels	101.7	101.0

Consumer Price Indices by Category (preceding year=100)

2006年	2007年	2008年	2009年	2010年	2011年	2012年	2013年	2014年	2015年
101.2	**103.2**	**105.8**	**99.6**	**103.1**	**105.2**	**102.8**	**102.3**	**102.7**	**102.4**
101.2	104.0	107.4	100.4	103.5	105.9	102.8	103.7	101.9	102.0
101.2	100.9	101.6	97.5	102.0	103.9	103.0	101.5	104.0	103.2
102.5	**109.4**	**115.3**	**102.1**	**107.7**	**110.8**	**105.8**	**104.4**	**103.2**	**102.9**
101.9	101.6	107.3	103.7	112.0	113.5	102.9	103.7	102.4	103.0
95.6	101.8	107.9	106.0	95.5	106.6	109.5	101.6	102.5	103.9
99.0	108.7	132.5	100.2	108.7	114.7	109.5	103.1	100.4	101.2
97.6	129.8	124.7	80.3	105.6	117.5	103.8	97.9	95.5	98.5
100.6	123.0	122.9	95.5	104.3	119.9	105.1	103.7	101.4	105.3
95.4	121.8	106.4	103.0	106.1	113.5	98.2	102.2	106.0	98.0
102.0	101.4	111.2	105.4	116.4	113.7	105.8	105.0	102.7	101.3
105.2	113.5	120.6	116.5	111.0	99.8	111.1	108.1	101.5	107.5
104.4	104.6	109.5	104.0	106.5	107.7	103.5	102.5	103.1	104.9
102.1	99.8	107.4	101.3	103.8	104.8	103.5	102.1	102.0	102.2
100.5	101.8	106.9	103.0	103.9	105.1	103.1	100.4	103.2	103.9
111.5	111.8	112.3	100.3	112.0	114.5	102.8	107.3	111.6	96.8
98.9	101.5	112.5	102.8	100.5	108.8	102.8	101.7	102.6	101.8
102.3	106.2	119.4	100.5	102.3	108.2	103.8	108.1	110.1	99.2
102.5	107.6	114.3	101.8	105.6	107.9	107.8	103.3	101.9	104.1
102.8	100.9	104.3	99.3	105.0	107.4	108.1	102.6	103.4	104.2
100.2	**100.7**	**101.7**	**100.8**	**101.1**	**101.3**	**101.4**	**100.1**	**101.0**	**104.2**
99.8	100.6	100.1	100.4	101.0	100.3	100.0	100.1	101.2	104.9
100.2	101.0	103.4	100.8	101.6	103.9	105.0	99.9	100.7	102.5
106.4	**101.3**	**101.6**	**99.3**	**98.6**	**104.3**	**103.0**	**100.0**	**103.7**	**107.8**
106.3	103.1	101.7	99.4	99.9	105.4	103.9	100.3	102.4	107.3
97.8	100.7	103.8	102.9	102.9	119.8	104.9	98.5	103.1	106.3
107.9	95.4	100.6	98.3	93.6	99.0	99.3	98.4	108.5	109.8
100.0	102.0	106.6	103.3	107.2	119.1	105.5	105.4	110.0	105.5
102.7	**103.3**	**108.3**	**101.5**	**101.1**	**107.1**	**103.5**	**101.3**	**101.8**	**102.9**
101.2	102.9	107.2	100.0	99.6	102.8	103.0	99.5	100.9	101.8
100.0	100.2	100.9	99.0	99.2	101.5	105.0	98.0	93.6	102.2
100.6	103.1	101.7	99.9	104.2	116.4	99.1	100.8	98.4	103.4
102.8	102.1	110.4	103.3	99.4	107.6	103.0	101.1	100.5	101.4
112.0	108.5	116.5	106.1	108.8	118.0	109.1	108.8	110.7	108.5
101.1	**100.2**	**103.1**	**99.4**	**103.7**	**104.1**	**100.6**	**100.0**	**100.4**	**99.3**
98.1	98.4	100.5	101.0	100.8	100.6	99.9	100.8	101.7	100.7
107.1	103.0	106.2	97.7	107.1	107.4	101.3	99.3	99.2	98.0
97.3	**96.9**	**97.5**	**97.5**	**97.4**	**100.2**	**100.8**	**100.4**	**100.1**	**97.6**
98.9	98.8	99.2	99.7	98.7	101.8	102.6	101.3	100.6	97.3
94.9	94.3	95.1	94.4	95.3	96.3	96.5	97.8	98.7	98.2
98.2	**97.3**	**98.2**	**98.0**	**100.9**	**99.2**	**99.3**	**100.1**	**101.8**	**100.3**
87.8	83.8	85.0	82.8	89.4	89.7	87.8	88.7	93.7	95.9
100.0	99.8	101.2	102.1	101.2	101.8	102.0	103.0	102.4	102.5
101.6	99.8	100.7	104.2	101.0	102.8	101.8	100.3	101.0	100.7
103.0	103.4	101.7	93.9	115.9	99.9	102.1	103.4	107.9	97.9
102.9	**104.5**	**102.5**	**96.6**	**103.5**	**105.4**	**102.8**	**103.9**	**104.6**	**104.6**
107.0	106.9	104.5	100.8	102.1	103.3	105.0	101.4	99.8	101.4
					105.6	100.2	104.0	105.2	107.3
102.3	105.6	101.3	81.3	103.0	107.1	103.2	104.9	105.3	105.5
100.4	100.3	100.5	106.4	103.8	101.8	101.4	102.8	105.9	102.4

3-11 居民消费分类价格指数(2016-2020，以上年价格为100)
Consumer Price Indices by Category (preceding year=100)

指标	Indicators	2016年	2017年	2018年	2019年	2020年
居民消费价格指数	**Consumer Price Index**	**103.2**	**101.7**	**101.6**	**102.5**	**101.7**
消费品价格指数	Consumer Goods Price Index	102.2	101.2	101.6	102.8	102.6
服务价格指数	Services Price Index	104.5	102.3	101.6	102.0	100.5
食品烟酒	**Food,Tobacco and Alcohol**	**103.7**	**101.2**	**102.3**	**105.0**	**105.3**
食品	Food	**104.8**	**100.6**	**102.5**	**106.4**	**106.3**
粮食	Grain	100.9	101.7	100.3	100.7	101.5
薯类	Tubers	113.0	92.6	105.7	109.6	108.4
豆类	Beans	100.4	100.1	105.4	111.3	99.9
食用油	Edible Oil and Fats	99.9	101.5	100.2	100.6	106.6
菜	Vegetables	110.6	94.9	107.1	103.5	105.9
畜肉类	Meat of Livestock	108.3	99.3	98.8	118.7	131.0
禽肉类	Meat of Poultry	101.6	102.1	106.3	111.3	99.9
水产品	Aquatic Products	107.8	103.5	101.3	100.3	100.6
蛋类	Eggs	98.4	98.5	108.6	105.2	96.7
奶类	Milk	101.4	99.7	101.3	101.6	100.7
干鲜瓜果类	Fruits and Nuts	101.8	104.0	102.9	107.4	94.4
糖果糕点类	Candy and Cake	102.3	103.3	101.9	100.7	101.9
调味品	Flavouring	104.8	105.2	100.4	100.2	103.6
其他食品	Other Foods	102.3	100.7	103.7	102.3	100.4
茶及饮料	Tea and Beverages	100.8	101.0	103.2	101.6	101.8
烟酒	Tobacco and Alcohol	102.2	102.3	101.3	101.0	102.8
在外餐饮	Dining Out	101.6	102.4	101.9	102.8	103.6
衣着	**Clothing**	**100.8**	**100.5**	**98.3**	**103.2**	**100.9**
服装	Garments	101.3	100.2	98.6	103.6	101.5
服装材料	Clothing Materials	103.6	100.4	101.8	102.5	101.6
其他衣着及配件	Other Clothing and Accessories	100.4	100.4	100.8	98.1	100.6
衣着加工服务费	Clothing Manufacturing Services	103.6	103.8	108.3	107.5	102.6
鞋类	Footwear	98.8	101.2	95.6	102.1	98.6
居住	**Residence**	**105.1**	**101.7**	**100.2**	**101.9**	**100.8**
租赁房房租	Rent of Rental Housing	107.3	101.8	99.7	101.8	101.0
住房保养维修及管理	Housing Maintenance and Management	103.1	103.9	105.9	102.8	102.4
水电燃料	Water, Electricity and Fuels	99.0	101.1	100.6	99.4	99.6
自有住房	Private Housing	106.4	101.6	99.5	102.3	100.9
生活用品及服务	**Articles for Daily Use and Services**	**101.2**	**101.5**	**101.4**	**100.9**	**99.8**
家具及室内装饰品	Furniture and Interior Decorations	100.2	101.2	103.0	100.9	99.3
家用器具	Household Appliances	100.4	100.4	99.8	98.7	96.6
家用纺织品	Household Textiles	101.9	100.3	99.0	99.2	100.4
家庭日用杂品	Daily Use Household Articles	100.5	101.6	102.1	100.7	100.4
个人护理用品	Personal- Care Supplies	99.6	100.5	100.4	101.6	101.0
家庭服务	Household Services	106.6	104.9	103.7	104.2	101.6
交通和通信	**Transportation and Communication**	**97.0**	**100.7**	**104.0**	**97.8**	**96.6**
交通	Transportation	96.8	101.1	105.1	97.5	94.2
通信	Communication	97.3	100.0	102.2	98.3	100.8
教育文化和娱乐	**Education, Culture and Recreation**	**102.7**	**100.9**	**103.1**	**101.2**	**101.1**
教育	Education	104.6	104.6	106.9	103.9	102.5
文化娱乐	Culture and Recreation	101.6	98.6	100.7	99.4	100.1
医疗保健	**Health Care**	**109.0**	**106.6**	**102.4**	**103.3**	**101.2**
药品及医疗器具	Medicine and Medical Instruments	110.6	102.2	101.1	102.9	102.4
医疗服务	Medical Services	107.3	111.6	103.8	103.6	100.0
其他用品和服务	**Other Articles and Services**	**103.3**	**102.6**	**102.4**	**103.3**	**102.9**
其他用品类	Other Articles	104.6	101.0	100.5	105.8	111.3
其他服务类	Other Services	102.5	103.6	103.6	101.8	97.4

3-12 居民消费分类价格指数(2021-2023，以上年价格为100)
Consumer Price Indices by Category (preceding year=100)

指 标	Indicators	2021年	2022年	2023年
居民消费价格指数	**Consumer Price Index**	**101.2**	**102.5**	**100.3**
消费品价格指数	Consumer Goods Price Index	100.9	102.6	99.0
服务价格指数	Services Price Index	101.5	101.8	101.8
食品烟酒	**Food,Tobacco and Alcohol**	**100.5**	**104.5**	**98.8**
食品	Food	**99.6**	**105.8**	**97.0**
粮食	Grain	99.1	103.4	98.5
薯类	Tubers	100.9	106.0	101.2
豆类	Beans	117.3	103.1	100.0
食用油	Edible Oil and Fats	107.4	110.7	102.7
菜及食用菌	Vegetables and Edible Mushrooms	105.2	111.6	94.6
畜肉类	Meat of Livestock	86.2	98.3	91.6
禽肉类	Meat of Poultry	89.7	109.2	104.3
水产品	Aquatic Products	105.4	106.8	96.2
蛋类	Eggs	104.5	116.0	93.7
奶类	Milk	103.7	98.1	97.5
干鲜瓜果类	Fruits and Nuts	105.6	111.2	98.4
糖果糕点类	Candy and Cake	102.5	103.3	101.6
调味品	Flavouring	100.9	105.8	101.2
其他食品类	Other Foods	100.4	105.5	98.5
茶及饮料	Tea and Beverages	101.0	101.7	102.3
烟酒	Tobacco and Alcohol	104.0	101.8	101.7
在外餐饮	Dining Out	101.8	102.4	102.2
衣着	**Clothing**	**99.5**	**99.0**	**102.0**
服装	Garments	99.4	99.1	102.3
鞋类	Footwear	99.8	98.4	100.9
居住	**Residence**	**101.1**	**101.0**	**100.2**
租赁房房租	Rent of Rental Housing	101.1	100.6	100.2
住房保养维修及管理	Housing Maintenance and Management	102.3	102.3	101.2
水电燃料	Water, Electricity and Fuels	101.0	102.8	99.6
自有住房	Private Housing	101.0	100.6	100.2
生活用品及服务	**Articles for Daily Use and Services**	**100.7**	**102.0**	**100.4**
家具及室内装饰品	Furniture and Interior Decorations	101.6	103.0	101.4
家用器具	Household Appliances	102.0	102.6	99.2
家用纺织品	Household Textiles	97.8	98.7	101.7
家庭日用杂品	Daily Use Household Articles	99.8	100.5	100.4
个人护理用品	Personal- Care Supplies	98.8	101.3	100.6
家庭服务	Household Services	103.4	105.1	100.6
交通通信	**Transportation and Communication**	**104.0**	**104.4**	**99.1**
交通	Transportation	104.7	106.2	99.3
通信	Communication	101.4	98.0	98.3
教育文化娱乐	**Education, Culture and Recreation**	**102.7**	**103.5**	**103.6**
教育	Education	102.3	104.3	102.2
文化娱乐	Culture and Recreation	103.1	102.6	105.0
医疗保健	**Health Care**	**98.9**	**102.1**	**100.2**
药品及医疗器具	Medicine and Medical Instruments	94.9	97.5	100.6
医疗服务	Medical Services	101.7	105.0	99.9
其他用品及服务	**Other Articles and Services**	**100.9**	**100.6**	**104.8**
其他用品	Other Articles	102.8	101.4	106.3
其他服务	Other Services	99.1	99.7	103.3

3-13 居民消费分类价格指数(2001-2015,以2000年价格为100)

指 标	Indicators	2001年	2005年
居民消费价格指数	**Consumer Price Index**	**100.0**	**103.7**
消费品价格指数	Consumer Goods Price Index	98.6	100.8
服务项目价格指数	Services Price Index	105.4	114.7
食品	**Food**	**100.3**	**118.3**
粮食	Grain	102.9	141.0
淀粉及制品	Starch and Derived Products	103.6	142.8
干豆类及豆制品	Beans and Bean Products	95.6	119.4
油脂	Oil or Fat	84.5	90.8
肉禽及其制品	Meat, Poultry and Processed Products	99.3	126.8
蛋	Eggs	102.4	135.6
水产品	Aquatic Products	100.1	134.0
菜	Vegetables	108.9	122.0
调味品	Flavouring	99.2	103.7
糖	Sugars	101.4	107.3
茶及饮料	Tea and Beverages	98.4	95.8
干鲜瓜果	Dried and Fresh Fruit	104.3	121.0
糕点饼干面包	Cakes, Biscuits and Bread	100.5	99.6
液体乳及乳制品	Milk and Dairy Products	100.8	100.0
在外用膳食品	Dining Out	98.0	111.8
其他食品	Other Foods	99.2	99.3
烟酒	**Tobacco and Liquors**	**98.9**	**95.7**
烟草	Tobacco	99.2	93.7
酒	Liquors	98.2	96.7
衣着	**Clothing**	**98.9**	**81.6**
服装	Garments	96.4	78.6
衣着材料	Clothing Materials	98.7	102.4
鞋袜帽	Footgear and Hats	106.2	86.8
衣着加工服务费	Clothing Manufacturing Services	100.0	104.5
家庭设备用品及维修服务	**Household Facilities, Articles and Repair Services**	**97.2**	**92.1**
耐用消费品	Durable Consumer Goods	94.7	86.8
室内装饰品	Interior Decorations	101.0	98.5
床上用品	Bed Articles	100.5	99.4
家庭日用杂品	Daily Use Household Articles	98.6	93.9
家庭服务及加工维修服务	Household Services and Maintenance and Renovation	100.0	108.5
医疗保健和个人用品	**Health Care and Personal Articles**	**97.4**	**95.3**
医疗保健	Health Care	96.5	91.6
个人用品及服务	Personal Articles and Services	99.8	105.7
交通和通信	**Transportation and Communication**	**98.1**	**86.2**
交通	Transportation	102.3	100.2
通信	Communication	94.4	74.6
娱乐教育文化用品及服务	**Recreation, Education and Culture Articles and Services**	**102.1**	**101.4**
文娱用耐用消费品及服务	Durable Consumer Goods and Services for Culture and Recreation	91.2	55.1
教育	Education	109.6	122.2
文化娱乐类	Cultural and Recreational Articles	105.2	122.7
旅游	Touring and Outing	96.2	101.4
居住	**Residence**	**102.3**	**108.2**
建房及装修材料	Construction and Decoration Materials	97.5	104.5
自有住房	Private Housing	99.8	97.8
水、电、燃料	Water, Electricity and Fuels	101.7	109.3

Consumer Price Indices by Category (2000=100)

2006年	2007年	2008年	2009年	2010年	2011年	2012年	2013年	2014年	2015年
105.0	**108.3**	**114.6**	**114.1**	**117.7**	**123.7**	**127.3**	**130.2**	**133.6**	**136.9**
102.1	106.2	114.0	114.4	118.4	125.4	128.8	133.6	136.2	138.9
116.1	117.1	119.0	116.0	118.4	123.0	126.7	128.6	133.8	138.0
121.3	**132.7**	**153.0**	**156.1**	**168.2**	**186.3**	**197.2**	**205.8**	**212.4**	**218.5**
143.7	146.0	156.5	162.3	181.7	206.3	212.4	220.2	225.3	232.1
136.5	139.0	150.0	158.9	151.8	161.8	177.2	180.0	184.5	191.7
118.2	128.5	170.3	170.7	185.5	212.8	233.1	240.4	241.3	244.1
88.7	115.1	143.5	115.2	121.6	142.9	148.3	145.2	138.8	136.6
127.6	156.9	192.7	184.1	192.0	230.2	242.1	251.0	254.5	267.9
129.4	157.6	167.7	172.6	183.1	207.8	204.0	208.4	220.9	216.4
136.6	138.5	154.0	162.3	189.0	214.8	227.4	238.7	245.2	248.3
128.4	145.7	175.6	204.7	227.1	226.7	251.9	272.2	276.3	297.0
108.3	113.3	124.0	129.0	137.4	147.9	153.1	156.9	161.7	169.7
109.6	109.4	117.5	119.0	123.5	129.4	133.9	136.7	139.5	142.6
96.3	98.0	104.7	107.8	112.0	117.7	121.4	121.9	125.8	130.7
134.9	150.8	169.4	170.0	190.4	218.0	224.1	240.5	268.3	259.5
98.5	100.0	112.5	115.6	116.1	126.4	129.9	132.2	135.5	137.9
102.3	108.7	129.8	130.5	133.5	144.4	149.8	162.0	178.4	177.1
114.6	123.4	141.1	143.6	151.7	163.7	176.5	182.4	185.8	193.5
102.1	103.0	107.4	106.6	111.9	120.3	129.9	133.3	137.9	143.7
95.9	**96.5**	**98.2**	**98.9**	**100.0**	**101.3**	**102.8**	**102.8**	**103.9**	**108.2**
93.5	94.1	94.2	94.5	95.4	95.7	95.6	95.8	96.9	101.6
96.9	97.9	101.2	102.0	103.7	107.8	113.2	113.1	113.9	116.8
86.8	**88.0**	**89.4**	**88.8**	**87.5**	**91.3**	**94.0**	**93.9**	**97.5**	**105.1**
83.5	86.1	87.6	87.1	87.0	91.6	95.2	95.5	97.8	104.9
100.1	100.8	104.6	107.7	110.8	132.7	139.2	137.1	141.3	150.2
93.7	89.4	89.9	88.4	82.7	81.9	81.3	80.0	86.8	95.4
104.5	106.6	113.6	117.4	125.8	149.9	158.1	166.5	183.2	193.2
94.6	**97.7**	**105.8**	**107.4**	**108.6**	**116.2**	**120.2**	**121.8**	**123.9**	**127.5**
87.8	90.4	96.9	96.9	96.5	99.2	102.1	101.6	102.6	104.4
98.5	98.7	99.6	98.6	97.8	99.3	104.2	102.1	95.6	97.7
100.0	103.1	104.8	104.7	109.1	126.9	125.8	126.7	124.7	128.9
96.5	98.6	108.8	112.4	111.8	120.3	123.9	125.3	125.9	127.7
121.5	131.8	153.5	162.9	177.2	209.1	228.1	248.3	275.0	298.4
96.4	**96.6**	**99.6**	**99.1**	**102.7**	**106.9**	**107.6**	**107.6**	**108.0**	**107.2**
89.8	88.4	88.9	89.8	90.5	91.0	90.9	91.6	93.2	93.9
113.2	116.6	123.8	121.0	129.6	139.2	141.0	140.0	138.8	136.0
83.8	**81.2**	**79.2**	**77.2**	**75.2**	**75.3**	**76.0**	**76.2**	**76.3**	**74.4**
99.1	97.9	97.2	96.9	95.6	97.4	99.9	101.3	101.8	99.1
70.8	66.8	63.5	59.9	57.2	55.0	53.1	52.0	51.3	50.4
99.6	**96.9**	**95.2**	**93.3**	**94.1**	**93.3**	**92.7**	**92.8**	**94.5**	**94.8**
48.4	40.5	34.4	28.5	25.5	22.9	20.1	17.8	16.7	16.0
122.2	122.0	123.5	126.1	127.6	129.9	132.5	136.5	139.7	143.1
124.7	124.5	125.4	130.6	132.0	135.7	138.1	138.6	140.0	140.9
104.5	108.1	109.9	103.1	119.6	119.4	121.9	126.1	136.1	133.2
111.3	**116.3**	**119.3**	**115.2**	**119.2**	**125.6**	**129.2**	**134.2**	**140.4**	**146.8**
111.8	119.4	124.8	125.7	128.3	132.6	139.2	141.2	140.9	143.0
100.1	105.7	107.0	87.0	89.6	96.0	99.0	103.9	109.4	115.4
109.7	110.0	110.6	117.6	122.1	124.3	126.0	129.5	137.1	140.5

3-14 居民消费分类价格指数(2016-2020，以2015年价格为100) Consumer Price Indices by Category (2015=100)

指　标	Indicators	2016年	2017年	2018年	2019年	2020年
居民消费价格指数	**Consumer Price Index**	**103.2**	**105.0**	**106.6**	**109.2**	**111.1**
消费品价格指数	Consumer Goods Price Index	102.2	103.4	105.1	108.0	110.9
服务价格指数	Services Price Index	104.5	107.0	108.7	110.9	111.5
食品烟酒	**Food,Tobacco and Alcohol**	**103.7**	**105.0**	**107.4**	**112.8**	**118.7**
食品	Food	104.8	105.5	108.1	115.1	122.3
粮食	Grain	100.9	102.6	102.9	103.7	105.3
薯类	Tubers	113.0	104.6	110.6	121.2	131.4
豆类	Beans	100.4	100.5	105.9	117.9	117.7
食用油	Edible Oil and Fats	99.9	101.4	101.7	102.3	109.1
菜	Vegetables	110.6	105.0	112.5	116.4	123.3
畜肉类	Meat of Livestock	108.3	107.5	106.3	126.2	165.3
禽肉类	Meat of Poultry	101.6	103.7	110.2	122.6	122.5
水产品	Aquatic Products	107.8	111.6	113.0	113.3	114.0
蛋类	Eggs	98.4	96.9	105.3	110.7	107.1
奶类	Milk	101.4	101.1	102.5	104.1	104.9
干鲜瓜果类	Fruits and Nuts	101.8	105.9	108.9	117.0	110.5
糖果糕点类	Candy and Cake	102.3	105.6	107.6	108.4	110.4
调味品	Flavouring	104.8	110.2	110.7	110.8	114.8
其他食品	Other Foods	102.3	103.0	106.8	109.3	109.7
茶及饮料	Tea and Beverages	100.8	101.8	105.0	106.7	108.6
烟酒	Tobacco and Alcohol	102.2	104.5	105.9	106.9	109.9
在外餐饮	Dining Out	101.6	104.1	106.0	109.0	112.9
衣着	**Clothing**	**100.8**	**101.3**	**99.6**	**102.8**	**103.7**
服装	Garments	101.3	101.5	100.1	103.7	105.3
服装材料	Clothing Materials	103.6	104.0	105.9	108.5	110.3
其他衣着及配件	Other Clothing and Accessories	100.4	100.8	101.6	99.7	100.3
衣着加工服务费	Clothing Manufacturing Services	103.6	107.5	116.5	125.2	128.5
鞋类	Footwear	98.8	100.0	95.6	97.6	96.3
居住	**Residence**	**105.1**	**106.9**	**107.2**	**109.2**	**110.1**
租赁房房租	Rent of Rental Housing	107.3	109.2	108.9	110.9	112.0
住房保养维修及管理	Housing Maintenance and Management	103.1	107.1	113.4	116.6	119.3
水电燃料	Water, Electricity and Fuels	99.0	100.1	100.7	100.1	99.7
自有住房	Private Housing	106.4	108.1	107.6	110.0	111.0
生活用品及服务	**Articles for Daily Use and Services**	**101.2**	**102.7**	**104.2**	**105.1**	**104.9**
家具及室内装饰品	Furniture and Interior Decorations	100.2	101.4	104.5	105.4	104.7
家用器具	Household Appliances	100.4	100.8	100.7	99.3	96.0
家用纺织品	Household Textiles	101.9	102.2	101.2	100.4	100.8
家庭日用杂品	Daily Use Household Articles	100.5	102.1	104.3	105.0	105.4
个人护理用品	Personal- Care Supplies	99.6	100.1	100.5	102.2	103.2
家庭服务	Household Services	106.6	111.8	116.0	120.9	122.8
交通和通信	**Transportation and Communication**	**97.0**	**97.7**	**101.6**	**99.3**	**95.9**
交通	Transportation	96.8	97.8	102.8	100.2	94.4
通信	Communication	97.3	97.4	99.5	97.8	98.6
教育文化和娱乐	**Education, Culture and Recreation**	**102.7**	**103.6**	**106.8**	**108.2**	**109.4**
教育	Education	104.6	109.4	117.0	121.5	124.6
文化娱乐	Culture and Recreation	101.6	100.2	100.9	100.2	100.3
医疗保健	**Health Care**	**109.0**	**116.2**	**119.0**	**122.9**	**124.4**
药品及医疗器具	Medicine and Medical Instruments	110.6	113.0	114.3	117.6	120.5
医疗服务	Medical Services	107.3	119.7	124.2	128.7	128.7
其他用品和服务	**Other Articles and Services**	**103.3**	**106.0**	**108.5**	**112.1**	**115.4**
其他用品类	Other Articles	104.6	105.6	106.1	112.2	124.9
其他服务类	Other Services	102.5	106.2	110.1	112.1	109.2

3-15 居民消费分类价格指数(2021-2023，以2020年价格为100) Consumer Price Indices by Category(2020=100)

指 标	Indicators	2021年	2022年	2023年
居民消费价格指数	**Consumer Price Index**	**101.2**	**103.9**	**103.6**
消费品价格指数	Consumer Goods Price Index	100.9	103.9	102.4
服务价格指数	Services Price Index	101.5	103.9	105.0
食品烟酒	**Food,Tobacco and Alcohol**	**100.5**	**105.1**	**103.0**
食品	Food	99.6	104.9	100.9
粮食	Grain	99.1	102.3	101.9
薯类	Tubers	100.9	98.9	100.1
豆类	Beans	117.3	120.9	120.6
食用油	Edible Oil and Fats	107.4	126.6	118.9
菜及食用菌	Vegetables and Edible Mushrooms	105.2	111.5	104.4
畜肉类	Meat of Livestock	86.2	86.5	76.6
禽肉类	Meat of Poultry	89.7	103.1	100.8
水产品	Aquatic Products	105.4	107.9	105.2
蛋类	Eggs	104.5	121.9	111.4
奶类	Milk	103.7	103.1	97.6
干鲜瓜果类	Fruits and Nuts	105.6	116.7	119.8
糖果糕点类	Candy and Cake	102.5	107.9	108.3
调味品	Flavouring	100.9	109.1	106.7
其他食品类	Other Foods	100.4	108.1	107.0
茶及饮料	Tea and Beverages	101.0	104.6	105.9
烟酒	Tobacco and Alcohol	104.0	106.2	108.7
在外餐饮	Dining Out	101.8	105.2	106.2
衣着	**Clothing**	**99.5**	**99.0**	**101.5**
服装	Garments	99.4	99.1	102.8
鞋类	Footwear	99.8	98.9	95.8
居住	**Residence**	**101.1**	**102.0**	**102.1**
租赁房房租	Rent of Rental Housing	101.1	101.6	101.7
住房保养维修及管理	Housing Maintenance and Management	102.3	105.6	106.5
水电燃料	Water, Electricity and Fuels	101.0	103.5	103.6
自有住房	Private Housing	101.0	101.4	101.4
生活用品及服务	**Articles for Daily Use and Services**	**100.7**	**103.1**	**103.6**
家具及室内装饰品	Furniture and Interior Decorations	101.6	105.5	107.4
家用器具	Household Appliances	102.0	104.0	104.2
家用纺织品	Household Textiles	97.8	95.9	94.7
家庭日用杂品	Daily Use Household Articles	99.8	102.0	102.4
个人护理用品	Personal- Care Supplies	98.8	101.1	101.1
家庭服务	Household Services	103.4	108.0	109.5
交通通信	**Transportation and Communication**	**104.0**	**107.4**	**105.6**
交通	Transportation	104.7	110.0	108.1
通信	Communication	101.4	98.8	97.5
教育文化娱乐	**Education, Culture and Recreation**	**102.7**	**107.6**	**110.1**
教育	Education	102.3	108.5	110.8
文化娱乐	Culture and Recreation	103.1	106.7	109.3
医疗保健	**Health Care**	**98.9**	**101.3**	**99.6**
药品及医疗器具	Medicine and Medical Instruments	94.9	93.5	89.5
医疗服务	Medical Services	101.7	106.9	106.7
其他用品及服务	**Other Articles and Services**	**100.9**	**102.9**	**106.6**
其他用品	Other Articles	102.8	107.2	112.4
其他服务	Other Services	99.1	98.7	101.1

3-16 工业生产者出厂价格指数(1992-2023，以上年价格为100)

	Indicators	1992年	1995年	1996年	1997年
工业生产者出厂价格指数	**Producer Price Index for Industrial Products**	**110.4**	**107.9**	**97.6**	**97.8**
按轻重工业分	**Grouped by Light and Heavy Industries**				
轻工业	Light Industry	105.8	112.3	96.3	97.1
以农产品为原料	Using Farm Products as Raw Materials	108.2	114.9	101.7	100.5
以非农产品为原料	Using Non-farm Products as Raw Materials	103.3	109.6	90.5	94.0
重工业	Heavy Industry	115.2	104.4	98.6	98.4
采掘	Mining and Quarrying				
原料	Raw Material	119.0	102.4	95.8	99.5
加工	Processing	109.2	108.8	104.1	97.3
按用途分	**Grouped by Uses**				
生产资料	Means of Production	112.4	107.3	95.8	96.9
采掘	Mining and Quarrying				
原料	Raw Material	113.7	106.3	92.5	97.8
加工	Processing	109.7	110.0	104.3	95.7
生活资料	Consumer Goods	107.4	108.9	100.3	99.1
食品	Food	115.5	112.8	106.2	102.9
衣着	Clothing	105.6	113.7	98.3	101.5
一般日用品	Non-Durable Consumer Goods	105.9	111.8	102.0	98.1
耐用消费品	Durable Consumer Goods	104.8	94.4	95.9	96.3

3-16 续表

指 标	Indicators	2009年	2010年	2011年	2012年
工业生产者出厂价格指数	**Producer Price Index for Industrial Products**	**93.8**	**102.3**	**102.9**	**98.4**
按轻重工业分	**Grouped by Light and Heavy Industries**				
轻工业	Light Industry	94.8	97.1	103.9	100.7
以农产品为原料	Using Farm Products as Raw Materials	101.1	102.6	104.6	101.8
以非农产品为原料	Using Non-farm Products as Raw Materials	93.1	95.6	103.3	99.8
重工业	Heavy Industry	92.9	106.9	102.6	97.9
采掘	Mining and Quarrying	82.5	116.9	115.0	100.1
原料	Raw Material	91.8	116.8	110.3	99.1
加工	Processing	93.5	102.9	100.6	97.6
按用途分	**Grouped by Uses**				
生产资料	Means of Production	92.1	102.7	102.8	98.1
采掘	Mining and Quarrying	82.5	116.9	115.0	100.1
原料	Raw Material	92.0	116.6	110.3	99.1
加工	Processing	92.2	99.2	100.8	97.8
生活资料	Consumer Goods	100.6	100.7	102.9	99.5
食品	Food	102.0	104.4	105.5	103.3
衣着	Clothing	100.3	100.6	101.9	99.6
一般日用品	Non-Durable Consumer Goods	101.9	101.7	105.1	100.9
耐用消费品	Durable Consumer Goods	98.5	97.6	100.2	96.2

Producer Price Indices for Industrial Products(preceding year=100)

1998年	1999年	2000年	2001年	2002年	2003年	2004年	2005年	2006年	2007年	2008年
93.9	**97.6**	**102.5**	**96.7**	**96.4**	**101.4**	**103.6**	**101.7**	**100.6**	**101.2**	**102.2**
93.4	99.3	99.9	97.8	97.0	99.2	101.0	100.6	98.8	100.0	99.1
93.0	100.1	99.4	99.8	98.9	101.0	103.2	100.4	100.6	103.1	103.6
93.9	98.4	100.2	95.4	94.9	98.3	99.8	100.7	98.2	99.1	97.9
94.2	96.5	104.3	96.1	96.1	102.9	105.0	102.3	102.4	102.3	105.2
			100.0	100.4	112.6	119.3	124.5	114.7	101.5	125.8
91.6	96.4	110.9	98.7	98.1	108.0	113.1	109.7	108.2	104.0	110.7
96.5	96.5	99.0	94.7	95.0	100.9	102.3	99.9	100.3	101.7	102.8
92.9	96.4	105.4	96.3	95.8	103.1	106.1	103.2	101.2	101.4	102.5
			100.0	100.4	112.6	119.3	124.5	114.7	101.5	125.8
92.0	97.9	110.8	97.9	97.6	107.5	112.8	109.8	107.8	103.9	110.2
94.3	94.5	99.0	94.9	94.7	101.5	103.7	100.9	99.6	100.9	100.5
95.4	99.5	98.0	97.3	97.3	98.1	98.7	98.7	98.9	100.2	101.3
100.9	101.3	98.2	102.6	102.6	100.1	101.3	100.6	100.5	104.8	105.3
88.3	100.8	99.9	99.6	99.8	99.7	102.5	101.4	100.4	101.7	102.2
96.0	100.0	97.4	97.2	97.1	99.3	101.3	100.7	100.9	101.0	102.2
98.0	97.6	97.3	95.1	94.7	96.1	94.6	95.7	95.4	95.6	97.2

continued

2013年	2014年	2015年	2016年	2017年	2018年	2019年	2020年	2021年	2022年	2023年
98.2	**98.9**	**96.1**	**98.8**	**103.5**	**101.7**	**98.8**	**98.3**	**102.1**	**102.6**	**99.7**
99.2	99.1	98.6	99.8	101.2	100.5	101.3	101.4	100.8	101.1	100.9
99.9	99.8	98.8	100.4	101.1	101.9	101.7	101.6	102.3	101.7	100.9
98.5	98.6	98.5	99.2	101.4	99.2	101.0	101.2	99.8	100.6	100.9
98.0	98.8	95.5	98.6	104.1	102.0	98.1	97.5	102.4	103.0	99.4
103.9	102.2	85.2	92.8	110.7	116.4	98.2	83.7	97.6	100.7	85.3
97.6	98.2	86.8	96.8	114.6	107.5	92.9	90.4	114.3	112.3	95.2
98.1	99.0	97.7	99.0	101.6	100.6	99.4	99.1	99.7	100.7	100.4
97.9	98.7	95.1	98.5	104.9	102.3	98.1	98.1	104.8	103.6	99.6
103.9	102.2	85.2	92.8	110.7	116.4	98.2	83.7	97.6	100.7	85.3
97.6	98.1	86.6	97.3	113.0	107.4	92.4	89.7	114.1	112.1	95.8
98.0	98.9	97.4	98.8	102.8	100.9	99.6	100.3	102.2	101.2	100.8
99.2	99.4	99.3	99.7	100.3	100.2	100.4	98.9	96.1	100.2	99.8
99.9	100.4	99.3	100.3	100.7	101.0	101.9	102.7	103.0	102.8	100.6
100.2	100.4	100.0	101.2	98.1	100.2	103.4	99.1	98.8	100.1	103.5
97.5	99.2	98.7	100.9	104.3	100.9	103.7	103.9	99.7	100.2	101.6
99.7	98.9	99.6	98.6	98.3	99.4	97.6	94.3	92.2	99.3	98.6

3-17 工业生产者出厂价格指数（2009～2023,以2000年价格为100）

指标	Indicators	2009年	2010年	2011年	2012年	2013年
工业生产者出厂价格指数	**Producer Price Index for Industrial Products**	**97.2**	**99.4**	**102.3**	**100.7**	**98.9**
按轻重工业分	**Grouped by Light and Heavy Industries**					
轻工业	Light Industry	88.7	86.1	89.5	90.1	89.4
以农产品为原料	Using Farm Products as Raw Materials	112.2	115.1	120.4	122.6	122.5
以非农产品为原料	Using Non-farm Products as Raw Materials	79.3	75.8	78.3	78.1	76.9
重工业	Heavy Industry	104.7	111.9	114.8	112.4	110.2
采掘	Mining and Quarrying	203	237.3	272.9	273.2	283.9
原料	Raw Material	148.3	173.2	191.0	189.3	184.8
加工	Processing	91.1	93.7	94.3	92.0	90.3
按用途分	**Grouped by Uses**					
生产资料	Means of Production	101.0	103.7	106.6	104.6	102.4
生活资料	Consumer Goods	91.4	92.0	94.7	94.2	93.4
# 食品	Food	121.5	126.8	133.8	138.2	138.1
衣着	Clothing	107.8	108.4	110.5	110.1	110.3
一般日用品	Non-Durable Consumer Goods	101.5	103.2	108.5	109.5	106.8
耐用消费品	Durable Consumer Goods	68.5	66.9	67.0	64.5	64.3

Producer Price Indices for Industrial Products (2000=100)

2014年	2015年	2016年	2017年	2018年	2019年	2020年	2021年	2022年	2023年
97.8	**94.0**	**92.9**	**96.2**	**97.8**	**96.6**	**95.0**	**97.0**	**99.5**	**99.2**
88.6	87.4	87.2	88.2	88.7	89.9	91.2	91.9	92.9	93.7
122.3	120.8	121.3	122.6	124.9	127.0	129.0	132.0	134.2	135.4
75.8	74.7	74.1	75.1	74.5	75.2	76.1	75.9	76.4	77.1
108.9	104.0	102.5	106.7	108.9	106.8	104.1	106.6	109.8	109.1
290.1	247.2	229.4	253.9	295.5	290.2	242.9	237.1	238.8	203.7
181.5	157.5	152.5	174.8	188.0	174.7	157.9	180.5	202.7	193.0
89.4	87.3	86.4	87.8	88.3	87.8	87.0	86.7	87.3	87.6
101.1	96.1	94.7	99.3	101.6	99.7	97.8	102.5	106.2	105.8
92.8	92.2	91.9	92.2	92.4	92.8	91.8	88.2	88.4	88.2
138.7	137.7	138.1	139.1	140.5	143.2	147.1	151.5	155.7	156.6
110.7	110.7	112.0	109.9	110.1	113.8	112.8	111.4	111.5	115.4
105.9	104.5	105.4	109.9	110.9	115.0	119.5	119.1	119.3	121.2
63.6	63.3	62.4	61.3	61.0	59.5	56.1	51.7	51.3	50.6

3-18 主要工业行业工业品出厂价格指数(1992-2023，以上年价格为100)

指 标	Indicators	1992年
按工业行业分	**Grouped by Industrial Sector**	
石油和天然气开采业③	Mining of Petroleum and Natural Gas	
农副食品加工业	Processing of Food from Agricultural Products	117.3
食品制造业	Manufacture of Foodstuff	
酒、饮料和精制茶制造业	Manufacture of Wine, Beverages and Refined Tea	106.8
烟草制品业	Manufacture of Tobacco	113.7
纺织业①	Manufacture of Textile	105.5
纺织服装、服饰业①	Manufacture of Textile Wearing Apparel	
皮革、毛皮、羽毛及其制品和制鞋业①	Manufacture of Leather, Fur, Feather Products and Footwear	111.8
木材加工和木、竹、藤、棕、草制品业	Processing of Timber, Manufacture of Wood, Bamboo, Rattan, Palm and Straw Products	102.8
家具制造业	Manufacture of Furniture	117.7
造纸和纸制品业	Manufacture of Paper and Paper Products	100.7
印刷和记录媒介复制业②	Printing, Replication of Recording Media	
文教、工美、体育和娱乐用品制造业①	Manufacture of Culture, Education,Art,Sports and Recreation Products	117.9
石油加工、炼焦和核燃料加工业	Processing of Petroleum, Coking and Processing of Nuclear Fuel	121.3
化学原料和化学制品制造业	Manufacture of Raw Chemical Materials and Chemical Products	109.4
医药制造业	Manufacture of Medicines	98.9
化学纤维制造业	Manufacture of Chemical Fibers	99.1
橡胶和塑料制品业①	Manufacture of Rubber and Plastic Products	103.4
非金属矿物制品业	Manufacture of Non-metallic Mineral Products	113.6
黑色金属冶炼和压延加工业①	Smelting and Pressing of Ferrous Metals	116.7
有色金属冶炼和压延加工业	Smelting and Pressing of Non-ferrous Metals	112.3
金属制品业①	Manufacture of Metal Products	104.4
通用设备制造业①	Manufacture of General Purpose Machinery	109.1
专用设备制造业①	Manufacture of Special Purpose Machinery	
汽车制造业⑤	Manufacture of Automotives	
铁路、船舶、航空航天和其他运输设备制造业⑤	Manufacture of Railroads,Ships,Aerospace and Other Transportation Equipment	
电气机械和器材制造业①	Manufacture of Electrical Machinery and Equipment	111.9
计算机、通信和其他电子设备制造业	Manufacture of Communication Equipment, Computers and Other Electronic Equipment	94.8
仪器仪表制造业①	Manufacture of Measuring Instruments	99.8
其他制造业①	Other Manufacturing	
废弃资源综合利用业④	Comprehensive Utilization of Waste Resources	
金属制品、机械和设备修理业⑤	Repairing of Metal Products,Machinery and Equipment	
电力、热力生产和供应业	Production and Supply of Electric Power and Thermal Power	138.0
燃气生产和供应业	Production and Supply of Gas	115.7
水的生产和供应业	Production and Supply of Water	121.5

注：1. 2012年起按新口径编制。
2. 2000起新增印刷业记录媒介的复制。
3. 2001年起新增石油和天然气开采业。
4. 2003年起新增废弃资源综合利用业。
5. 2012年起新增汽车制造业，铁路、船舶、航空航天和其他运输设备制造业，金属制品、机械和设备修理业。

Producer Price Indices for Industrial Products by Sector (preceding year=100)

1995年	1996年	1997年	1998年	1999年	2000年	2001年	2002年	2003年
						100.0	100.4	112.6
115.2	105.9	101.2	94.7	95.1	89.6	101.8	100.0	107.7
		102.8	95.4	101.4	100.4	101.1	99.7	99.7
119.7	93.0	93.7	103.3	95.9	95.5	99.5	99.6	101.8
109.7	106.4	107.1	107.5	110.7	109.8	108.4	110.6	100.0
112.2	99.4	100.8	93.9	98.0	100.3	97.6	96.0	101.9
		95.3	68.7	104.7	97.6	99.2	100.3	100.4
129.6	96.9	113.8	97.4	96.4	97.5	100.9	99.0	98.8
86.1	70.9	90.1	77.9	95.8	96.0	97.1	96.2	97.9
		84.7	91.7	99.8	100.6	99.7	96.7	98.9
151.0	101.3	83.5	91.9	94.6	110.0	95.8	94.0	98.1
					100.4	99.8	95.8	99.2
98.8	105.0	97.6	98.4	107.0	110.0	100.0	99.0	99.9
94.1	100.3	109.7	90.5	106.3	134.6	100.2	98.8	119.0
124.5	88.7	99.9	89.2	100.7	117.1	96.7	97.0	106.4
113.3	99.1	96.4	102.5	108.4	91.0	98.9	98.2	94.8
133.6	66.6	92.2	89.3	104.3	115.9	91.7	90.9	108.7
110.3	104.9	96.1	98.3	97.0	97.5	98.8	99.6	99.7
98.5	98.8	104.8	90.3	94.4	108.4	102.2	96.4	100.1
93.7	97.9	95.6	93.8	94.1	104.5	99.4	97.4	119.6
130.8	89.9	91.1	84.9	93.4	110.4	92.8	95.7	106.1
110.4	101.0	94.5	97.3	97.8	98.1	98.5	97.2	99.9
105.5	105.9	97.9	97.6	95.6	98.7	96.6	97.5	98.0
105.5		100.6	96.5	94.3	100.4	99.8	98.1	97.7
122.7	93.1	99.0	95.1	91.6	97.4	97.6	95.4	97.6
65.2	83.6	82.6	86.7	88.4	92.9	87.1	88.6	95.0
106.2	99.5	101.8	95.9	95.0	96.6	97.4	96.3	97.7
		86.0	92.8	105.9	96.6	93.8	103.4	105.2
								109.0
117.3	111.7	113.1	99.1	95.8	98.3	100.1	99.6	99.3
152.5	112.9	122.4	107.5	99.3	100.0	101.1	100.8	107.1
124.5	100.0	116.3	114.6	121.2	100.0	100.7	117.0	100.0

Note: 1. These indices have been calculated in accordance with new methods since 2012.
2. Printing, Replication of Recording Media has been added since 2000.
3. Mining of Petroleum and Natural Gas has been added since 2001.
4. Comprehensive Utilization of Waste Resources has been added since 2003.
5. Manufacture of Automotives, Manufacture of Railroads,Ships,Aerospace and other Transportation Equipment, Repairing of Metal Products, Machinery and Equipment have been added since 2012.

3-18 续表 1

指 标	Indicators	2004年
按工业行业分	**Grouped by Industrial Sector**	
石油和天然气开采业③	Mining of Petroleum and Natural Gas	119.3
农副食品加工业	Processing of Food from Agricultural Products	113.3
食品制造业	Manufacture of Foodstuff	101.5
酒、饮料和精制茶制造业	Manufacture of Wine, Beverages and Refined Tea	99.4
烟草制品业	Manufacture of Tobacco	103.3
纺织业①	Manufacture of Textile	104.1
纺织服装、服饰业①	Manufacture of Textile Wearing Apparel	101.8
皮革、毛皮、羽毛及其制品和制鞋业①	Manufacture of Leather, Fur, Feather Products and Footwear	101.0
木材加工和木、竹、藤、棕、草制品业	Processing of Timber, Manufacture of Wood, Bamboo, Rattan, Palm and Straw Products	97.9
家具制造业	Manufacture of Furniture	100.6
造纸和纸制品业	Manufacture of Paper and Paper Products	99.2
印刷和记录媒介复制业②	Printing, Replication of Recording Media	98.9
文教、工美、体育和娱乐用品制造业①	Manufacture of Culture, Education,Art,Sports and Recreation Products	100.6
石油加工、炼焦和核燃料加工业	Processing of Petroleum, Coking and Processing of Nuclear Fuel	117.6
化学原料和化学制品制造业	Manufacture of Raw Chemical Materials and Chemical Products	113.4
医药制造业	Manufacture of Medicines	94.9
化学纤维制造业	Manufacture of Chemical Fibers	115.7
橡胶和塑料制品业①	Manufacture of Rubber and Plastic Products	98.7
非金属矿物制品业	Manufacture of Non-metallic Mineral Products	105.3
黑色金属冶炼和压延加工业①	Smelting and Pressing of Ferrous Metals	122.0
有色金属冶炼和压延加工业	Smelting and Pressing of Non-ferrous Metals	123.2
金属制品业①	Manufacture of Metal Products	109.7
通用设备制造业①	Manufacture of General Purpose Machinery	101.0
专用设备制造业①	Manufacture of Special Purpose Machinery	98.8
汽车制造业⑤	Manufacture of Automotives	
铁路、船舶、航空航天和其他运输设备制造业⑤	Manufacture of Railroads,Ships,Aerospace and Other Transportation Equipment	
电气机械和器材制造业①	Manufacture of Electrical Machinery and Equipment	102.9
计算机、通信和其他电子设备制造业	Manufacture of Communication Equipment, Computers and Other Electronic Equipment	95.3
仪器仪表制造业①	Manufacture of Measuring Instruments	98.3
其他制造业①	Other Manufacturing	110.3
废弃资源综合利用业④	Comprehensive Utilization of Waste Resources	110.2
金属制品、机械和设备修理业⑤	Repairing of Metal Products,Machinery and Equipment	
电力、热力生产和供应业	Production and Supply of Electric Power and Thermal Power	101.9
燃气生产和供应业	Production and Supply of Gas	104.1
水的生产和供应业	Production and Supply of Water	100.0

continued

2005年	2006年	2007年	2008年	2009年	2010年	2011年	2012年	2013年
124.5	114.7	101.5	125.8	82.5	116.9	115.0	100.1	103.9
101.2	100.3	120.6	120.7	87.3	106.9	119.6	104.0	99.0
101.1	101.1	102.7	106.8	104.3	104.8	106.7	103.7	101.9
100.7	101.8	100.4	100.7	101.2	104.4	103.2	105.3	95.9
102.4	101.1	100.9	100.0	105.2	103.7	100.0	103.0	100.6
100.4	100.3	100.7	100.7	100.4	102.2	104.3	98.3	98.8
101.1	100.2	102.3	102.3	100.7	100.9	102.4	99.4	100.1
100.7	101.0	100.2	100.3	99.0	100.0	100.1	99.4	101.7
101.4	101.7	104.6	104.6	103.5	99.8	106.2	103.5	100.3
101.1	100.6	101.0	100.1	98.4	93.1	102.8	100.3	99.8
98.5	99.6	100.2	103.8	105.7	100.5	105.0	101.1	97.8
100.0	97.2	97.6	102.2	99.8	99.8	101.4	99.3	98.0
101.1	99.6	100.3	100.3	99.5	101.4	107.0	102.8	93.0
120.1	113.4	104.9	122.4	95.1	121.2	116.7	102.3	98.2
110.1	103.5	104.0	104.9	87.0	117.2	110.9	96.8	96.8
99.4	98.7	103.1	105.6	100.8	100.3	103.1	101.8	97.3
107.6	99.1	101.7	100.4	88.2	115.7	113.6	91.2	98.1
102.0	102.1	100.9	100.1	102.1	101.5	107.6	99.9	99.3
95.6	96.9	101.9	105.7	97.9	102.6	108.0	95.4	97.1
111.0	97.1	108.7	114.1	79.6	115.1	110.1	88.0	98.4
113.7	145.0	106.7	92.2	83.2	127.8	112.8	91.0	93.8
104.8	103.9	107.6	101.9	95.1	107.3	103.2	98.6	96.2
101.8	100.7	100.5	101.6	98.6	99.5	98.9	99.4	98.1
99.0	98.7	99.7	101.1	101.9	99.7	100.5	100.6	99.5
							96.3	98.5
							98.5	98.0
101.8	105.8	102.3	101.4	96.6	100.9	100.8	98.1	97.4
94.8	95.9	96.2	94.5	88.4	91.5	98.1	99.4	98.3
98.1	98.0	99.2	100.1	98.0	99.6	101.4	98.8	99.8
102.4	108.7	102.0	111.2	99.8	112.1	116.3	100.5	99.9
101.4	90.7	109.1	133.2	75.0	113.0	123.2	86.6	91.2
							97.3	99.1
101.3	101.0	100.7	102.0	103.7	101.6	100.9	102.4	99.8
100.2	106.8	103.8	104.8	110.1	104.2	109.0	97.0	93.8
100.0	100.1	100.0	101.3	120.9	112.7	110.1	100.8	104.7

3-18 续表 2

指 标	Indicators	2014年
按工业行业分	**Grouped by Industrial Sector**	
石油和天然气开采业③	Mining of Petroleum and Natural Gas	102.2
农副食品加工业	Processing of Food from Agricultural Products	96.3
食品制造业	Manufacture of Foodstuff	102.1
酒、饮料和精制茶制造业	Manufacture of Wine, Beverages and Refined Tea	98.5
烟草制品业	Manufacture of Tobacco	100.0
纺织业①	Manufacture of Textile	98.5
纺织服装、服饰业①	Manufacture of Textile Wearing Apparel	100.3
皮革、毛皮、羽毛及其制品和制鞋业①	Manufacture of Leather, Fur, Feather Products and Footwear	101.6
木材加工和木、竹、藤、棕、草制品业	Processing of Timber, Manufacture of Wood, Bamboo, Rattan, Palm and Straw Products	102.7
家具制造业	Manufacture of Furniture	100.0
造纸和纸制品业	Manufacture of Paper and Paper Products	99.0
印刷和记录媒介复制业②	Printing, Replication of Recording Media	100.1
文教、工美、体育和娱乐用品制造业①	Manufacture of Culture, Education,Art,Sports and Recreation Products	95.0
石油加工、炼焦和核燃料加工业	Processing of Petroleum, Coking and Processing of Nuclear Fuel	95.3
化学原料和化学制品制造业	Manufacture of Raw Chemical Materials and Chemical Products	99.0
医药制造业	Manufacture of Medicines	100.2
化学纤维制造业	Manufacture of Chemical Fibers	97.0
橡胶和塑料制品业①	Manufacture of Rubber and Plastic Products	98.0
非金属矿物制品业	Manufacture of Non-metallic Mineral Products	100.5
黑色金属冶炼和压延加工业①	Smelting and Pressing of Ferrous Metals	97.7
有色金属冶炼和压延加工业	Smelting and Pressing of Non-ferrous Metals	95.9
金属制品业①	Manufacture of Metal Products	96.5
通用设备制造业①	Manufacture of General Purpose Machinery	98.9
专用设备制造业①	Manufacture of Special Purpose Machinery	101.0
汽车制造业⑤	Manufacture of Automotives	99.7
铁路、船舶、航空航天和其他运输设备制造业⑤	Manufacture of Railroads,Ships,Aerospace and Other Transportation Equipment	99.3
电气机械和器材制造业①	Manufacture of Electrical Machinery and Equipment	98.4
计算机、通信和其他电子设备制造业	Manufacture of Communication Equipment, Computers and Other Electronic Equipment	98.5
仪器仪表制造业①	Manufacture of Measuring Instruments	99.8
其他制造业①	Other Manufacturing	100.1
废弃资源综合利用业④	Comprehensive Utilization of Waste Resources	95.0
金属制品、机械和设备修理业⑤	Repairing of Metal Products,Machinery and Equipment	101.2
电力、热力生产和供应业	Production and Supply of Electric Power and Thermal Power	101.4
燃气生产和供应业	Production and Supply of Gas	98.8
水的生产和供应业	Production and Supply of Water	118.0

continued

2015年	2016年	2017年	2018年	2019年	2020年	2021年	2022年	2023年
85.2	92.8	110.7	116.4	98.2	83.7	97.6	100.7	85.3
92.2	100.9	100.4	102.1	103.8	106.3	116.2	109.0	97.8
100.7	100.0	102.6	101.9	101.4	100.7	101.7	102.1	101.0
97.7	99.6	103.6	107.6	100.4	99.9	101.0	101.4	101.9
100.0	100.1	100.0	100.5	102.4	103.3	100.5	100.0	100.0
97.9	101.6	107.5	109.8	97.5	97.8	102.2	101.3	105.9
99.6	102.3	98.9	99.6	103.0	100.6	99.4	101.3	105.0
100.4	98.2	96.4	101.3	104.2	96.9	97.6	98.0	100.9
101.4	99.2	99.0	99.1	98.1	94.9	98.0	106.5	100.5
100.2	101.3	100.6	101.0	98.0	99.3	100.1	101.6	101.3
99.0	99.7	106.3	104.4	100.4	99.3	100.5	99.6	99.8
98.8	99.3	100.6	99.4	101.5	100.8	108.9	103.6	100.3
97.5	109.7	103.3	101.6	114.5	116.8	98.7	104.7	111.2
73.9	91.3	114.5	120.2	95.7	80.8	121.1	128.5	94.3
87.3	100.2	116.3	102.8	89.0	94.8	115.9	103.7	92.2
101.5	99.5	109.1	100.4	101.9	102.4	96.1	95.6	99.3
91.7	89.9	115.3	110.7	90.1	83.3	119.9	104.9	90.6
95.4	97.1	102.0	101.1	98.8	97.1	102.5	99.0	97.2
95.6	96.2	109.6	113.8	104.2	101.6	106.1	97.9	96.5
86.0	96.8	119.4	103.4	96.4	100.5	129.4	92.2	98.5
91.0	93.7	113.0	102.3	100.6	100.6	118.4	103.1	99.4
95.7	99.8	108.4	103.7	99.6	99.5	105.4	101.9	96.8
99.6	100.7	101.0	102.8	102.4	99.8	100.9	101.6	101.0
101.9	101.7	99.9	100.3	102.5	100.7	96.7	99.6	101.4
99.0	98.5	98.1	99.1	97.2	94.7	94.4	99.2	97.5
99.5	98.9	100.3	100.2	101.2	107.2	94.9	99.8	99.9
97.9	96.7	99.2	98.5	98.1	97.7	102.8	102.6	99.8
99.3	99.4	99.8	98.3	99.3	101.3	95.5	103.6	105.1
99.6	100.8	101.5	100.1	99.1	100.6	99.5	100.8	104.5
101.6	93.6	106.8	99.7	98.2	94.8	103.7	104.9	99.6
74.4	92.9	98.0	100.8	100.1	100.8	100.5	95.4	99.5
97.5	104.2	104.9	97.8	105.3	104.0	98.2	102.3	103.5
98.8	96.9	100.4	99.0	98.5	94.2	99.9	111.2	101.9
100.2	98.0	96.3	98.5	99.7	98.1	100.6	110.8	106.4
101.2	99.7	99.8	98.2	101.6	101.3	103.9	115.7	97.7

3-19 主要工业行业工业品出厂价格指数(2009-2023,以2000年价格为100)

指　　标	Indicators	2009年	2010年
按工业行业分	**Grouped by Industrial Sector**		
石油和天然气开采业	Mining of Petroleum and Natural Gas	203.0	237.3
农副食品加工业	Processing of Food from Agricultural Products	160.3	171.4
食品制造业	Manufacture of Foodstuff	119.2	124.9
酒、饮料和精制茶制造业	Manufacture of Wine, Beverages and Refined Tea	105.1	109.7
烟草制品业	Manufacture of Tobacco	136.2	141.2
纺织业	Manufacture of Textile	101.9	104.1
纺织服装、服饰业	Manufacture of Textile Wearing Apparel	108.6	109.6
皮革、毛皮、羽毛及其制品和制鞋业	Manufacture of Leather, Fur, Feather Products and Footwear	100.9	100.9
木材加工和木、竹、藤、棕、草制品业	Processing of Timber, Manufacture of Wood, Bamboo, Rattan, Palm and Straw Products	104.4	104.2
家具制造业	Manufacture of Furniture	97.1	90.4
造纸和纸制品业	Manufacture of Paper and Paper Products	94.7	95.2
印刷和记录媒介复制业	Printing, Replication of Recording Media	90.8	90.6
文教、工美、体育和娱乐用品制造业	Manufacture of Culture, Education,Art,Sports and Recreation Products	100.3	101.7
石油加工、炼焦和核燃料加工业	Processing of Petroleum, Coking and Processing of Nuclear Fuel	230.2	279.0
化学原料和化学制品制造业	Manufacture of Raw Chemical Materials and Chemical Products	122.5	143.6
医药制造业	Manufacture of Medicines	94.2	94.5
化学纤维制造业	Manufacture of Chemical Fibers	100.8	116.6
橡胶和塑料制品业	Manufacture of Rubber and Plastic Products	103.9	105.5
非金属矿物制品业	Manufacture of Non-metallic Mineral Products	101.3	103.9
黑色金属冶炼和压延加工业	Smelting and Pressing of Ferrous Metals	150.4	173.1
有色金属冶炼和压延加工业	Smelting and Pressing of Non-ferrous Metals	156.7	200.3
金属制品业	Manufacture of Metal Products	119.1	127.8
通用设备制造业	Manufacture of General Purpose Machinery	96.2	95.7
专用设备制造业	Manufacture of Special Purpose Machinery	94.9	94.6
汽车制造业	Manufacture of Automotives		
铁路、船舶、航空航天和其他运输设备制造业	Manufacture of Railroads,Ships,Aerospace and Other Transportation Equipment		
电气机械和器材制造业	Manufacture of Electrical Machinery and Equipment	93.1	93.9
计算机、通信和其他电子设备制造业	Manufacture of Communication Equipment, Computers and Other Electronic Equipment	55.2	50.5
仪器仪表制造业	Manufacture of Measuring Instruments	81.6	81.3
其他制造业	Other Manufacturing	126.2	141.5
废弃资源综合利用业	Comprehensive Utilization of Waste Resources	120.5	136.2
金属制品、机械和设备修理业	Repairing of Metal Products,Machinery and Equipment		
电力、热力生产和供应业	Production and Supply of Electric Power and Thermal Power	109.9	111.7
燃气生产和供应业	Production and Supply of Gas	145.6	151.7
水的生产和供应业	Production and Supply of Water	144.4	162.7

Producer Price Indices for Industrial Products by Sector (2000=100)

2011年	2012年	2013年	2014年	2015年	2016年	2017年	2018年	2019年	2020年	2021年	2022年	2023年
272.9	273.2	283.9	290.1	247.2	229.4	253.9	295.5	290.2	242.9	237.1	238.8	203.7
205.0	213.2	211.1	203.3	187.4	189.1	189.9	193.9	201.3	214.0	248.7	271.1	265.1
133.3	138.2	140.8	143.8	144.8	144.8	148.6	151.4	153.5	154.6	157.2	160.5	162.1
113.2	119.2	114.3	112.6	110.0	109.6	113.5	122.2	122.7	122.6	123.8	125.5	127.9
141.2	145.4	146.3	146.3	146.3	146.4	146.4	147.1	150.6	155.6	156.4	156.4	156.4
108.6	106.8	105.5	103.9	101.7	103.3	111.0	122.0	119.0	116.4	119.0	120.5	127.6
112.2	111.5	111.6	111.9	111.5	114.1	112.8	112.4	115.8	116.5	115.8	117.3	123.2
101.0	100.4	102.1	103.7	104.1	102.2	98.5	99.8	104.0	100.8	98.4	96.4	97.3
110.7	114.6	114.9	118.0	119.7	118.7	117.5	116.4	114.2	108.4	106.2	113.1	113.7
92.9	93.2	93.0	93.0	93.2	94.4	95.0	95.9	94.0	93.3	93.4	94.9	96.1
100.0	101.1	98.9	97.9	96.9	96.6	102.7	107.2	107.6	106.8	107.3	106.9	106.7
91.9	91.3	89.5	89.6	88.5	87.9	88.4	87.9	89.2	89.9	97.9	101.4	101.7
108.8	111.8	104.0	98.8	96.3	105.6	109.1	110.8	126.9	148.2	146.3	153.2	170.4
325.6	333.1	327.1	311.7	230.3	210.3	240.8	289.6	277.1	223.9	271.1	348.4	328.5
159.3	154.2	149.3	147.8	129.0	129.3	150.4	154.6	137.6	130.4	151.1	156.7	144.5
97.4	99.2	96.5	96.7	98.2	97.7	106.6	107.0	109.0	111.6	107.2	102.5	101.8
132.5	120.8	118.5	114.9	105.4	94.8	109.3	121.0	109.0	90.8	108.9	114.2	103.5
113.5	113.4	112.6	110.3	105.2	102.1	104.1	105.3	104.0	101.0	103.5	102.5	99.6
112.2	107.0	103.9	104.4	99.8	96.0	105.2	119.7	124.7	126.7	134.4	131.6	127.0
190.6	167.7	165.0	161.2	138.6	134.2	160.2	165.7	159.7	160.5	207.7	191.5	188.6
225.9	205.6	192.9	185.0	168.4	157.8	178.3	182.5	183.6	184.7	218.7	225.5	224.1
131.9	130.1	125.2	120.8	115.6	115.4	125.1	129.7	129.2	128.6	135.5	138.1	133.7
94.6	94.0	92.2	91.2	90.8	91.4	92.3	94.9	97.2	97.0	97.9	99.5	100.5
95.1	95.7	95.2	96.2	98.0	99.7	99.6	99.9	102.4	103.1	99.7	99.3	100.7
	96.3	94.9	94.6	93.7	92.3	90.5	89.8	87.3	82.7	78.1	77.5	75.6
	98.5	96.5	95.8	95.3	94.3	94.6	94.8	95.9	102.8	97.6	97.4	97.3
94.7	92.9	90.5	89.1	87.2	84.3	83.6	82.4	80.8	78.9	81.1	83.2	83.0
49.5	49.2	48.4	47.7	47.4	47.1	47.0	46.2	45.9	46.5	44.4	46.0	48.3
82.4	81.4	81.2	81.0	80.7	81.3	82.5	82.6	81.9	82.4	82.0	82.7	86.4
164.6	165.4	165.2	165.4	168.0	157.2	167.9	167.4	164.4	155.9	161.7	169.6	168.9
167.8	145.3	132.5	125.9	93.7	87.0	85.3	85.9	86.0	86.7	87.1	83.1	82.7
	97.3	96.4	97.6	95.2	99.2	104.1	101.8	107.2	111.5	109.5	112.0	115.9
112.7	115.4	115.2	116.8	115.4	111.8	112.2	111.2	109.5	103.1	103.0	114.5	116.7
165.4	160.4	150.5	148.7	149.0	146.0	140.6	138.5	138.1	135.5	136.3	151.0	160.7
179.1	180.5	189.0	223.0	225.7	225.0	224.6	220.5	224.0	226.9	235.7	272.7	266.4

3-20 工业生产者购进价格指数(1992-2023，以上年价格为100)

指　标	Indicators	1992年	1995年	1996年	1997年
工业生产者购进价格指数	**Purchasing Price Index for Industrial Producers**	**109.6**	**113.3**	**97.6**	**98.6**
燃料、动力类	Fuel and Power	117.9	107.6	109.9	103.2
黑色金属材料类	Ferrous Metals	112.1	99.1	96.0	98.3
#钢材	Rolled-steel	117.8	98.8	98.5	94.8
有色金属材料类	Non-ferrous Metals	109.9	131.7	87.3	96.4
化工原料类	Chemical Raw Materials	87.8	124.1	93.7	96.4
木材及纸浆类	Timber and Paper Pulps	103.9	121.3	102.8	105.3
建筑材料类及非金属矿类	Building Materials and Non-metal Minerals	109.1	92.1	123.9	90.9
其他工业原材料及半成品类	Other Industrial Raw and Processed Materials				96.0
农副产品类	Agricultural Materials	110.7	123.3	100.6	119.5
纺织原料类	Textile Raw Materials	101.6	114.8	90.0	96.0

3-20 续表

指　标	Indicators	2009年	2010年	2011年	2012年
工业生产者购进价格指数	**Purchasing Price Index for Industrial Producers**	**89.8**	**111.2**	**107.5**	**94.7**
燃料、动力类	Fuel and Power	76.0	129.0	117.9	98.9
黑色金属材料类	Ferrous Metals	86.7	113.9	110.9	85.2
#钢材	Rolled-steel	87.8	105.0	105.9	93.6
有色金属材料类	Non-ferrous Metals	86.3	129.4	113.8	91.0
化工原料类	Chemical Raw Materials	87.5	116.0	110.5	96.4
木材及纸浆类	Timber and Paper Pulps	96.3	103.4	103.6	98.1
建筑材料类及非金属矿类	Building Materials and Non-metal Minerals	98.6	105.4	116.0	93.7
其他工业原材料及半成品类	Other Industrial Raw and Processed Materials	96.7	102.3	100.9	97.1
农副产品类	Agricultural Materials	100.0	108.2	111.7	102.5
纺织原料类	Textile Raw Materials	99.2	106.4	110.6	99.1

Purchasing Price Indices for Industrial Producers (preceding year=100)

1998年	1999年	2000年	2001年	2002年	2003年	2004年	2005年	2006年	2007年	2008年
94.1	**97.1**	**107.1**	**98.7**	**97.7**	**106.4**	**116.4**	**106.8**	**104.8**	**104.1**	**110.3**
97.4	102.1	116.7	99.9	101.6	107.7	124.8	124.1	110.9	104.3	135.6
99.0	96.0	96.7	104.5	100.1	113.7	134.6	103.2	92.7	106.6	117.0
98.0	94.4	102.6	99.7	96.9	108.9	123.2	109.9	95.9	104.4	114.1
83.3	98.5	111.4	93.2	95.1	102.5	119.9	112.2	139.1	107.2	96.4
86.0	100.8	123.5	90.4	92.7	107.3	114.3	111.1	103.2	105.2	105.9
75.2	92.9	101.6	94.9	97.6	99.3	100.9	101.5	100.3	102.0	102.6
91.9	102.1	99.5	101.6	96.3	103.0	115.1	88.9	99.8	102.7	109.0
92.3	100.7	104.6	100.9	97.7	98.9	103.0	99.3	103.3	102.2	102.3
92.2	93.8	97.2	99.3	99.5	109.2	110.4	98.1	105.1	106.7	107.6
100.2	87.1	96.9	96.8	94.5	102.0	104.9	101.8	100.5	101.8	103.2

continued

2013年	2014年	2015年	2016年	2017年	2018年	2019年	2020年	2021年	2022年	2023年
96.5	**95.9**	**90.6**	**97.7**	**108.9**	**105.2**	**98.7**	**96.9**	**107.3**	**104.9**	**98.9**
90.4	93.9	68.3	91.3	121.5	117.2	95.7	83.4	125.6	128.9	95.6
96.3	89.7	81.7	101.1	117.7	103.2	101.1	101.9	116.2	96.7	97.4
95.2	95.5	89.5	101.4	116.9	103.6	95.9	99.5	112.7	100.0	96.9
93.0	93.4	88.8	99.6	111.1	103.6	107.3	110.8	116.1	104.3	102.2
97.2	96.8	89.4	97.2	110.9	105.4	93.9	92.8	111.8	103.8	94.5
99.5	99.3	99.3	98.3	104.9	103.7	96.8	98.1	105.9	105.0	97.6
98.9	102.3	94.2	98.1	111.5	109.2	102.0	98.7	109.4	94.5	93.0
97.3	98.0	97.0	99.0	102.2	101.2	99.0	99.5	99.8	101.2	100.6
99.5	97.1	94.1	94.4	104.4	100.5	101.3	103.9	115.4	105.7	95.9
100.1	99.9	100.2	100.8	102.7	101.4	101.5	97.9	101.7	102.4	101.7

3-21 工业生产者购进价格指数(2009-2023，以2000年价格为100)

指 标	Indicators	2009年	2010年	2011年	2012年
工业生产者购进价格指数	**Purchasing Price Index for Industrial Producers**	**137.8**	**153.2**	**164.7**	**156.0**
燃料、动力类	Fuel and Power	201.9	260.5	307.1	303.7
黑色金属材料类	Ferrous Metals	165.4	188.4	208.9	178.0
#钢材	Rolled-steel	142.9	150.0	158.9	148.7
有色金属材料类	Non-ferrous Metals	151.5	196.0	223.0	202.9
化工原料类	Chemical Raw Materials	114.9	133.3	147.3	142.0
木材及纸浆类	Timber and Paper Pulps	95.2	98.4	101.9	100.1
建筑材料类及非金属矿类	Building Materials and Non-metal Minerals	113.5	119.6	138.7	130.0
其他工业原材料及半成品类	Other Industrial Raw and Processed Materials	104.1	106.5	107.5	104.4
农副产品类	Agricultural Materials	141.0	152.6	170.5	174.8
纺织原料类	Textile Raw Materials	104.5	111.2	123.0	121.9

3-22 房地产价格指数(1998-2010，以上年价格为100)

指 标	Indicators	1998年	1999年	2000年	2001年
房屋销售价格指数	**House Price Index**	**95.7**	**96.2**	**98.6**	**104.4**
新建房	Newly Built Property	95.7	96.0	98.5	101.8
住宅	Residential Housing	95.7	96.3	98.5	102.1
#普通住宅	Ordinary Residence Housing	97.6	97.6	98.2	102.6
多层住宅	Multi-storey Housing	99.0	98.7	99.9	104.6
高层住宅	High-rise Housing	95.6	94.6	96.1	101.3
高档住宅	High-grade Residence Housing	85.2	88.2	95.9	97.8
非住宅	Non-residential Property	96.1	91.7	98.2	98.3
#办公楼	Office Building	92.0	90.3	98.4	96.8
商业营业用房	Commercial Building			99.4	101.9
二手房	Existing Property	94.4	96.6	99.1	110.8
住宅	Residence Housing	94.4	96.6	99.1	110.8

注：按照国家统计局调查制度规定，从2008年开始，"商品房"改为"新建房"，"商业娱乐用房"改为"商业营业用房"。

Purchasing Price Indices for Industrial Producers (2000=100)

2013年	2014年	2015年	2016年	2017年	2018年	2019年	2020年	2021年	2022年	2023年
150.5	**144.3**	**130.7**	**127.7**	**139.1**	**146.3**	**144.4**	**139.9**	**150.1**	**157.5**	**155.8**
274.5	257.8	176.1	160.8	195.4	228.9	219.2	182.8	229.6	296.0	283.0
171.4	153.7	125.6	127.0	149.5	154.3	156.0	159.0	184.8	178.7	174.1
141.6	135.2	121.0	122.7	143.4	148.6	142.5	141.8	159.8	159.8	154.8
188.7	176.2	156.5	155.9	173.2	179.4	192.5	213.3	247.6	258.2	263.9
138.0	133.6	119.4	116.1	128.8	135.8	127.5	118.3	132.3	137.3	129.7
99.6	98.9	98.2	96.5	101.2	105.0	101.6	99.7	105.6	110.9	108.2
128.6	131.6	124.0	121.6	135.6	148.1	151.1	149.1	163.1	154.1	143.3
101.6	99.6	96.6	95.6	97.7	98.9	97.9	97.4	97.2	98.4	99.0
173.9	168.9	158.9	150.0	156.6	157.5	159.5	165.7	191.2	202.1	193.8
122.0	121.9	122.1	123.1	126.4	128.2	130.1	127.4	129.6	132.7	135.0

House Price Indices (Preceding Year=100)

2002年	2003年	2004年	2005年	2006年	2007年	2008年	2009年	2010年
107.3	**120.1**	**115.9**	**109.7**	**98.7**	**103.4**	**105.9**	**100.8**	**107.3**
108.2	120.5	115.8	109.2	97.0	103.1	105.3	100.6	106.8
108.7	121.4	115.8	109.2	96.8	103.4	105.7	101.1	107.6
109.0	122.3	117.3	110.0	92.7	105.2	107.9	101.1	109.0
109.5	125.0	115.3	108.6	88.9	104.7	108.0	101.1	108.5
108.6	123.1	118.1	110.5	93.0	105.6	107.7	101.1	109.4
103.9	114.6	118.3	110.3	99.7	103.3	105.7	101.5	105.5
103.8	111.7	116.1	108.5	98.6	102.1	103.9	99.0	102.2
103.3	116.0	115.8	107.9	100.1	102.8	103.8	99.0	103.5
103.1	112.4	117.2	108.7	97.3	101.2	104.1	99.1	101.4
105.7	121.6	117.5	110.6	101.8	103.8	106.8	101.1	107.8
105.7	121.6	117.5	110.6	101.8	103.8	106.8	101.1	107.8

Note: Since the year of 2008, "Commodity property" has been renamed as "New Built Property", and "Commercial/Recreational Building" has been renamed as "Commercial Building".

3-23 房地产价格指数(2011-2023，以上年价格为100)

指　　标	Indicators	2011年	2012年	2013年	2014年
新建商品住宅	**Newly Built Commodity Residential Housing**	**102.5**	**98.8**	**114.2**	**107.0**
#90平方米以下	Below 90 sq. m	104.2	99.2	114.9	108.0
90-144平方米	90-144 sq. m	102.8	98.7	113.5	106.7
144平方米以上	Above 144 sq. m	101.5	98.7	114.5	106.6
二手住宅	**Existing Residential Housing**	**102.2**	**99.1**	**109.7**	**104.6**
#90平方米以下	Below 90 sq. m	102.8	99.5	110.5	105.2
90-144平方米	90-144 sq. m	102.2	99.6	109.2	104.5
144平方米以上	Above 144 sq. m	100.5	97.5	108.6	103.2

注：根据国家统计局规定，2011年开始，房地产价格统计调查采用新方法，数据来源渠道、指标设置、计算方法等进行了较大的调整。

House Price Indices (Preceding Year=100)

2015年	2016年	2017年	2018年	2019年	2020年	2021年	2022年	2023年
103.5	**132.8**	**110.2**	**99.8**	**102.0**	**103.6**	**104.5**	**103.8**	**104.4**
104.1	134.7	110.4	100.4	101.8	103.0	104.1	103.4	105.1
104.4	133.0	111.0	99.0	102.1	103.6	104.5	103.5	103.5
102.5	131.9	109.4	100.3	101.9	103.9	104.6	104.5	105.5
104.0	**130.0**	**109.6**	**98.2**	**99.7**	**103.5**	**108.6**	**103.7**	**99.8**
104.4	130.7	110.5	97.4	99.3	103.2	109.0	103.0	99.4
103.8	129.2	109.2	98.7	100.3	104.3	108.4	104.1	100.0
103.4	129.9	108.2	99.4	99.5	103.0	107.8	104.6	100.6

Note: New methodology has been adopted to the statistics of house price since 2011, when crucial changes were made to data source, indicator definition and method of computation.

3-24 农产品生产者价格指数(2004-2023,以上年价格为100)
Producer Price Indices for Agriculture Products (preceding year=100)

年 份 Year	总指数 General Index	#种植业 Planting Products	#粮食 Grain	牧 业 Animal Husbandry Products	#生猪 hogs	渔 业 Fishery Products
2004	110.8	108.1	184.3	107.8	127.6	114.7
2005	105.7	108.2	108.8	102.1	96.9	104.9
2006	101.9	104.1	104.7	94.4	88.0	107.5
2007	110.2	106.2	102.8	128.8	147.7	102.6
2008	109.7	105.5	106.3	113.0	115.0	116.0
2009	102.2	108.7	104.9	90.1	81.2	101.0
2010	107.1	110.5	119.6	100.0	97.2	107.3
2011	110.9	106.1	109.8	121.4	132.5	113.2
2012	101.4	103.4	103.3	94.4	88.1	104.1
2013	104.1	104.5	105.5	101.9	99.6	106.9
2014	99.5	98.8	100.9	99.8	89.4	99.7
2015	102.4	102.4	99.8	103.6	112.7	100.9
2016	106.6	105.3	98.4	110.1	121.0	106.4
2017	98.4	95.6	99.2	91.0	85.7	115.6
2018	100.5	102.8	99.9	93.0	84.8	102.5
2019	105.6	102.8	102.3	126.7	150.2	96.7
2020	106.7	101.5	101.0	129.1	161.3	103.2
2021	104.4	108.3	101.8	87.9	63.7	109.0
2022	102.6	103.4	99.9	93.5	85.7	107.0
2023	98.4	95.9	100.9	93.3	87.5	110.8

主要统计指标解释

■居民消费价格指数

是度量一组代表性消费商品及服务项目价格水平随着时间而变动的相对数，反映居民家庭购买的消费品及服务价格水平的变动情况。它是宏观经济分析和决策、价格总水平监测和调控以及国民经济核算的重要指标。其按年度计算的变动率通常被用来作为反映通货膨胀或紧缩程度的指标。

现行的居民消费价格指数按用途分为八个大类，包括食品烟酒、衣着、居住、生活用品及服务、交通通信、教育文化娱乐、医疗保健、其他用品及服务。

■工业生产者出厂价格指数

是反映一定时期内全部工业产品出厂价格的变动趋势和程度的统计指标，包括工业企业售给本企业以外所有单位的各种产品和直接售给居民用于生活消费的产品，可用于扣除工业总产值及增加值中价格变动因素的影响。

■工业生产者购进价格指数

是反映工业企业作为生产投入，从物资交易市场和能源、原材料生产企业购买原材料、燃料和动力产品的价格变动趋势和程度的统计指标，可用于扣除工业企业物质消耗成本中价格变动因素的影响。

■新建商品住宅销售价格指数

是反映新建的、用于居住的进入房地产市场进行交易的房屋，第一次进行产权登记时的实际交易价格（合同价格）的变动趋势和程度的统计指标，由成本、税金、利润等组成。

■二手住宅销售价格指数

是反映用于居住的进入房地产市场进行交易的房屋，再次进行产权登记时的实际交易价格的变动趋势和程度的统计指标。

■农产品生产者价格指数

是反映一定时期内，农产品生产者出售农产品价格水平变动趋势及幅度的相对数。该指数可以客观反映农产品生产价格水平和结构变动情况，满足农业与国民经济核算需要。其中某代表品生产价格指数是通过对全部有出售该产品行为的调查单位的个体指数进行几何平均求得的，类价格指数是通过对其所属的类(或代表品）的价格指数进行加权平均求得的。季度累计价格指数的计算方法与分季指数的计算方法相同。

EXPLANATORY NOTES ON MAIN STATISTICAL INDICATORS

■Consumer Price Index

It is an index that reflects the time-based change of prices of a group of representative consumption commodities and services. It is an important reference factor for macro-economic analysis and strategy, monitoring and adjustment of overall price level and the national economic budgeting. The year-on-year change of the index is often a norm reflecting the inflation or deflation.

The current CPI covers eight categories of goods and services: food, tobacco and alcohol, clothing, residence, articles for daily use and services, transportation and communication, education, culture and recreation, health care, and other articles and services.

■Producer Price Index for Industrial Products

Producer Price Index for Industrial Products reflects the trend and degree of changes in general sales prices of all industrial products during a given period, including sales of industrial products by an industrial enterprise to all units outside this enterprise, as well as sales of consumer goods to residents. It can be used to remove the impact of price changes on gross output value and value-added of the industrial sector.

■Purchasing Price Index for Industrial Producers

Purchasing Price Index for Industrial Producers reflects the trend and degree of changes in prices paid by industrial enterprises when they purchase productive inputs such as raw materials, fuels and power from the market or from other enterprises during a given period. It can be used to measure the real consumption of inputs of industrial enterprises by removing the impact of price changes.

■Price Index for Newly Built Commodity Residential Housing

Price Index for Newly Built Commodity Residential Housing reflects the trend and degree of changes in the trade prices of newly built commodity housing for residential use at their first registration of property right , including costs, taxes and profits.

■Price Index for Existing Residential Housing

Price Index for Existing Residential Housing reflects the trend and degree of changes in the trade prices of existing housing for residential use at their successive registration of property right.

■Producer Price Index for Agriculture Products

It reflects the trend and degree of changes in producers' prices received by farmers when they sell farm products during a given period. These indices depict the change in the level and structure of producer prices for farm products of the country and meet the needs of agricultural statistics and national accounts statistics. The producer price index for a given product is calculated as the geometrical mean of individual indices for all surveyed units which sell such product, and the indices for a product category is obtained as the weighted mean of price indices for all products in the category. Method for calculating accumulative quarterly indices is the same as for calculating the individual quarterly indices.

第四篇　农　业

Agriculture

简要说明

一、本篇资料的主要内容

本篇资料反映本市农业生产和农村经济的基本情况，内容主要包括农林牧渔业产值、农作物播种面积、主要农产品产量、农业机械拥有量、农业产业化组织、自然村数量等方面的统计资料。

二、本篇的资料来源

主要由上海市统计局和国家统计局上海调查总队根据《农村统计报表制度》和《农业农村调查报表制度》的有关资料和上海市农业委员会的相关资料整理提供。

三、本篇资料的统计范围

农业统计范围为上海市行政区域和上海光明食品（集团）有限公司所属的域外农场，包括闵行区、宝山区、嘉定区、松江区、金山区、青浦区、奉贤区、崇明区和浦东新区（农村）行政区域范围内所有建制乡镇、行政村和涉农街道、居委会辖区内的生产经营单位和农户；上海光明食品（集团）、上海水产（集团）总公司、青东农场、前卫农场、上实现代农业园区以及其他中央属、市属和军委系统的农业生产（经营）活动单位。

1.种植业:指对各种农作物的种植活动。包括谷物、豆类、薯类、棉花、油料、糖料、麻类、烟叶、蔬菜、园艺作物、水果、坚果、饮料和香料作物、中草药及其他作物的种植。

2.林业:包括林木的栽培(不包括茶园、桑园和果园的栽培、管理和收获等活动),木材和竹材的采运，林产品的采集。

3.牧业:包括牲畜饲养和放牧, 家禽饲养以及野生动物的捕猎和饲养。

4.渔业:包括水生动物和海藻类植物的养殖和捕捞。

5.农林牧渔服务业:指对种植业、林业、牧业、渔业生产活动进行的各种支持性服务。但不包括各种科学技术和专业性技术服务活动。

农村社会经济统计范围包括除城关镇以外所有乡镇的社会经济活动。

《农村统计报表制度》和《农业农村调查报表制度》包括的三部分内容：

一是农林牧渔业统计调查。包括农作物播种面积、主要农作物产量、农产量抽样调查等内容，调查方法由统计部门确定。其中，水果、林业、渔业、农业机械和部分畜牧业数据来源为农委相关部门，调查方法由资料来源相关部门确定。

二是农业产值综合统计。包括农业总产值、农林牧渔业中间消耗、农产品出口、种源农业等内容，调查方法由统计部门确定。

三是农村社会经济基本情况统计。包括乡镇社会经济基本情况、行政村基本情况等内容。上海参照国家统计局《县域社会经济基本情况统计报表制度》充实部分指标进行调查。

BRIEF INTRODUCTION

I. Main Contents

The data in this chapter reflect the basic conditions of agricultural production and rural economy in Shanghai. The main contents include output of agriculture, forestry, animal husbandry and fishery, sown area of farm crops, output of major agricultural products, agricultural machinery, condition of agricultural industrialization organization, number of villages.

II. Sources of Data

Data in this chapter are provided by Shanghai Municipal Statistics Bureau and the Survey Office of the National Bureau of Statistics in Shanghai using data from the Statistical Survey System on Rural Areas and Agricultural Industry and data provided by Shanghai Municipal Agricultural Commission.

III. Statistical Scopes

Data on agriculture cover the whole Shanghai Municipality and exclave farm belonging to Shanghai Bright Food(Group),including Minhang, Baoshan, Jiading, Songjiang, Jinshan, Qingpu, Fengxian, Chongming districts, and Pudong New Area (rural area). Included in agriculture statistics are production activities in agriculture by rural production units and by rural households; production activities of farms in counties, villages and rural communities; production activities in agriculture undertaken by Shanghai Bright Food (Group), Shanghai Fisheries (Group) Corporation, the Qingdong Farm, the Qianwei Farm, SIIC Modern Agriculture Park and agricultural production units owned by the central government, municipal government and military agencies.

(1) Agriculture: it refers to cultivation of farm crops, including cereals, beans, tuber crops, cotton, oil-bearing crops, sugar crops, hemp, tobacco leaves, vegetables, gardening plants, fruits, nuts, crops for beverages and spices, medicinal herbs and other farm crops.

(2) Forestry: it includes the planting of trees (excluding activities of planting, managing and harvesting of tea, mulberry fields and fruits), cutting and transport of timber and bamboo and collection of forest products.

(3) Animal husbandry: it includes the raising and grazing of domestic animals and poultry, and the hunting and raising of wild animals.

(4) Fishery: it includes cultivation and catching of aquatic animals and seaweed.

(5) Services in support of agriculture, forestry, animal husbandry and fishery: they include supporting services to production activities in agriculture, forestry, animal husbandry and fishery but do not include activities of science and technology and professional services.

Rural social and economic statistics cover social and economic activities in all townships except towns, where county governments are located..

Statistical Survey System on Rural Areas and Agricultural Industry consists of three parts:

First, it includes statistics on agriculture, forestry, animal husbandry and fishery, including agricultural production area, main crop output and sampling survey of agricultural products, whose survey methodologies are determined by the statistics department. Fruit, forestry, fishery, agricultural machinery and part of animal husbandry data are provided by Shanghai Municipal Agriculture Commission, and survey methodologies are determined by relevant providers of the data.

Second, it includes comprehensive statistics on value of agricultural output, including output of agriculture, intermediate consumption of agriculture, forestry, animal husbandry, and fishery, export of agricultural products, and seed industries. Survey methodologies are determined by the statistics department.

Third, it includes comprehensive statistics on rural areas. The data include basic conditions of social and economic activities at county, township and rural administrations, and municipal agricultural zones. Data are provided according to Statistical Reporting System on the Basic Condition of Social and Economic Activities of Counties with additional standards supplemented by Shanghai authorities.

4-1 农业总产值
Gross Output Value of Agriculture

单位：亿元 (100 million yuan)

年份 Year	合计 Total	种植业 Farming	林业 Forestry	牧业 Animal Husbandry	副业 Others	渔业 Fishery	农林牧渔服务业 Services in Support of Agriculture,Forestry, Animal Husbandry and Fishery
1978	18.26	13.49	0.06	3.67	0.18	0.86	
1980	18.90	11.40	0.06	6.27	0.20	0.97	
1985	31.38	15.63	0.21	12.25	0.47	2.82	
1986	33.76	16.83	0.24	12.75	0.49	3.45	
1987	38.84	17.69	0.34	15.48	0.54	4.79	
1988	53.07	22.47	0.45	22.18	0.54	7.43	
1989	60.63	25.53	0.39	26.41	0.42	7.88	
1990	68.16	29.09	0.37	30.25	0.41	8.04	
1991	73.65	30.51	0.39	33.38	0.40	8.97	
1992	80.01	32.80	0.43	37.19	0.41	9.18	
1993	96.20	40.52	0.41	42.95		12.32	
1994	140.24	60.19	0.49	62.04		17.52	
1995	182.47	77.71	0.45	81.48		22.83	
1996	200.95	87.64	0.67	85.46		27.18	
1997	204.41	85.20	0.47	88.37		30.37	
1998	206.75	89.10	0.84	87.27		29.54	
1999	206.90	87.86	0.98	86.35		31.71	
2000	216.50	89.81	1.41	87.35		37.92	
2001	227.61	95.53	3.52	88.43		40.13	
2002	233.57	97.21	7.75	83.48		45.13	
2003	247.29	98.17	13.05	81.13		49.21	5.73
2004	248.89	109.32	13.14	70.77		49.90	5.76
2005	233.39	111.25	11.11	54.34		51.64	5.05
2006	237.01	119.99	10.43	46.29		55.25	5.05
2007	255.98	126.74	10.05	58.00		54.19	7.00
农普修订							
2007	257.76	128.17	10.06	58.07		54.46	7.00
2008	282.63	139.29	9.13	68.52		57.48	8.20
2009	287.76	151.00	9.02	64.72		54.54	8.49
2010	296.24	159.98	7.58	65.72		54.25	8.71
2011	328.24	169.82	7.73	83.82		57.14	9.73
2012	337.81	176.80	9.77	79.75		60.84	10.66
2013	342.29	177.93	9.80	79.52		63.35	11.69
2014	343.78	175.46	8.83	81.96		66.02	11.50
2015	327.71	167.86	12.30	80.84		55.67	11.04
2016	300.84	146.58	13.21	80.17		50.31	10.57
2017	292.61	146.40	15.31	61.17		58.39	11.34
2018	289.58	150.09	15.80	48.32		56.21	19.16
2019	284.84	145.81	18.27	48.24		54.95	17.56
2020	279.82	138.00	15.16	55.06		50.95	20.65
2021	268.93	144.94	8.68	45.34		47.72	22.24
2022	273.53	149.26	8.32	46.36		51.21	18.39
2023	269.60	145.25	7.18	47.01		52.71	17.45

注：根据第三次农业普查结果，对2007年至2017年上海农业部分数据进行了重新修订，调查范围也相应修正为包括上海光明食品(集团)有限公司所属的域外农场(以下农普修订同)。

Note: In terms of Third National Agriculture Census, some data from 2007 to 2017 is revised, which includes the exclave farm belonging to Shanghai Bright Food (Group) (similarly hereinafter).

4-2 农业总产值结构

Gross Output Value Composition of Agriculture

单位：% (%)

年 份 Year	合 计 Total	种植业 Farming	林 业 Forestry	牧 业 Animal Husbandry	副 业 Others	渔 业 Fishery	农林牧渔服务业 Services in Support of Agriculture,Forestry, Animal Husbandry and Fishery
1978	100.0	73.9	0.3	20.1	1.0	4.7	
1980	100.0	60.3	0.3	33.2	1.1	5.1	
1985	100.0	49.8	0.7	39.0	1.5	9.0	
1986	100.0	49.9	0.7	37.8	1.5	10.1	
1987	100.0	45.5	0.9	39.9	1.4	12.3	
1988	100.0	42.3	0.8	41.8	1.1	14.0	
1989	100.0	42.1	0.6	43.6	0.7	13.0	
1990	100.0	42.7	0.5	44.4	0.6	11.8	
1991	100.0	41.4	0.5	45.3	0.5	12.3	
1992	100.0	41.0	0.5	46.5	0.5	11.5	
1993	100.0	42.1	0.5	44.6		12.8	
1994	100.0	42.9	0.3	44.3		12.5	
1995	100.0	42.6	0.3	44.6		12.5	
1996	100.0	43.6	0.4	42.5		13.5	
1997	100.0	41.7	0.2	43.2		14.9	
1998	100.0	43.1	0.4	42.2		14.3	
1999	100.0	42.5	0.5	41.7		15.3	
2000	100.0	41.5	0.6	40.4		17.5	
2001	100.0	42.0	1.5	38.9		17.6	
2002	100.0	41.6	3.3	35.8		19.3	
2003	100.0	39.7	5.3	32.8		19.9	2.3
2004	100.0	43.9	5.3	28.4		20.0	2.3
2005	100.0	47.7	4.8	23.3		22.1	2.1
2006	100.0	50.6	4.4	19.5		23.3	2.2
2007	100.0	49.5	3.9	22.7		21.2	2.7
农普修订							
2007	100.0	49.7	3.9	22.6		21.1	2.7
2008	100.0	49.3	3.2	24.2		20.4	2.9
2009	100.0	52.5	3.1	22.5		19.0	2.9
2010	100.0	54.0	2.6	22.2		18.3	2.9
2011	100.0	51.7	2.4	25.5		17.4	3.0
2012	100.0	52.3	2.9	23.6		18.0	3.2
2013	100.0	52.0	2.9	23.2		18.5	3.4
2014	100.0	51.0	2.6	23.8		19.2	3.4
2015	100.0	51.2	3.7	24.7		17.0	3.4
2016	100.0	48.7	4.4	26.7		16.7	3.5
2017	100.0	50.0	5.2	20.9		20.0	3.9
2018	100.0	51.8	5.5	16.7		19.4	6.6
2019	100.0	51.2	6.4	16.9		19.3	6.2
2020	100.0	49.3	5.4	19.7		18.2	7.4
2021	100.0	53.9	3.2	16.9		17.7	8.3
2022	100.0	54.6	3.1	16.9		18.7	6.7
2023	100.0	53.9	2.7	17.4		19.6	6.4

4-3 农业总产值指数(1980-2023,以1952年为100)
Indices of Gross Output Value of Agriculture(1952=100)

年 份 Year	合 计 Total	种植业 Farming	林 业 Forestry	牧 业 Animal Husbandry	副 业 Others	渔 业 Fishery	农林牧渔服务业 Services in Support of Agriculture,Forestry, Animal Husbandry and Fishery
1980	263.6	200.2	754.4	519.1	389.7	865.1	
1985	323.2	224.6	528.9	813.0	274.2	1 060.4	
1986	342.6	227.9	663.7	901.9	279.9	1 242.6	
1987	350.5	230.6	685.7	926.3	309.9	1 314.2	
1988	372.7	242.7	819.4	1 017.5	307.7	1 329.8	
1989	377.6	234.9	665.5	1 100.6	241.1	1 427.8	
1990	399.1	245.3	689.3	1 215.6	237.2	1 366.0	
1991	418.4	243.4	758.4	1 339.9	231.1	1 435.6	
1992	442.6	257.9	710.5	1 447.1	235.9	1 403.5	
1993	423.1	239.6	638.7	1 406.6		1 386.7	
1994	456.1	244.4	643.8	1 509.3		1 787.5	
1995	506.3	264.7	618.1	1 627.0		2 098.5	
1996	548.3	291.4	832.0	1 744.1		2 241.2	
1997	579.3	313.5	656.2	1 812.1		2 397.7	
1998	593.2	329.4	913.9	1 847.0		2 316.2	
1999	608.2	339.2	1 274.7	1 873.6		2 403.8	
2000	631.9	359.4	2 047.3	1 858.4		2 675.8	
2001	676.7	369.8	3 107.8	1 943.9		3 259.1	
2002	697.0	370.9	7 629.6	1 866.1		3 679.5	100.0
2003	704.7	344.6	10 177.9	1 772.8		4 525.8	102.6
2004	656.8	366.7	10 218.6	1 373.9		4 376.4	103.2
2005	587.8	348.0	7 960.3	993.3		4 617.1	91.4
2006	591.9	359.1	7 474.7	918.8		4 884.9	90.3
2007	600.8	363.8	7 198.1	960.1		4 767.7	121.6
农普修订							
2007	605.3	367.8	7 209.5	961.1		4 791.2	121.4
2008	606.6	379.5	5 863.0	1 004.3		4 352.6	134.4
2009	607.8	378.3	5 681.4	1 071.0		4 081.2	139.8
2010	585.6	362.8	4 768.1	1 086.2		3 799.2	139.2
2011	587.7	364.4	4 573.5	1 150.3		3 536.4	147.6
2012	594.6	366.7	5 219.8	1 148.1		3 612.7	157.4
2013	582.1	352.7	5 393.3	1 146.0		3 535.7	168.7
2014	593.0	352.0	4 991.6	1 206.4		3 746.7	161.6
2015	562.0	333.5	6 108.8	1 153.4		3 387.9	150.3
2016	495.4	287.7	6 639.1	1 051.8		2 852.4	137.8
2017	474.4	287.2	7 587.7	798.9		3 094.2	145.3
2018	463.5	289.2	7 329.7	659.9		2 877.6	241.6
2019	429.8	266.7	8 165.2	534.2		2 881.0	216.6
2020	399.9	249.8	6 648.8	484.9		2 592.7	250.3
2021	373.3	238.7	3 834.7	479.5		2 247.0	266.4
2022	369.3	237.7	3 404.8	498.0		2 307.2	214.8
2023	366.7	234.5	2 959.8	533.8		2 253.4	203.0

4-4 农作物总播种面积
Total Sown Areas of Farm Crops

单位：万公顷 (10 000 hectares)

年 份 Year	农作物总播种面积 Total Sown Area	粮食作物 Grain Crops	经济作物 Cash Crops
1978	82.86	53.22	29.64
1980	77.60	49.39	28.21
1985	69.61	43.82	25.79
1986	67.90	44.68	23.22
1987	67.04	44.21	22.83
1988	64.79	42.45	22.34
1989	63.63	41.69	21.94
1990	63.11	41.71	21.40
1991	62.62	41.54	21.08
1992	60.14	39.24	20.90
1993	55.85	36.31	19.54
1994	53.68	34.97	18.71
1995	54.22	34.40	19.82
1996	57.01	35.38	21.63
1997	55.23	36.58	18.65
1998	55.64	35.25	20.39
1999	55.17	33.50	21.67
2000	52.15	25.88	26.27
2001	49.09	21.12	27.97
2002	47.67	18.77	28.90
2003	41.92	14.83	27.09
2004	40.44	15.47	24.97
2005	40.36	16.61	23.75
2006	40.14	16.55	23.59
2007	39.07	16.96	22.11
农普修订			
2007	40.06	17.92	22.14
2008	39.78	18.42	21.36
2009	41.72	21.55	20.17
2010	41.74	20.12	21.62
2011	42.19	20.83	21.36
2012	40.33	20.81	19.52
2013	39.29	19.05	20.24
2014	37.15	18.67	18.48
2015	35.17	18.13	17.04
2016	30.51	15.85	14.66
2017	28.59	13.31	15.28
2018	28.53	12.99	15.54
2019	26.43	11.74	14.69
2020	25.78	11.43	14.35
2021	26.68	11.74	14.94
2022	27.18	12.28	14.90
2023	27.32	12.72	14.60

注：自2007年开始，“其他作物”并入“经济作物”统计。
Note: Since 2007,Other Farm Crops have incorporated into Cash Crops.

4-5 农作物总播种面积构成
Total Sown Areas Composition of Farm Crops

单位：% (%)

年 份 Year	农作物总播种面积 Total Sown Area	粮食作物 Grain Crops	经济作物 Cash Crops
1978	100.0	64.2	35.8
1980	100.0	63.7	36.3
1985	100.0	63.0	37.0
1986	100.0	65.8	34.2
1987	100.0	66.0	34.0
1988	100.0	65.5	34.5
1989	100.0	65.5	34.5
1990	100.0	66.1	33.9
1991	100.0	66.4	33.6
1992	100.0	65.3	34.7
1993	100.0	65.0	35.0
1994	100.0	65.1	34.9
1995	100.0	63.5	36.5
1996	100.0	62.1	37.9
1997	100.0	66.2	33.8
1998	100.0	63.4	36.6
1999	100.0	60.7	39.3
2000	100.0	49.6	50.4
2001	100.0	43.0	57.0
2002	100.0	39.4	60.6
2003	100.0	35.4	64.6
2004	100.0	38.3	61.7
2005	100.0	41.1	58.9
2006	100.0	41.2	58.8
2007	100.0	43.4	56.6
农普修订			
2007	100.0	44.7	55.3
2008	100.0	46.3	53.7
2009	100.0	51.7	48.3
2010	100.0	48.2	51.8
2011	100.0	49.4	50.6
2012	100.0	51.6	48.4
2013	100.0	48.5	51.5
2014	100.0	50.3	49.7
2015	100.0	51.6	48.4
2016	100.0	51.9	48.1
2017	100.0	46.6	53.4
2018	100.0	45.5	54.5
2019	100.0	44.4	55.6
2020	100.0	44.3	55.7
2021	100.0	44.0	56.0
2022	100.0	45.2	54.8
2023	100.0	46.6	53.4

4-6 粮食作物播种面积
Sown Areas of Grain Crops

单位：万公顷 (10 000 hectares)

年 份 Year	粮 食 Grain Crops	#稻谷 Rice	小 麦 Wheat	大 麦 Barley
1978	53.22	34.28	4.25	8.39
1980	49.39	30.45	5.05	7.22
1985	43.82	26.97	5.74	7.94
1986	44.68	28.52	7.28	5.78
1987	44.21	27.62	7.66	6.15
1988	42.45	25.96	7.03	7.16
1989	41.69	25.82	7.04	6.65
1990	41.71	25.34	7.72	6.62
1991	41.54	24.77	8.38	6.48
1992	39.24	23.48	7.77	6.27
1993	36.31	21.58	7.58	4.91
1994	34.97	21.00	6.23	5.54
1995	34.40	21.00	6.12	5.25
1996	35.38	21.06	6.53	5.97
1997	36.58	20.84	8.33	5.76
1998	35.25	20.33	10.39	2.74
1999	33.50	20.08	9.70	1.91
2000	25.88	17.50	5.72	1.08
2001	21.12	15.39	3.20	0.99
2002	18.77	13.31	3.14	0.98
2003	14.83	10.62	2.17	0.65
2004	15.47	11.18	2.19	0.72
2005	16.61	11.27	2.99	0.78
2006	16.55	11.06	3.14	0.88
2007	16.96	10.91	3.75	0.85
农普修订				
2007	17.92	11.50	3.95	0.98
2008	18.42	11.50	4.59	1.02
2009	21.55	12.05	6.25	1.73
2010	20.12	12.05	5.27	1.32
2011	20.83	11.86	6.29	1.36
2012	20.81	11.76	5.80	2.00
2013	19.05	11.48	4.66	1.80
2014	18.67	11.12	4.67	1.56
2015	18.13	11.02	4.73	1.33
2016	15.85	10.63	3.56	0.89
2017	13.31	10.41	2.10	0.31
2018	12.99	10.36	2.13	0.19
2019	11.74	10.37	1.00	0.09
2020	11.43	10.41	0.75	0.05
2021	11.74	10.38	1.09	0.09
2022	12.28	10.37	1.54	0.21
2023	12.72	10.43	1.87	0.27

4-7 粮食作物播种面积构成
Sown Areas Composition of Grain Crops

单位：% (%)

年 份 Year	粮 食 Grain Crops	#稻谷 Rice	小 麦 Wheat	大 麦 Barley
1978	100.0	64.4	8.0	15.8
1980	100.0	61.7	10.2	14.6
1985	100.0	61.5	13.1	18.1
1986	100.0	63.8	16.3	12.9
1987	100.0	62.5	17.3	13.9
1988	100.0	61.2	16.6	16.9
1989	100.0	61.9	16.9	16.0
1990	100.0	60.7	18.5	15.9
1991	100.0	59.6	20.2	15.6
1992	100.0	59.8	19.8	16.0
1993	100.0	59.4	20.9	13.5
1994	100.0	60.1	17.8	15.8
1995	100.0	61.0	17.8	15.3
1996	100.0	59.5	18.5	16.9
1997	100.0	57.0	22.8	15.7
1998	100.0	57.7	29.5	7.8
1999	100.0	59.9	29.0	5.7
2000	100.0	67.6	22.1	4.2
2001	100.0	72.9	15.2	4.7
2002	100.0	70.9	16.7	5.2
2003	100.0	71.6	14.6	4.4
2004	100.0	72.3	14.2	4.7
2005	100.0	67.9	18.0	4.7
2006	100.0	66.8	19.0	5.3
2007	100.0	64.3	22.1	5.0
农普修订				
2007	100.0	64.2	22.1	5.5
2008	100.0	62.4	24.9	5.5
2009	100.0	55.9	29.0	8.0
2010	100.0	59.9	26.2	6.6
2011	100.0	56.9	30.2	6.5
2012	100.0	56.5	27.9	9.6
2013	100.0	60.3	24.4	9.4
2014	100.0	59.6	25.0	8.4
2015	100.0	60.8	26.1	7.3
2016	100.0	67.1	22.5	5.6
2017	100.0	78.2	15.8	2.3
2018	100.0	79.8	16.4	1.5
2019	100.0	88.3	8.5	0.8
2020	100.0	91.1	6.6	0.5
2021	100.0	88.5	9.3	0.7
2022	100.0	84.4	12.5	1.7
2023	100.0	82.0	14.7	2.1

4-8 粮食产量
Output of Grain Crops

单位：万吨 (10 000 tons)

年 份 Year	粮 食 Grain Crops	#稻谷 Rice	小 麦 Wheat	大 麦 Barley
1978	260.88	190.44	15.98	27.09
1980	186.85	116.51	20.63	24.74
1985	213.83	153.90	21.77	25.50
1986	236.88	174.58	30.19	18.90
1987	232.56	174.93	27.65	19.44
1988	237.54	173.21	28.25	26.57
1989	236.55	181.27	24.18	21.54
1990	244.36	181.40	30.11	23.26
1991	247.34	185.05	31.29	22.52
1992	234.65	171.59	31.10	23.58
1993	215.84	158.80	29.66	18.13
1994	215.06	165.52	21.74	17.68
1995	219.50	163.50	25.60	20.53
1996	234.82	171.82	29.25	25.42
1997	237.85	171.08	36.28	23.12
1998	212.58	162.85	31.13	7.77
1999	208.20	154.12	38.44	7.90
2000	174.00	137.05	24.70	4.61
2001	151.42	127.37	12.53	4.04
2002	130.46	109.24	10.37	3.58
2003	98.75	82.20	7.39	2.42
2004	106.29	89.46	7.95	2.85
2005	105.36	85.45	9.92	2.86
2006	111.30	89.70	11.34	3.48
2007	109.20	86.00	14.63	3.67
农普修订				
2007	115.33	90.66	15.42	4.24
2008	122.27	94.55	18.90	4.63
2009	135.39	99.95	23.98	6.43
2010	132.12	100.33	20.55	5.29
2011	136.16	99.35	25.36	5.81
2012	135.98	99.75	23.11	7.76
2013	128.65	97.85	18.51	7.24
2014	127.16	95.05	19.83	6.59
2015	125.41	94.71	20.71	5.78
2016	111.78	91.41	13.22	3.63
2017	99.78	85.60	10.18	1.37
2018	103.74	87.97	12.98	0.98
2019	95.90	88.04	5.80	0.45
2020	91.44	84.66	5.26	0.29
2021	93.96	85.15	7.35	0.50
2022	95.57	82.73	10.71	1.28
2023	101.86	86.52	12.94	1.72

4-9 主要经济作物播种面积
Sown Areas of Major Cash Crops

单位：万公顷 (10 000 hectares)

年 份 Year	棉 花 Cotton	油菜籽 Rapeseeds	蔬 菜 Vegetables
1978	9.66	5.11	4.30
1980	10.37	5.20	5.41
1985	7.10	7.03	6.43
1986	3.23	7.81	7.09
1987	2.08	8.02	8.17
1988	1.65	8.53	7.94
1989	1.07	9.24	7.97
1990	1.30	9.29	7.76
1991	1.39	9.23	7.57
1992	1.49	9.44	7.01
1993	0.96	7.27	7.78
1994	0.49	6.85	8.20
1995	0.33	7.84	8.70
1996	0.31	6.95	10.80
1997	0.34	5.30	9.82
1998	0.45	5.66	10.70
1999	0.20	5.97	11.07
2000	0.10	7.01	14.04
2001	0.11	6.24	14.94
2002	0.08	5.18	16.07
2003	0.08	3.79	15.04
2004	0.11	3.02	13.99
2005	0.11	3.08	13.09
2006	0.12	2.26	13.62
2007	0.14	1.50	13.39
农普修订			
2007	0.14	1.52	13.26
2008	0.15	1.47	13.10
2009	0.13	1.49	12.45
2010	0.26	0.98	12.70
2011	0.26	0.81	12.98
2012	0.20	0.78	12.66
2013	0.21	0.65	12.35
2014	0.08	0.53	11.79
2015	0.04	0.47	10.47
2016	0.03	0.38	9.80
2017	0.04	0.22	9.29
2018	0.01	0.21	9.43
2019	0.01	0.22	8.68
2020	…	0.21	8.42
2021	…	0.14	8.52
2022	…	0.07	8.75
2023		0.22	8.56

4-10 主要经济作物产量
Output of Major Cash Crops

单位：万吨 (10 000 tons)

年 份 Year	棉 花 Cotton	油菜籽 Rapeseeds	蔬 菜 Vegetables	食用菌 Edible Mushrooms	园林水果 Fruits
1978	12.10	11.63	145.45		2.99
1980	7.62	9.58	112.55		3.70
1985	4.88	15.53	152.26		4.06
1986	2.15	14.95	178.92		4.39
1987	1.52	16.20	182.18		4.66
1988	1.33	18.96	186.31		6.77
1989	0.77	15.00	193.72		8.80
1990	1.22	18.17	186.79		9.42
1991	1.62	19.94	169.15		8.69
1992	1.54	21.84	182.01		16.33
1993	0.80	12.98	193.49		16.36
1994	0.47	9.55	213.33		16.10
1995	0.36	15.49	244.33		21.71
1996	0.42	15.86	262.01		20.74
1997	0.38	10.35	300.58		23.92
1998	0.47	6.47	301.58		21.13
1999	0.22	12.98	336.97		25.11
2000	0.12	15.71	377.00		22.54
2001	0.14	12.31	424.04	2.09	26.74
2002	0.09	9.28	476.60	2.68	27.72
2003	0.11	5.92	460.54	3.28	33.31
2004	0.18	6.94	436.65	3.38	33.74
2005	0.18	6.51	409.03	5.00	33.63
2006	0.20	4.91	418.76	4.98	38.93
2007	0.25	3.28	413.49	6.08	43.93
农普修订					
2007	0.25	3.32	409.49	6.08	43.07
2008	0.32	3.38	394.67	7.59	44.34
2009	0.27	3.21	374.55	8.46	42.58
2010	0.36	2.14	374.52	8.75	40.83
2011	0.50	1.75	380.97	8.32	36.47
2012	0.40	1.63	373.26	11.28	42.82
2013	0.41	1.40	360.02	13.08	32.27
2014	0.13	1.16	349.70	15.23	39.34
2015	0.05	1.08	320.12	15.12	27.46
2016	0.10	0.78	290.36	14.26	23.83
2017		0.48	281.89	11.61	24.57
2018	0.01	0.54	284.73	9.76	29.54
2019	0.01	0.63	259.15	8.96	28.08
2020	…	0.64	244.33	8.53	25.86
2021	…	0.44	244.66	3.98	17.34
2022	…	0.21	255.36	4.27	16.63
2023		0.61	250.63	4.15	17.35

4-11　肉类总产量
Output of Meat

单位：万吨　　(10000 tons)

年　份 Year	肉类总产量 Output of Meat	#猪 Pork	羊 Mutton	家　禽 Meat of Poultry	兔 Rabbit Meat
1998	53.98	25.30	0.71	27.86	0.01
1999	54.12	25.85	0.70	27.51	0.01
2000	55.11	25.96	0.74	28.35	0.01
2001	55.71	26.40	0.85	28.31	0.08
2002	52.20	24.75	0.96	26.38	0.05
2003	50.78	24.60	0.92	25.20	0.10
2004	38.09	20.79	0.70	16.38	0.15
2005	31.31	18.02	0.61	12.54	0.10
2006	25.99	15.20	0.23	9.15	0.09
2007	25.43	15.15	0.23	8.52	0.09
农普修订					
2007	24.62	15.66	0.22	7.27	0.09
2008	26.35	17.38	0.48	7.12	0.09
2009	26.02	18.00	0.47	6.69	0.09
2010	26.38	18.34	0.43	6.75	0.02
2011	27.72	19.56	0.41	6.89	0.01
2012	27.04	20.30	0.41	5.49	0.02
2013	27.31	22.16	0.38	3.96	0.02
2014	27.20	23.01	0.34	3.22	0.02
2015	25.58	21.75	0.34	2.86	0.02
2016	22.47	18.88	0.28	2.47	0.01
2017	17.58	14.57	0.35	1.94	0.01
2018	13.45	11.27	0.26	1.49	0.01
2019	10.82	8.91	0.21	1.30	0.01
2020	9.26	7.16	0.24	1.21	0.01
2021	9.14	7.15	0.29	1.11	0.01
2022	9.54	8.27	0.24	0.71	...
2023	12.16	10.74	0.23	0.89	...

4-12 渔业养殖面积和水产品产量
Culture Areas of Fishery and Output of Aquatic Products

年 份 Year	渔业养殖面积 Fishery Culture Area		水产品产量 Aquatic Product Output		
	合 计 (公顷) Total (hectares)	#淡水 (公顷) Freshwater Culturing (hectares)	合 计 (万吨) Total (10000 tons)	海 水 (万吨) Seawater Aquatic Products (10000 tons)	淡 水 (万吨) Freshwater Aquatic Products (10000 tons)
1992	33 725	32 391	24.86	13.67	11.19
1993	33 304	32 006	23.67	12.42	11.25
1994	33 839	32 781	27.04	14.78	12.26
1995	32 943	32 080	29.07	16.21	12.86
1996	33 190	32 447	28.04	14.50	13.54
1997	32 970	32 364	30.20	16.18	14.02
1998	34 326	33 724	26.82	12.21	14.61
1999	35 392	34 687	27.67	12.28	15.39
2000	40 039	39 317	28.87	12.23	16.64
2001	44 733	44 002	29.77	10.49	19.28
2002	42 765	42 069	32.69	11.82	20.87
2003	45 447	44 982	35.48	13.35	22.13
2004	42 543	42 193	34.41	13.42	20.99
2005	41 110	41 026	35.35	15.03	20.32
2006	31 310	31 230	33.50	16.81	16.69
2007	30 263	30 250	32.00	15.56	16.44
农普修订					
2007	30 250	30 250	29.85	15.56	14.29
2008	29 176	29 176	34.68	19.15	15.52
2009	26 272	26 272	31.29	16.85	14.44
2010	25 250	25 250	27.28	12.15	15.13
2011	23 886	23 886	27.19	11.80	15.39
2012	22 027	22 027	28.40	13.21	15.19
2013	20 966	20 966	28.71	13.48	15.23
2014	20 461	20 461	32.75	17.88	14.88
2015	19 392	19 392	31.36	16.95	14.41
2016	18 641	18 641	28.68	14.29	14.39
2017	17 820	17 820	29.54	14.52	15.02
2018	16 577	16 577	30.85	16.84	14.01
2019	15 568	15 568	32.47	19.74	12.73
2020	14 007	14 007	28.29	16.40	11.89
2021	12 687	12 687	25.91	16.20	9.71
2022	13 503	13 503	25.89	14.23	11.66
2023	11 848	11 848	26.98	16.95	10.03

4-13 年末自然村实有数
Number of Villages at Year-end

单位：个 (unit)

年 份 Year	年末实有数 Numbers at Year-end	小型村 Small Village	中型村 Medium-Sized Village	大型村 Large Village
2012	37 884	16 439	12 554	8 891
2013	37 023	16 050	12 435	8 538
2014	36 344	15 790	12 208	8 346
2015	33 769	15 034	11 158	7 577
2016	32 225	14 501	10 367	7 357
2017	30 938	13 777	10 008	7 153
2018	30 131	13 360	9 705	7 066
2019	29 167	12 727	9 433	7 007
2020	28 627	12 421	9 325	6 881
2021	28 061	12 111	9 112	6 838
2022	27 923	12 089	9 075	6 759
2023	27 363	11 842	8 994	6 527

注：小型村指住宅在10幢及以下的村，中型村指住宅在11–30幢的村，大型村指住宅在31幢及以上的村。
Note: Small village refers to the village in which number of dwelling houses is less than 10. Medium-sized village refers to the village in which number of dwelling houses is more than 11 and less than 30. Large village refers to the village in which number of dwelling houses is more than 31.

4-14 年末自然村归并数
Merge Number of Villages at Year-end

单位：个 (unit)

年 份 Year	年末归并数 Merge Number at Year-end	小型村 Small Village	中型村 Medium-Sized Village	大型村 Large Village
2003	2 474	1 248	658	568
2004	2 630	1 022	934	674
2005	2 783	1 288	940	555
2006	2 710	1 007	934	769
2007	1 340	623	445	272
2008	749	336	243	170
2009	1 715	941	515	259
2010	1 121	558	366	197
2011	791	321	279	191
2012	528	258	189	81
2013	595	383	141	71
2014	721	306	258	157
2015	881	484	207	190
2016	417	136	206	75
2017	352	141	136	75
2018	267	99	62	106
2019	297	112	99	86
2020	399	227	91	81
2021	228	106	89	33
2022	113	57	30	26
2023	219	129	48	42

4-15 农业机械年末拥有量

指标	Indicators	单位	Unit	2007年	2008年	2009年	2010年	2011年
农业机械总动力	**Total Power of Agricultural Machinery**	**万千瓦**	**10000kW**	**97.68**	**94.51**	**99.26**	**104.15**	**105.58**
#大中型拖拉机	#Large and Medium-sized Tractors	台	unit	4 584	4 796	5 394	5 796	6 412
		万千瓦	10000kW	18.09	19.35	21.76	24.21	25.31
小型拖拉机	Small Tractors	台	unit	6 926	6 457	6 105	5 788	5 245
		万千瓦	10000kW	6.36	5.93	5.68	5.34	4.85
联合收割机	Combine-Harvester	台	unit	1 934	1 914	2 113	2 230	2 380
		万千瓦	10000kW	3.75	5.25	7.82	8.52	9.56
插秧机	Transplanter	台	unit	243	458	815	1 101	1 309
		万千瓦	10000kW	0.24	0.55	0.91	1.21	1.24
机动喷雾(粉)器	Mobile Sprayer	万台	10000 unit	1.84	1.83	1.83	2.11	2.25
		万千瓦	10000kW	3.66	4.15	4.16	4.72	5.14
饲料粉碎机	Feed Grinder	台	unit	1 322	1 314	1 197	1 057	1 189
		万千瓦	10000kW	1.81	1.40	1.27	1.15	1.09
渔用机动船	Motor Boat for Fishery	艘	unit	1 396	1 403	1 869	1 788	1 644
		万千瓦	10000kW	17.99	17.51	18.60	18.74	18.96
增氧机	Aerator	万台	10000unit	2.04	1.98	1.88	2.01	2.12
		万千瓦	10000kW	4.62	4.87	4.73	5.16	5.30
机动运输船	Cargo Ship	艘	unit	283	282	267	250	195
		万千瓦	10000kW	1.02	0.99	0.95	1.78	0.68

注：本表农业机械化统计范围2018年以前(含2018年)未包括上海光明食品(集团)有限公司所属的域外农场。

Agricultural Machinery at Year-end

2012年	2013年	2014年	2015年	2016年	2017年	2018年	2019年	2020年	2021年	2022年	2023年
112.72	**115.84**	**117.76**	**119.01**	**122.31**	**121.84**	**119.77**	**119.22**	**123.36**	**125.22**	**122.78**	**128.46**
6 431	6 897	7 177	7 468	7 720	7 728	7 466	7 625	7 431	7 299	7 132	7 189
27.81	29.89	31.43	33.44	35.30	36.36	37.36	40.68	40.77	40.79	40.34	41.05
4 514	3 597	3 279	2 999	2 766	2 317	2 554	2 350	2 214	2 089	1 851	1 710
4.12	3.27	2.96	2.63	2.47	2.21	2.93	2.52	2.42	2.34	1.99	1.82
2 557	2 927	2 778	2 746	2 654	2 240	2 177	2 245	2 193	2 083	2 009	2 008
11.38	13.26	13.16	13.93	14.01	12.80	12.61	14.15	14.29	13.58	13.27	13.34
1 425	1 616	1 714	1 900	1 958	1 497	1 671	1 802	1 767	1 885	1 851	1 750
1.30	1.48	1.60	2.18	2.27	1.85	2.20	2.43	2.38	2.55	2.54	2.48
2.29	2.23	2.22	2.26	2.25	2.13	2.04	2.02	1.98	2.02	1.91	1.86
5.13	5.46	5.10	5.18	5.15	5.08	5.06	5.13	5.97	5.95	5.82	5.57
948	809	793	785	780	772	949	939	950	947	939	936
0.95	0.88	0.84	0.85	0.82	0.79	0.95	0.95	0.97	0.96	1.00	0.99
1 477	1 477	1 329	1 209	941	871	856	563	537	481	453	471
19.08	18.91	19.27	16.23	17.84	17.19	16.21	15.58	15.12	14.16	14.09	17.50
2.30	2.47	2.78	3.07	3.10	3.11	2.68	2.67	2.54	2.59	2.62	2.65
5.80	6.21	6.73	7.27	7.23	6.94	6.29	6.40	5.83	5.95	6.08	6.15
173	171	157	163	163	156						
0.86	0.87	0.81	0.94	0.94	1.01						

Note: The scope of agricultural mechanization statistics in this table before 2018(including 2018)does not include exclave farm belonging to Shanghai Bright Food(Group).

4-16 分区分行业农业总产值(2023年,按现行价格计算)

Gross Output Value of Agricultural Output by District and Sector (2023,Calculated at Current Prices)

单位：亿元 (100 million yuan)

地 区	District	合计 Total	种植业 Farming	林 业 Forestry	牧 业 Animal Husbandry	渔 业 Fishery	农林牧渔服务业 Services in Support of Agriculture,Forestry, Animal Husbandry and Fishery
浦东新区	Pudong New Area	42.26	31.18	0.66	2.12	4.06	4.24
闵行区	Minhang	3.09	2.35	0.09	0.02	0.06	0.57
宝山区	Baoshan	3.09	2.24	0.39	0.00	0.14	0.32
嘉定区	Jiading	9.84	6.93	0.37	0.81	0.66	1.07
金山区	Jinshan	26.98	19.77	0.33	3.70	1.99	1.19
松江区	Songjiang	18.38	8.39	2.70	4.23	0.63	2.43
青浦区	Qingpu	20.79	15.94	0.97	0.04	2.75	1.09
奉贤区	Fengxian	23.91	13.91	0.96	1.58	3.78	3.68
崇明区	Chongming	53.75	30.02	0.43	8.66	12.10	2.54

主要统计指标解释

■农业总产值

农业总产值是以货币表现的农、林、牧、渔业全部产品的总量和对农林牧渔生产活动进行的各种支持性服务活动的价值。它反映一定时期内农业生产的总规模和总成果。

农、林、牧、渔业的统计范围是：

（1）种植业　包括农作物种植业和其他农业。

农作物种植业包括谷物、豆类、薯类、棉、油料、糖料、麻类、烟叶、蔬菜、药材、瓜类和其他农作物的种植，以及茶园、桑园、果园的生产经营。

其他农业包括采集野生植物的果实、纤维、树胶、树脂、油料以及柴草、野生药材、菌类等及农民家庭兼营的商品性工业。

（2）林业　包括林木的栽培（不包括茶园、桑园和果园的栽培、管理和收获等活动）、林产品的采集和村及村以下合作经济组织和农户的竹木采伐。

（3）牧业　包括除渔业养殖以外的一切动物饲养和放牧，以及野生动物的捕猎和饲养。

（4）渔业　包括水生动物和海藻类植物的养殖和捕捞。

（5）农林牧渔服务业　包括农林牧渔业生产活动进行的各种支持性服务活动。但不包括各种科学技术和专业技术服务活动。

农业总产值的计算方法通常是按农林牧渔业产品及其副产品的产量分别乘以各自单位产品价格求得，少数生产周期较长、当年没有产品或产品产量不易统计的，则采用间接方法匡算其产值，然后将四业产品产值和服务业产值相加即为农业总产值。

1957 年以前的农业总产值中包括了厩肥和农民自给性手工业（如农民自制衣服、鞋、袜，自己从事粮食初步加工等）。1958 年及以后的农业总产值，林业中增加了村及村以下竹木采伐产值；牧业中取消了厩肥产值；副业中取消了农民自给性手工业产值，增加了村及村以下办的工业产值；渔业中增加了海洋捕捞水产品产值。1980 年及以后的农业总产值，在副业中增加了农民家庭兼营工业商品部分的产值。从 1984 年起村及村以下办工业产值划归工业。从 1993 年起，取消副业。将野生动物的捕猎划入牧业，野生植物采集和农民家庭兼营商品性工业划归农业。从 2003 年起，农业总产值中包括了农林牧渔服务业产值。

■农作物播种面积

指报告期内收获农产品的作物的实际播种或移植有农作物的面积。凡是实际种植农作物的面积，不论种植在耕地上还是种植在非耕地上，均包括在农作物播种面积中。在播种季节基本结束后，因遭灾而重新改种和补种的农作物面积，也包括在内。

■粮食产量

指全社会的产量。包括国有经济经营的、集体统一经营的和农民家庭经营的粮食产量，还包括工矿企业办的农场和其他生产单位的产量。粮食除包括稻谷、小麦、玉米、高粱、谷子及其他杂粮外，还包括薯类和豆类。其产量计算方法，豆类按去豆荚后的干豆计算；薯类（包括甘薯和马铃薯，不包括芋头和木薯）1963 年以前按每 4 公斤鲜薯折 1 公斤粮食计算，从 1964 年开始改为按 5 公斤鲜薯折 1 公斤粮食计算。城市郊区作为蔬菜的薯类（如马铃薯等）按鲜品计算，并且不作粮食统计。其他粮食一律按脱粒后的原粮计算。1989 年以前粮食产量数据主要靠全面报表取得，1989 年开始使用抽样调查数据。

■水产品产量

指人工养殖的水产品和天然生长的水产品的捕捞量。包括海水的鱼类、虾蟹类、贝类和藻类以及内陆水域的鱼类、虾蟹类和贝类，不包括淡水生植物。水产品产量是通过各级水产和统计部门逐级上报取得数据。1995 年及以前，贝类中牡蛎按鲜肉计算；蚶、蛤、蛙按 5 斤鲜品折 1 斤计算。1996 年以后则统一按鲜品计算。

■肉类总产量

指当年畜禽出栏并已屠宰、除去头和蹄及下水后带骨肉（即胴体重）的重量。包括全社会范围内的产量。1996 年前为各级逐级上报数据。1996 年第一次农业普查以后，由于畜牧业产品年报数据与普查数据之间存在一定的差距，国家统计局农调总队对畜牧业年报数据与普查数据进行衔接。1999 年以后，国家统计局开展了猪、牛、羊、禽等主要畜禽品种的抽样调查，并用抽样数据作为国家定案数据使用。未开展抽样调查的品种，仍使用各级统计部门逐级上报数据。

EXPLANATORY NOTES ON MAIN STATISTICAL INDICATORS

■Gross Output Value of Agriculture

It refers to the total volume of products of farming, forestry, animal husbandry and fishery expressed in the monetary terms and output value of all kinds of service activities that support farming, forestry, animal husbandry and fishery production. It reflects the overall scale and achievements of agricultural production during a given period of time.

The scope of statistics on farming, forestry, animal husbandry, and fishery are as follows:

(1) Farming includes cultivation of farm crops and other agricultural activities.

Cultivation of farm crops include cultivation of grain crops, legume crops, tuber-crops, cotton, oil-bearing crops, sugar crops, bast fiber plants, tobacco, vegetables, medicinal herbs, melon crops, and cultivation and management of tea plantations, mulberry fields and orchards.

Other agricultural activities include harvesting wild fruits, fibber, tree gum, resin, oil-bearing plants, firewood, wild medicinal herbs, fungus, and rural-household commodity industries.

(2) Forestry refers to planting trees of various kinds (excluding tea plantations, mulberry fields and orchards), collection of forestry products and cutting and felling of bamboo and trees by villages and other cooperative organizations under village level.

(3) Animal husbandry refers to raising and grazing of all kinds of farm animals except fishing and aquatic cultivating, and hunting and rising of wild animals.

(4) Fishery refers to cultivation and catching of fish and other aquatic products and cultivation and collection of seaweed and other aquatic plants.

(5) Service Industry for Farming, Forestry, Animal Husbandry and Fishery refers to all kinds of service activities that support farming, forestry, animal husbandry and fishery production, whereas activities of science, technology and professional service are not included.

Gross output value of agriculture is obtained by first multiplying the output of products or by-products by their unit price. For a small number of products, annual output of which is not available or difficult to get due to the long production/growing process involved, the output value will be estimated through an indirect approach. The sum of output value of all products of farming, forestry, animal husbandry and fishery and output value of service activities will then and together to form gross output value of agriculture.

Before 1957, China's gross agricultural output value included the value of barnyard manure and handicraft products for self-consumption (clothes, shoes, stockings, and initial grain processing under-taken by peasants). After 1958, the output value of cutting and felling of bamboo and trees by villages and other cooperative organizations under villages have been included in forestry; value of barnyard manure has been excluded from animal husbandry; the value of self-consumed handicrafts has been excluded from sideliner occupations, while output value of industries run by villages and cooperative organizations under village level has been included in sideliner occupations and output value of fish catches by motor fishing boats has been added to fishery. Since 1980, the output value of handicraft products made for sale by farmer households has been added to sideliner occupations, From 1984, industries run by villages and cooperative organizations under village level have been included in the sector of industry. After 1993, the category of sideliner occupations has been cancelled and hunting of wild animals has been classified into husbandry, and harvesting of wild vegetation and commodity industry run by rural households have been grouped into the category of agriculture. Since 2003, the output value of service industry for farming, forestry, animal husbandry and fishery is included in the gross output value of agriculture.

■Sown Area of Planting

It refers to area of land sown or transplanted with crops that have been harvested during report period, regardless of being in cultivated area or non-cultivated area. Area of land re-sown due to natural disasters is also included.

■Grain Output

It refers to the total output in the whole country including grains produced by state farms, collective units, rural households, as well as by farms affiliated to industrial and mining enterprises and other production units. Grain includes rice, wheat, corn, sorghum, millet and other miscellaneous grains as well as tubers and bean. Output of beans refers to dry beans without pods. The output of tubers (sweet potatoes and potatoes, not including taros and cassava) was converted into that of grain at the ratio 4:1, i.e. 4 kilograms of fresh tubers was equivalent to 1 kilogram of grain up to 1963. Since 1964 the ratio for conversion has been 5:1. Tubers supplied as vegetables (such as potatoes) in cities and suburbs are calculated as fresh vegetables and their output is not included in the output of grain. Output of all other grains refers to husked grain. Data on grain production before 1989 were obtained through Comprehensive Statistical Reporting System. Since 1989, data from sample surveys are used.

■Output of Aquatic Products

It refers to catches of both artificially cultured and naturally grown aquatic products, including fish, shrimps, crabs and shellfish in sea and inland water as well as seaweed. Freshwater plants are not included. Data on output of aquatic products are reported by aquatic product and statistical agencies level by level. Before 1995, among the shellfish, the oyster was counted as fresh meat; 5 kilograms of ark shell, clams and frogs are equivalent to 1 kilogram of fresh aquatic products; they are all counted as fresh aquatic products since 1996.

■Output of Meat

It refers to the meat of slaughtered hogs, cattle, sheep and goats with head, feet, and offal taken away. Data refers to the production of the whole country. The first agriculture census of China in 1996 revealed some discrepancy between the production of animal products from the annual reports and that from the census. Efforts were made by the Rural Socio-economic Survey Organization of NBS to adjust the output value of animal husbandry to make the figures from the annual reports consistent with the census data. Since 1999, NBS conducted sample survey for the major animal husbandry products, such as hogs, cattle, sheep and goats and fowls, and the data from sample surveys are used as national finalized data. Those products, which are not covered by the sample survey, are still reported by statistical agencies level by level.

第五篇 全国及主要城市比较资料

Comparative Information of the Nation and Major Cities

简要说明

一、本篇资料的主要内容

本篇为全国各省、自治区、直辖市及全国部分大中城市的部分数据资料，主要包括居民消费价格指数、工业生产者价格指数、房地产价格指数、居民家庭可支配收入和消费支出等主要指标。

二、本篇的资料来源

本篇资料来自国家统计局以及部门省、自治区、直辖市和部分城市公布的数据资料。

三、本篇数据的调查方法

本篇数据采用的调查方法为国家统计局以及各省、自治区、直辖市制定的调查方法制度。

BRIEF INTRODUCTION

I. Main Contents

This chapter lists partial data materials for provinces, autonomous regions, municipalities directly under the central government, and some large and medium-sized cities across the country. Data in this chapter include consumer price indices,producer price indices, house price indices,disposable income and consumption expenditure of households.

II. Sources of Data

Data in this chapter are from figures released by National Bureau of Statistics of China,provinces,autonomous regions and municipalities.

III. Methodology of Data Collection

Methodology is enacted by National Bureau of Statistics of China and survey offices of the related provinces(autonomous regions and municipalities).

5-1 全国分地区居民消费价格指数
Consumer Price Indices by Region of the Nation

(上年=100) (preceding year=100)

地　区	Region	1981	1982	1983	1984	1985	1986	1987	1988	1989
全　国	**National Average**	**102.5**	**102.0**	**102.0**	**102.7**	**109.3**	**106.5**	**107.3**	**118.8**	**118.0**
北　京	Beijing	101.3	101.8	100.5	102.2	117.6	106.8	108.6	120.4	117.2
天　津	Tianjin	101.3	100.5	100.5	101.8	113.1	106.8	106.8	116.9	114.7
河　北	Hebei	103.2	100.9	102.0	103.1	108.1	105.7	107.8	118.0	118.7
山　西	Shanxi	102.5	102.3	101.5	103.0	108.5	105.6	107.4	120.9	119.5
内蒙古	Inner Mongolia	101.9	101.7	101.2	104.9	109.3	105.2	107.8	116.3	115.3
辽　宁	Liaoning	102.0	101.4	101.7	103.6	110.7	106.7	108.8	119.3	118.2
吉　林	Jilin	101.6	104.2	104.5	103.6	109.7	105.4	107.6	120.3	117.2
黑龙江	Heilongjiang	102.1	103.0	102.5	104.4	111.8	106.2	109.4	118.0	114.6
上　海	Shanghai	101.4	100.3	100.2	102.2	115.2	106.3	108.1	120.1	115.9
江　苏	Jiangsu	101.0	100.9	100.5	104.1	109.5	107.1	109.2	121.9	117.1
浙　江	Zhejiang	101.7	101.9	102.8	103.7	114.8	106.2	108.8	121.5	118.2
安　徽	Anhui	103.2	100.1	102.2	102.1	107.1	106.2	109.1	120.9	117.2
福　建	Fujian	103.8	103.1	102.0	102.8	111.3	106.5	109.4	126.5	118.9
江　西	Jiangxi	103.8	103.1	101.9	102.6	109.0	106.6	106.6	121.8	118.5
山　东	Shandong	101.8	100.9	102.4	101.6	108.7	104.8	108.3	118.7	117.3
河　南	Henan	102.4	101.8	102.9	102.2	105.4	105.3	106.3	119.4	118.7
湖　北	Hubei	102.1	100.9	101.7	102.9	108.4	105.5	107.5	119.0	116.3
湖　南	Hunan	101.8	101.6	102.7	103.4	110.9	105.3	109.8	125.6	118.2
广　东	Guangdong	106.3	102.6	102.8	101.9	114.8	104.9	111.1	129.4	122.1
广　西	Guangxi	102.7	104.1	103.0	104.6	113.0	106.2	108.2	120.8	121.1
海　南	Hainan								128.1	128.4
重　庆	Chongqing									
四　川	Sichuan	102.7	102.2	101.2	102.2	107.3	104.7	107.6	119.9	119.8
贵　州	Guizhou	103.1	103.6	101.6	102.8	107.7	105.4	107.1	119.8	118.3
云　南	Yunnan	100.8	101.7	100.6	101.9	108.2	106.1	107.0	119.8	118.6
西　藏	Xizang									
陕　西	Shaanxi	103.6	100.4	102.2	103.4	107.4	106.1	108.2	118.8	118.5
甘　肃	Gansu	102.7	102.2	100.6	103.3	109.2	106.6	107.6	119.1	117.9
青　海	Qinghai	101.3	101.8	100.7	103.4	110.7	106.2	107.2	118.0	117.5
宁　夏	Ningxia	102.1	102.8	101.6	103.3	108.6	105.8	107.3	117.1	117.2
新　疆	Xinjiang	102.4	100.1	102.2	102.4	107.8	107.3	107.2	114.7	116.0

5-1 续表 1 continued

(上年=100) (preceding year=100)

地 区	Region	1990	1991	1992	1993	1994	1995	1996	1997	1998
全 国	**National Average**	**103.1**	**103.4**	**106.4**	**114.7**	**124.1**	**117.1**	**108.3**	**102.8**	**99.2**
北 京	Beijing	105.4	111.9	109.9	119.0	124.9	117.3	111.6	105.3	102.4
天 津	Tianjin	103.0	110.2	111.4	117.6	124.0	115.3	109.0	103.1	99.5
河 北	Hebei	100.6	103.4	106.1	113.8	122.6	115.2	107.1	103.5	98.4
山 西	Shanxi	102.2	104.8	107.3	115.1	125.2	116.9	107.9	103.1	98.6
内蒙古	Inner Mongolia	102.3	104.6	107.4	114.1	122.9	117.5	107.6	104.5	99.3
辽 宁	Liaoning	103.3	105.6	106.7	115.2	124.3	116.1	107.9	103.1	99.3
吉 林	Jilin	104.9	106.8	108.0	112.6	120.6	115.2	107.2	103.7	99.2
黑龙江	Heilongjiang	105.7	107.4	109.2	114.8	121.9	116.1	107.1	104.4	100.4
上 海	Shanghai	106.3	110.5	110.0	120.2	123.9	118.7	109.2	102.8	100.0
江 苏	Jiangsu	103.2	104.9	106.6	118.2	123.2	115.8	109.3	101.7	99.4
浙 江	Zhejiang	102.1	103.5	107.5	119.8	124.8	116.6	107.9	102.8	99.7
安 徽	Anhui	102.7	106.1	108.2	114.7	126.9	114.8	109.9	101.3	100.0
福 建	Fujian	99.3	103.5	105.9	115.4	125.3	115.2	105.9	101.7	99.7
江 西	Jiangxi	102.1	102.8	105.7	114.6	126.9	116.9	108.4	102.0	101.0
山 东	Shandong	103.4	104.9	106.8	112.7	123.4	117.6	109.6	102.8	99.4
河 南	Henan	100.7	102.3	105.4	110.4	125.2	116.5	110.5	103.5	97.5
湖 北	Hubei	104.2	104.9	109.6	118.4	125.3	120.0	109.4	103.2	98.4
湖 南	Hunan	100.4	104.4	110.7	116.8	125.3	119.0	107.7	102.8	100.2
广 东	Guangdong	97.5	101.2	107.3	121.6	121.7	114.0	107.0	101.9	98.2
广 西	Guangxi	101.1	102.8	105.9	122.0	126.0	118.4	106.5	100.8	97.0
海 南	Hainan	102.1	103.9	108.7	123.3	126.7	113.5	104.3	100.8	97.3
重 庆	Chongqing								103.1	96.4
四 川	Sichuan	103.8	103.0	107.4	116.8	124.6	118.5	109.3	105.1	99.6
贵 州	Guizhou	101.8	104.4	107.8	116.0	122.8	121.4	109.1	103.4	100.1
云 南	Yunnan	102.8	103.1	108.9	121.3	119.2	121.3	108.7	104.3	101.7
西 藏	Xizang									
陕 西	Shaanxi	102.4	106.6	110.3	113.1	126.7	119.0	109.7	104.8	98.4
甘 肃	Gansu	103.2	104.9	107.2	115.4	123.7	119.8	110.2	102.9	99.0
青 海	Qinghai	105.1	107.6	108.0	113.2	121.8	118.0	110.8	104.8	100.7
宁 夏	Ningxia	107.1	106.3	108.3	114.3	123.1	117.1	106.8	103.8	100.0
新 疆	Xinjiang	105.0	108.6	108.6	113.0	126.7	119.7	110.5	103.7	100.2

5-1 续表 2 continued

(上年=100) (preceding year=100)

地 区	Region	1999	2000	2001	2002	2003	2004	2005	2006	2007
全 国	**National Average**	**98.6**	**100.4**	**100.7**	**99.2**	**101.2**	**103.9**	**101.8**	**101.5**	**104.8**
北 京	Beijing	100.6	103.5	103.5	98.2	100.2	101.0	101.5	100.9	102.4
天 津	Tianjin	98.9	99.6	101.2	99.6	101.0	102.3	101.5	101.5	104.2
河 北	Hebei	98.1	99.7	100.5	99.0	102.2	104.3	101.8	101.7	104.7
山 西	Shanxi	99.6	103.9	99.8	98.4	101.8	104.1	102.3	102.0	104.6
内蒙古	Inner Mongolia	99.8	101.3	100.6	100.2	102.2	102.9	102.4	101.5	104.6
辽 宁	Liaoning	98.6	99.9	100.0	98.9	101.7	103.5	101.4	101.2	105.1
吉 林	Jilin	98.0	98.6	101.3	99.5	101.2	104.1	101.5	101.4	104.8
黑龙江	Heilongjiang	96.8	98.3	100.8	99.3	100.9	103.8	101.2	101.9	105.4
上 海	Shanghai	101.5	102.5	100.0	100.5	100.1	102.2	101.0	101.2	103.2
江 苏	Jiangsu	98.7	100.1	100.8	99.2	101.0	104.1	102.1	101.6	104.3
浙 江	Zhejiang	98.8	101.0	99.8	99.1	101.9	103.9	101.3	101.1	104.2
安 徽	Anhui	97.8	100.7	100.5	99.0	101.7	104.5	101.4	101.2	105.3
福 建	Fujian	99.1	102.1	98.7	99.5	100.8	104.0	102.2	100.8	105.2
江 西	Jiangxi	98.6	100.3	99.5	100.1	100.8	103.5	101.7	101.2	104.8
山 东	Shandong	99.3	100.2	101.8	99.3	101.1	103.6	101.7	101.0	104.4
河 南	Henan	96.9	99.2	100.7	100.1	101.6	105.4	102.1	101.3	105.4
湖 北	Hubei	97.8	99.0	100.3	99.6	102.2	104.9	102.9	101.6	104.8
湖 南	Hunan	100.5	101.4	99.1	99.5	102.4	105.1	102.3	101.4	105.6
广 东	Guangdong	98.2	101.4	99.3	98.6	100.6	103.0	102.3	101.8	103.7
广 西	Guangxi	97.7	99.7	100.6	99.1	101.1	104.4	102.4	101.3	106.1
海 南	Hainan	98.3	101.1	98.5	99.5	100.1	104.4	101.5	101.5	105.0
重 庆	Chongqing	99.3	96.7	101.7	99.6	100.6	103.7	100.8	102.4	104.7
四 川	Sichuan	98.5	100.1	102.1	99.7	101.7	104.9	101.7	102.3	105.9
贵 州	Guizhou	99.2	99.5	101.8	99.0	101.2	104.0	101.0	101.7	106.4
云 南	Yunnan	99.7	97.9	99.1	99.8	101.2	106.0	101.4	101.9	105.9
西 藏	Xizang	100.0	99.9	100.1	100.4	100.9	102.7	101.5	102.0	103.4
陕 西	Shaanxi	97.8	99.5	101.0	98.9	101.7	103.1	101.2	101.5	105.1
甘 肃	Gansu	97.6	99.5	104.0	100.0	101.1	102.3	101.7	101.3	105.5
青 海	Qinghai	99.5	99.5	102.6	102.3	102.0	103.2	100.8	101.6	106.6
宁 夏	Ningxia	98.7	99.6	101.6	99.4	101.7	103.7	101.5	101.9	105.4
新 疆	Xinjiang	97.4	99.4	104.0	99.4	100.4	102.7	100.7	101.3	105.5

5-1 续表 3 continued

(上年=100) (preceding year=100)

地　区	Region	2008	2009	2010	2011	2012	2013	2014	2015
全　国	**National Average**	**105.9**	**99.3**	**103.3**	**105.4**	**102.6**	**102.6**	**102.0**	**101.4**
北　京	Beijing	105.1	98.5	102.4	105.6	103.3	103.3	101.6	101.8
天　津	Tianjin	105.4	99.0	103.5	104.9	102.7	103.1	101.9	101.7
河　北	Hebei	106.2	99.3	103.1	105.7	102.6	103.0	101.7	100.9
山　西	Shanxi	107.2	99.6	103.0	105.2	102.5	103.1	101.7	100.6
内蒙古	Inner Mongolia	105.7	99.7	103.2	105.6	103.1	103.2	101.6	101.1
辽　宁	Liaoning	104.6	100.0	103.0	105.2	102.8	102.4	101.7	101.4
吉　林	Jilin	105.1	100.1	103.7	105.2	102.5	102.9	102.0	101.7
黑龙江	Heilongjiang	105.6	100.2	103.9	105.8	103.2	102.2	101.5	101.1
上　海	Shanghai	105.8	99.6	103.1	105.2	102.8	102.3	102.7	102.4
江　苏	Jiangsu	105.4	99.6	103.8	105.3	102.6	102.3	102.2	101.7
浙　江	Zhejiang	105.0	98.5	103.8	105.4	102.2	102.3	102.1	101.4
安　徽	Anhui	106.2	99.1	103.1	105.6	102.3	102.4	101.6	101.3
福　建	Fujian	104.6	98.2	103.2	105.3	102.4	102.5	102.0	101.7
江　西	Jiangxi	106.0	99.3	103.0	105.2	102.7	102.5	102.3	101.5
山　东	Shandong	105.3	100.0	102.9	105.0	102.1	102.2	101.9	101.2
河　南	Henan	107.0	99.4	103.5	105.6	102.5	102.9	101.9	101.3
湖　北	Hubei	106.3	99.6	102.9	105.8	102.9	102.8	102.0	101.5
湖　南	Hunan	106.0	99.6	103.1	105.5	102.0	102.5	101.9	101.4
广　东	Guangdong	105.6	97.7	103.1	105.3	102.8	102.5	102.3	101.5
广　西	Guangxi	107.8	97.9	103.0	105.9	103.2	102.2	102.1	101.5
海　南	Hainan	106.9	99.3	104.8	106.1	103.2	102.8	102.4	101.0
重　庆	Chongqing	105.6	98.4	103.2	105.3	102.6	102.7	101.8	101.3
四　川	Sichuan	105.1	100.8	103.2	105.3	102.5	102.8	101.6	101.5
贵　州	Guizhou	107.6	98.7	102.9	105.1	102.7	102.5	102.4	101.8
云　南	Yunnan	105.7	100.4	103.7	104.9	102.7	103.1	102.4	101.9
西　藏	Xizang	105.7	101.4	102.2	105.0	103.5	103.6	102.9	102.0
陕　西	Shaanxi	106.4	100.5	104.0	105.7	102.8	103.0	101.6	101.0
甘　肃	Gansu	108.2	101.3	104.1	105.9	102.7	103.2	102.1	101.6
青　海	Qinghai	110.1	102.6	105.4	106.1	103.1	103.9	102.8	102.6
宁　夏	Ningxia	108.5	100.7	104.1	106.3	102.0	103.4	101.9	101.1
新　疆	Xinjiang	108.1	100.7	104.3	105.9	103.8	103.9	102.1	100.6

5-1 续表 4 continued

(上年=100) (preceding year=100)

地 区	Region	2016	2017	2018	2019	2020	2021	2022	2023
全 国	**National Average**	**102.0**	**101.6**	**102.1**	**102.9**	**102.5**	**100.9**	**102.0**	**100.2**
北 京	Beijing	101.4	101.9	102.5	102.3	101.7	101.1	101.8	100.4
天 津	Tianjin	102.1	102.1	102.0	102.7	102.0	101.3	101.9	100.4
河 北	Hebei	101.5	101.7	102.4	103.0	102.1	101.0	101.8	100.6
山 西	Shanxi	101.1	101.1	101.8	102.7	102.9	101.0	102.1	99.9
内蒙古	Inner Mongolia	101.2	101.7	101.8	102.4	101.9	100.9	101.8	100.6
辽 宁	Liaoning	101.6	101.4	102.5	102.4	102.4	101.1	102.0	100.1
吉 林	Jilin	101.6	101.6	102.1	103.0	102.3	100.6	102.1	99.9
黑龙江	Heilongjiang	101.5	101.3	102.0	102.8	102.3	100.6	101.9	100.6
上 海	Shanghai	103.2	101.7	101.6	102.5	101.7	101.2	102.5	100.3
江 苏	Jiangsu	102.3	101.7	102.3	103.1	102.5	101.6	102.2	100.4
浙 江	Zhejiang	101.9	102.1	102.3	102.9	102.3	101.5	102.2	100.3
安 徽	Anhui	101.8	101.2	102.0	102.7	102.7	100.9	102.0	100.2
福 建	Fujian	101.7	101.2	101.5	102.6	102.2	100.7	101.9	100.0
江 西	Jiangxi	102.0	102.0	102.1	102.9	102.6	100.9	102.0	100.3
山 东	Shandong	102.1	101.5	102.5	103.2	102.8	101.2	101.7	100.1
河 南	Henan	101.9	101.4	102.3	103.0	102.8	100.9	101.5	99.8
湖 北	Hubei	102.2	101.5	101.9	103.1	102.7	100.3	102.1	100.1
湖 南	Hunan	101.9	101.4	102.0	102.9	102.3	100.5	101.8	100.2
广 东	Guangdong	102.3	101.5	102.2	103.4	102.6	100.8	102.2	100.4
广 西	Guangxi	101.6	101.6	102.3	103.7	102.8	100.9	101.9	99.8
海 南	Hainan	102.8	102.8	102.5	103.4	102.3	100.3	101.6	100.3
重 庆	Chongqing	101.8	101.0	102.0	102.7	102.3	100.3	102.1	99.7
四 川	Sichuan	101.9	101.4	101.7	103.2	103.2	100.3	102.0	100.0
贵 州	Guizhou	101.4	100.9	101.8	102.4	102.6	100.1	101.6	99.7
云 南	Yunnan	101.5	100.9	101.6	102.5	103.6	100.2	101.6	100.3
西 藏	Xizang	102.5	101.6	101.7	102.3	102.2	100.9	101.5	99.9
陕 西	Shaanxi	101.3	101.6	102.1	102.9	102.5	101.5	102.1	100.1
甘 肃	Gansu	101.3	101.4	102.0	102.3	102.0	100.9	101.9	100.5
青 海	Qinghai	101.8	101.5	102.5	102.5	102.6	101.3	102.4	100.5
宁 夏	Ningxia	101.5	101.6	102.3	102.1	101.5	101.4	102.3	100.4
新 疆	Xinjiang	101.4	102.2	102.0	101.9	101.5	101.2	101.8	100.0

5-2 全国36个大中城市居民消费价格指数
Consumer Price Indices in 36 Large and Medium-sized Cities of the Nation

(上年=100) (preceding year=100)

城市	City	2003	2004	2005	2006	2007	2008	2009	2010	2011	2012
36个城市平均	**36 Major Cities Average**	**100.7**	**102.4**	**101.4**	**101.5**	**103.9**	**105.7**	**99.2**	**103.1**	**105.3**	**102.8**
北京	Beijing	100.2	101.0	101.5	100.9	102.4	105.1	98.5	102.4	105.6	103.3
天津	Tianjin	101.0	102.3	101.5	101.5	104.2	105.4	99.0	103.5	104.9	102.7
石家庄	Shijiazhuang	102.0	102.5	101.5	101.8	104.3	106.7	100.3	103.0	105.7	102.8
太原	Taiyuan	101.9	103.9	101.1	101.6	104.1	107.4	99.9	103.0	105.4	102.1
呼和浩特	Hohhot	101.7	102.4	102.2	101.7	103.7	104.6	100.1	102.6	105.5	103.1
沈阳	Shenyang	100.9	102.2	100.7	101.8	104.5	104.4	99.9	102.9	105.4	103.0
大连	Dalian	100.6	102.6	101.4	101.4	104.0	104.4	100.2	102.7	105.4	103.4
长春	Changchun	101.0	104.1	101.7	101.3	103.7	104.4	99.8	103.6	105.5	102.3
哈尔滨	Harbin	100.1	103.1	100.5	101.1	104.1	104.7	100.2	103.7	105.6	103.2
上海	Shanghai	100.1	102.2	101.0	101.2	103.2	105.8	99.6	103.1	105.2	102.8
南京	Nanjing	101.4	103.0	102.1	101.7	103.7	106.2	100.1	104.2	105.4	102.7
杭州	Hangzhou	99.5	102.5	101.7	101.2	103.5	104.9	98.6	103.9	104.8	102.5
宁波	Ningbo	101.2	102.7	102.0	101.9	103.9	105.0	99.4	103.7	105.3	101.7
合肥	Hefei	101.2	102.2	100.9	100.9	105.6	106.4	99.1	102.7	105.7	102.2
福州	Fuzhou	99.4	103.9	102.5	100.3	104.1	104.2	98.7	103.5	104.9	102.0
厦门	Xiamen	101.0	103.1	101.0	100.8	104.6	104.9	97.3	103.0	105.2	102.1
南昌	Nanchang	100.5	103.2	101.0	101.9	104.3	106.1	99.7	103.3	105.0	102.9
济南	Jinan	99.9	102.5	101.1	100.9	103.9	105.7	100.3	102.1	105.4	102.4
青岛	Qingdao	101.4	102.1	102.3	100.9	104.5	104.7	100.5	102.2	105.0	102.7
郑州	Zhengzhou	102.0	105.7	102.4	101.4	105.6	106.1	99.8	103.0	104.9	102.7
武汉	Wuhan	102.3	103.3	102.7	101.4	104.1	105.7	99.4	103.0	105.2	102.8
长沙	Changsha	100.9	103.2	101.9	101.1	104.9	105.2	99.4	102.9	105.5	102.3
广州	Guangzhou	100.1	101.7	101.5	102.3	103.4	105.9	97.5	103.2	105.5	103.0
深圳	Shenzhen	100.7	101.3	101.6	102.2	104.1	105.9	98.7	103.5	105.4	102.8
南宁	Nanning	100.8	104.2	101.1	102.5	104.4	108.4	98.2	102.5	105.7	102.9
海口	Haikou	99.8	103.0	101.3	101.3	104.4	105.8	99.9	104.2	105.4	103.3
重庆	Chongqing	100.6	103.7	100.8	102.4	104.7	105.6	98.4	103.2	105.3	102.6
成都	Chengdu	102.1	103.9	102.3	101.8	105.2	104.3	100.3	103.0	105.4	103.0
贵阳	Guiyang	100.8	102.1	100.7	101.1	105.1	107.0	97.7	102.9	105.5	102.6
昆明	Kunming	101.6	106.5	102.0	101.6	105.8	105.8	100.8	104.2	104.9	103.1
拉萨	Lhasa	100.4	101.8	101.3	100.6	103.2	106.4	101.7	102.2	105.0	103.2
西安	Xi'an	100.5	102.3	100.3	101.6	104.7	106.0	99.7	103.5	105.6	102.8
兰州	Lanzhou	100.9	101.1	100.6	101.7	105.3	107.2	99.6	103.8	105.4	102.4
西宁	Xining	101.8	102.6	99.9	101.8	106.4	108.2	102.2	104.5	105.7	102.7
银川	Yinchuan	101.7	103.2	101.7	101.6	105.3	107.6	99.7	103.8	105.5	102.6
乌鲁木齐	Urumqi	100.6	100.9	99.5	100.1	104.6	107.0	100.4	102.7	104.5	103.4

5-2 续表 continued

(上年=100) (preceding year=100)

城 市	City	2013	2014	2015	2016	2017	2018	2019	2020	2021	2022	2023
36个城市平均	**36 Major Cities Average**	**102.7**	**102.1**	**101.7**	**102.2**	**101.8**	**102.2**	**102.8**	**102.1**	**101.1**	**102.1**	**100.4**
北 京	Beijing	103.3	101.6	101.8	101.4	101.9	102.5	102.3	101.7	101.1	101.8	100.4
天 津	Tianjin	103.1	101.9	101.7	102.1	102.1	102.0	102.7	102.0	101.3	101.9	100.4
石家庄	Shijiazhuang	102.9	102.0	101.0	101.6	101.4	102.3	102.7	102.3	100.9	101.2	100.7
太 原	Taiyuan	103.1	102.2	100.4	101.2	101.8	101.8	102.7	102.6	101.0	102.1	99.7
呼和浩特	Hohhot	103.8	101.2	101.8	101.4	101.4	102.1	102.6	102.0	100.9	102.1	100.5
沈 阳	Shenyang	102.5	102.2	101.2	101.7	101.4	103.0	102.4	102.3	101.3	101.7	100.3
大 连	Dalian	102.5	102.0	101.6	101.9	102.1	103.0	102.4	102.1	101.4	102.2	100.4
长 春	Changchun	103.0	102.2	101.3	101.4	101.3	102.0	102.9	101.9	100.5	101.9	99.8
哈尔滨	Harbin	102.1	102.0	101.4	101.8	101.6	102.5	102.6	101.4	100.6	101.9	100.7
上 海	Shanghai	102.3	102.7	102.4	103.2	101.7	101.6	102.5	101.7	101.2	102.5	100.3
南 京	Nanjing	102.7	102.6	102.0	102.7	101.9	102.4	103.1	102.4	101.5	102.2	100.6
杭 州	Hangzhou	102.5	102.0	101.8	102.6	102.5	102.3	103.1	102.1	101.3	102.4	100.2
宁 波	Ningbo	102.2	101.9	101.8	102.1	101.8	102.2	103.0	101.9	102.1	102.3	100.4
合 肥	Hefei	102.7	102.0	101.6	102.6	101.4	102.0	102.9	102.3	101.7	102.4	100.0
福 州	Fuzhou	102.6	101.7	101.4	102.5	101.4	101.5	102.5	102.4	100.6	102.4	100.2
厦 门	Xiamen	102.3	102.2	101.7	101.7	102.0	101.8	103.0	102.5	101.2	101.8	100.2
南 昌	Nanchang	102.3	102.5	101.6	102.1	102.1	102.3	102.8	102.5	101.0	101.8	100.6
济 南	Jinan	102.8	102.2	101.9	102.7	102.0	102.6	103.3	102.4	101.5	101.4	100.6
青 岛	Qingdao	102.5	102.6	101.2	102.5	102.0	102.1	103.3	102.4	101.5	102.0	100.5
郑 州	Zhengzhou	102.8	102.0	101.1	102.3	101.8	102.4	103.1	102.3	101.1	101.2	99.4
武 汉	Wuhan	102.4	101.9	101.4	102.4	101.9	101.9	103.2	102.4	100.6	102.3	100.4
长 沙	Changsha	102.8	102.7	101.1	101.9	101.3	102.0	102.9	101.8	101.1	101.7	100.4
广 州	Guangzhou	102.6	102.3	101.7	102.7	102.3	102.4	103.0	102.6	101.1	102.4	101.0
深 圳	Shenzhen	102.7	102.0	102.2	102.4	101.4	102.8	103.4	102.3	100.9	102.3	100.8
南 宁	Nanning	102.1	101.6	101.9	101.4	102.3	102.5	103.4	102.3	101.4	101.7	99.7
海 口	Haikou	102.9	102.2	101.2	103.0	103.3	102.4	103.3	101.6	100.5	101.1	100.3
重 庆	Chongqing	102.7	101.8	101.3	101.8	101.0	102.0	102.7	102.3	100.3	102.1	99.7
成 都	Chengdu	103.1	101.3	101.1	102.2	102.0	101.4	102.8	102.5	100.5	102.4	100.2
贵 阳	Guiyang	103.2	102.7	102.3	101.1	101.0	101.7	102.7	102.4	100.5	101.9	100.1
昆 明	Kunming	103.9	103.1	102.4	101.7	100.5	101.7	102.3	103.1	100.2	101.7	100.8
拉 萨	Lhasa	103.4	103.0	102.2	102.6	101.4	101.1	102.2	102.0	100.5	101.8	100.3
西 安	Xi'an	102.7	101.4	100.7	100.9	102.0	101.9	102.7	102.1	101.7	102.2	100.0
兰 州	Lanzhou	103.5	102.2	101.3	100.8	101.5	101.7	102.2	102.0	101.3	102.3	100.6
西 宁	Xining	103.8	102.8	102.5	102.1	101.8	102.7	102.5	102.7	101.3	102.5	100.3
银 川	Yinchuan	103.5	102.1	101.6	101.7	101.7	102.2	102.2	101.8	101.4	102.0	100.6
乌鲁木齐	Urumqi	103.5	102.8	100.7	101.5	102.8	102.2	102.0	100.9	101.3	101.6	100.2

5-3 全国分地区工业生产者出厂价格指数
Producer Price Indices for Industrial Products by Region of the Nation

(上年=100) (preceding year=100)

地 区	Region	1992	1993	1994	1995	1996	1997	1998	1999	2000
全 国	**National Average**	**106.8**	**124.0**	**119.5**	**114.9**	**102.9**	**99.7**	**95.9**	**97.6**	**102.8**
北 京	Beijing	107.8	128.3	111.8	116.7	103.2	100.6	95.1	97.8	102.5
天 津	Tianjin	105.2	126.3	120.4	110.2	102.8	98.3	94.7	96.4	102.8
河 北	Hebei	108.6	129.1	119.1	111.4	101.1	98.8	94.4	95.9	105.3
山 西	Shanxi	114.2	132.5	120.1	113.5	106.4	102.2	97.5	95.3	100.9
内蒙古	Inner Mongolia	109.8	133.2	112.1	109.1	101.7	101.5	98.0	100.4	102.8
辽 宁	Liaoning	111.8	138.4	119.9	109.9	102.1	100.1	95.8	102.0	108.8
吉 林	Jilin	111.4	127.9	115.7	115.0	103.8	101.4	96.9	100.1	105.1
黑龙江	Heilongjiang	111.6	141.3	127.7	116.0	104.6	102.3	97.7	107.4	122.9
上 海	Shanghai	110.4	128.0	118.2	107.9	97.6	97.8	93.9	97.6	102.5
江 苏	Jiangsu	103.6	118.5	121.4	114.1	100.7	97.9	94.5	96.1	101.1
浙 江	Zhejiang	104.8	117.3	117.5	112.3	99.5	99.2	96.0	96.8	101.1
安 徽	Anhui	108.7	125.3	120.9	117.1	101.6	99.4	96.4	92.9	98.9
福 建	Fujian	102.7	117.1	116.9	115.7	101.8	100.3	95.7	96.6	100.5
江 西	Jiangxi		115.3	124.7	114.8	104.1	101.7	98.4	96.1	101.0
山 东	Shandong	109.5	123.0	124.2	117.0	104.2	101.1	96.0	97.2	105.9
河 南	Henan	106.2	118.1	124.1	115.0	104.1	100.6	95.3	95.4	104.0
湖 北	Hubei	111.0	126.3	126.2	113.1	102.7	98.6	96.2	97.8	101.7
湖 南	Hunan	111.1	128.9	117.6	121.4	105.7	99.2	95.9	98.5	102.9
广 东	Guangdong		124.1	126.0	112.3	101.8	100.1	94.8	97.7	103.4
广 西	Guangxi	112.5	121.1	118.8	117.2	102.6	97.7	95.4	95.6	105.5
海 南	Hainan									
重 庆	Chongqing	117.2	118.4	113.4	112.4	104.1	98.0	94.6	97.7	98.6
四 川	Sichuan	106.1	127.4	114.7	112.2	102.2	101.2	97.3	97.0	98.1
贵 州	Guizhou	101.6	118.1	113.3	113.1	104.9	101.2	98.2	99.7	100.4
云 南	Yunnan	105.3	125.0	116.7	110.2	101.4	100.7	97.2	98.2	101.2
西 藏	Xizang									
陕 西	Shaanxi	107.9	119.8	119.9	112.6	104.2	103.7	96.6	97.9	101.5
甘 肃	Gansu	112.1	125.3	121.2	114.9	104.4	104.9	95.2	98.1	107.2
青 海	Qinghai	102.6	124.4	124.9	114.6	106.7	104.3	100.7	102.8	108.1
宁 夏	Ningxia						100.3	97.7	98.4	103.6
新 疆	Xinjiang	107.5	126.2	118.4	117.2	104.9	104.9	95.8	100.2	129.4

5-3 续表 1 continued

(上年=100) (preceding year=100)

地 区	Region	2001	2002	2003	2004	2005	2006	2007	2008
全 国	**National Average**	**98.7**	**97.8**	**102.3**	**106.1**	**104.9**	**103.0**	**103.1**	**106.9**
北 京	Beijing	99.4	96.6	101.5	103.0	101.3	99.1	99.7	103.3
天 津	Tianjin	95.9	95.9	102.5	104.1	100.1	100.6	101.5	104.1
河 北	Hebei	99.9	99.4	107.1	111.6	104.4	100.8	106.9	116.7
山 西	Shanxi	100.3	103.6	112.2	116.1	110.2	101.0	107.4	122.4
内蒙古	Inner Mongolia	100.1	99.3	103.2	105.1	105.1	103.0	105.7	112.5
辽 宁	Liaoning	98.6	97.8	103.6	107.1	105.1	104.1	104.4	110.9
吉 林	Jilin	100.3	98.6	102.5	105.0	104.3	101.7	102.7	104.9
黑龙江	Heilongjiang	95.9	97.8	111.9	113.1	116.7	109.9	105.3	114.0
上 海	Shanghai	96.7	96.4	101.4	103.6	101.7	100.6	101.2	102.2
江 苏	Jiangsu	99.1	97.6	102.3	106.5	102.6	101.5	102.6	104.6
浙 江	Zhejiang	98.3	96.9	100.6	105.0	102.3	103.8	102.4	104.3
安 徽	Anhui	98.6	99.8	103.5	108.2	103.3	103.1	103.6	108.4
福 建	Fujian	98.1	97.2	100.7	102.6	100.2	99.2	100.8	102.7
江 西	Jiangxi	98.1	98.5	104.0	109.7	108.8	109.7	106.2	106.4
山 东	Shandong	99.1	98.8	103.5	106.4	103.7	102.3	103.3	108.6
河 南	Henan	100.5	98.6	105.0	110.2	106.1	104.3	105.2	112.1
湖 北	Hubei	99.0	98.2	103.5	105.7	104.5	102.9	103.9	106.1
湖 南	Hunan	99.8	99.2	102.6	108.0	106.0	104.3	106.1	109.3
广 东	Guangdong	98.5	96.5	99.3	101.7	101.5	101.4	101.3	103.1
广 西	Guangxi	106.3	95.6	102.8	109.7	104.9	109.6	104.5	109.0
海 南	Hainan		98.7	99.5	100.0	99.5	100.8	102.7	104.5
重 庆	Chongqing	98.1	97.6	100.6	103.3	103.0	102.2	103.5	105.8
四 川	Sichuan	100.4	97.7	100.5	105.4	104.0	101.9	103.9	109.3
贵 州	Guizhou	102.2	98.9	103.4	108.0	107.2	104.3	105.0	112.4
云 南	Yunnan	99.9	98.2	101.4	108.8	104.5	104.6	105.7	105.8
西 藏	Xizang						106.0	101.1	105.6
陕 西	Shaanxi	100.4	100.7	105.7	107.3	110.4	109.6	102.9	108.4
甘 肃	Gansu	98.5	97.9	110.0	114.3	109.6	109.8	105.5	104.9
青 海	Qinghai	93.7	97.6	105.5	111.2	110.2	110.2	104.2	107.6
宁 夏	Ningxia	100.3	99.7	103.9	110.0	106.2	106.2	103.7	112.9
新 疆	Xinjiang	96.3	97.3	115.1	116.4	116.6	114.4	106.3	116.4

5-3 续表 2 continued

(上年=100) (preceding year=100)

地区	Region	2009	2010	2011	2012	2013	2014	2015	2016
全国	**National Average**	**101.7**	**105.9**	**106.0**	**98.3**	**98.1**	**98.1**	**94.8**	**98.6**
北京	Beijing	100.1	101.8	102.3	98.4	97.4	99.1	96.9	98.1
天津	Tianjin	101.6	105.1	103.8	97.0	97.0	96.3	90.3	97.9
河北	Hebei	101.5	111.6	107.7	94.7	96.6	95.2	89.1	99.9
山西	Shanxi	99.6	112.3	107.5	94.5	90.7	91.4	87.7	96.8
内蒙古	Inner Mongolia	100.9	108.8	107.8	100.2	97.0	97.3	94.0	98.9
辽宁	Liaoning	104.2	106.6	106.5	99.9	99.0	98.2	93.9	98.8
吉林	Jilin	105.1	104.3	105.4	99.1	98.7	99.1	95.3	98.4
黑龙江	Heilongjiang	121.2	106.8	112.0	100.0	98.0	97.1	86.0	95.1
上海	Shanghai	93.8	102.3	102.9	98.4	98.2	98.9	96.1	98.8
江苏	Jiangsu	102.7	108.8	106.2	97.1	98.0	98.3	95.3	98.1
浙江	Zhejiang	102.0	106.4	105.0	97.3	98.2	98.8	96.4	98.3
安徽	Anhui	103.7	111.2	108.3	98.3	98.2	97.4	93.9	98.5
福建	Fujian	100.0	104.4	103.9	98.7	98.4	98.6	97.0	99.1
江西	Jiangxi	118.1	112.2	111.3	96.5	98.5	97.8	93.7	98.6
山东	Shandong	102.5	108.1	106.0	98.4	98.4	98.4	95.2	98.5
河南	Henan	103.5	108.7	107.2	99.4	98.5	98.1	95.4	99.0
湖北	Hubei	100.2	105.7	106.6	100.3	99.2	98.4	96.7	99.0
湖南	Hunan	103.4	109.2	108.5	99.1	98.5	98.4	96.3	98.9
广东	Guangdong	101.5	103.0	103.7	99.5	98.8	98.9	96.8	99.4
广西	Guangxi	109.4	112.7	108.5	97.8	98.2	98.4	97.0	99.1
海南	Hainan	97.6	106.9	108.8	100.8	99.5	97.6	89.8	96.0
重庆	Chongqing	99.5	103.9	103.8	99.9	98.0	98.3	97.2	98.6
四川	Sichuan	99.5	107.5	107.3	98.6	98.7	98.7	96.4	98.9
贵州	Guizhou	99.6	105.5	105.4	101.0	97.4	98.3	96.1	97.9
云南	Yunnan	106.8	105.6	104.7	97.9	97.5	97.8	94.9	97.6
西藏	Xizang	99.2	107.2	104.3	99.7	99.8	99.0	93.2	102.9
陕西	Shaanxi	103.7	107.1	107.2	100.7	97.3	97.1	90.8	97.6
甘肃	Gansu	107.1	111.3	111.0	96.8	96.9	96.7	87.0	94.9
青海	Qinghai	114.4	106.7	107.4	96.9	97.0	96.1	93.1	98.5
宁夏	Ningxia	100.2	111.9	109.5	97.4	96.0	96.3	93.7	99.1
新疆	Xinjiang	130.1	111.9	114.8	96.9	96.5	96.2	82.4	94.5

5-3 续表 3 continued

(上年=100) (preceding year=100)

地　区	Region	2017	2018	2019	2020	2021	2022	2023
全　国	**National Average**	**106.3**	**103.5**	**99.7**	**98.2**	**108.1**	**104.1**	**97.0**
北　京	Beijing	100.7	100.0	99.6	99.1	101.1	102.3	99.2
天　津	Tianjin	108.4	105.4	99.3	97.1	110.9	105.8	96.4
河　北	Hebei	115.0	106.2	100.2	98.5	116.4	100.5	94.7
山　西	Shanxi	119.4	106.7	99.7	96.7	130.2	111.4	91.3
内蒙古	Inner Mongolia	110.6	103.2	102.1	99.7	128.5	108.6	92.1
辽　宁	Liaoning	108.1	104.8	99.5	97.0	113.6	107.9	96.6
吉　林	Jilin	103.1	102.8	98.9	98.6	105.1	101.9	98.1
黑龙江	Heilongjiang	109.3	109.0	98.2	93.4	112.3	110.9	95.7
上　海	Shanghai	103.5	101.7	98.8	98.3	102.1	102.6	99.7
江　苏	Jiangsu	104.8	102.8	98.9	97.8	106.3	103.2	96.7
浙　江	Zhejiang	104.8	103.4	98.9	96.9	106.3	104.0	97.3
安　徽	Anhui	108.0	103.0	100.3	99.1	107.7	103.2	96.6
福　建	Fujian	104.1	102.8	100.6	98.4	104.9	102.9	98.2
江　西	Jiangxi	107.9	104.2	98.9	98.3	110.5	103.5	96.6
山　东	Shandong	105.5	103.7	99.7	98.1	110.3	105.1	96.5
河　南	Henan	106.8	103.6	100.2	99.2	107.8	105.0	97.4
湖　北	Hubei	105.6	104.2	100.2	99.1	104.1	103.4	97.4
湖　南	Hunan	105.8	103.2	99.6	99.0	105.9	102.0	98.5
广　东	Guangdong	103.3	101.8	100.2	99.0	103.4	103.0	98.5
广　西	Guangxi	107.6	103.2	99.3	99.4	108.9	102.5	97.0
海　南	Hainan	108.8	108.2	97.4	93.8	113.5	115.0	97.3
重　庆	Chongqing	104.1	102.1	99.8	99.1	103.2	102.3	97.8
四　川	Sichuan	106.5	103.6	100.4	98.8	105.9	102.8	97.6
贵　州	Guizhou	107.2	101.8	99.8	98.3	106.5	105.7	98.1
云　南	Yunnan	105.2	102.4	100.0	98.6	110.0	105.4	96.7
西　藏	Xizang	110.0	100.1	98.9	99.4	101.5	104.1	101.1
陕　西	Shaanxi	110.8	105.4	100.8	95.1	116.9	107.3	94.9
甘　肃	Gansu	114.5	109.5	98.3	93.9	116.4	110.9	95.9
青　海	Qinghai	116.7	104.8	98.5	96.6	114.5	112.2	96.3
宁　夏	Ningxia	112.1	107.3	99.4	96.9	119.9	111.1	92.7
新　疆	Xinjiang	113.7	111.2	98.5	91.6	119.4	112.3	93.5

5-4 全国分地区工业生产者购进价格指数
Purchasing Price Indices for Industrial Producers by Region of the Nation

(上年=100) (preceding year=100)

地区	Region	1992	1993	1994	1995	1996	1997	1998	1999	2000
全国	**National Average**	**111.0**	**135.1**	**118.2**	**115.3**	**103.9**	**101.3**	**95.8**	**96.7**	**105.1**
北京	Beijing	114.2	142.7	123.8	119.8	104.2	103.4	98.1	95.8	100.0
天津	Tianjin	108.4	139.1	121.7	112.8	101.9	99.0	95.9	96.3	104.5
河北	Hebei	111.4	134.9	119.9	110.9	106.3	102.0	96.2	95.4	103.3
山西	Shanxi	111.9	135.9	115.1	113.1	104.8	102.0	97.3	97.0	102.0
内蒙古	Inner Mongolia	112.1	132.6	116.8	112.8	100.8	100.9	98.1	96.8	106.5
辽宁	Liaoning	121.2	149.9	118.2	114.2	104.8	103.1	99.3	99.1	103.9
吉林	Jilin	127.1	173.9	113.9	113.8	102.4	103.9	96.6	100.5	106.8
黑龙江	Heilongjiang	112.9	139.6	117.6	112.7	104.2	104.4	98.6	98.2	108.6
上海	Shanghai	109.6	129.2	121.6	113.3	97.6	98.6	94.1	97.1	107.1
江苏	Jiangsu	110.3	125.8	120.1	117.6	104.3	98.0	91.5	94.4	107.1
浙江	Zhejiang	106.3	126.4	124.8	119.2	101.5	96.5	92.6	96.2	107.2
安徽	Anhui	113.9	128.8	122.3	117.9	109.9	101.7	96.0	94.5	102.6
福建	Fujian	109.3	129.6	115.2	119.6	104.3	98.6	92.5	97.9	112.4
江西	Jiangxi		129.4	123.4	114.7	105.8	100.4	95.4	96.9	101.2
山东	Shandong	111.0	134.7	120.1	113.2	105.7	100.6	93.4	93.4	104.7
河南	Henan	110.0	133.0	122.0	114.1	105.3	100.7	94.8	94.3	105.1
湖北	Hubei	110.2	135.5	116.6	118.2	108.4	101.5	95.2	95.6	105.6
湖南	Hunan	116.2	139.7	119.6	117.6	105.9	100.1	94.8	96.2	106.7
广东	Guangdong		134.3	121.1	118.7	104.6	97.3	91.4	97.8	110.9
广西	Guangxi	105.2	141.7	117.8	112.9	103.4	99.3	95.3	93.6	100.9
海南	Hainan									
重庆	Chongqing	123.8	124.5	124.6	111.6	106.3	100.1	95.1	96.9	105.6
四川	Sichuan	112.5	137.2	119.1	113.5	106.1	101.6	95.3	96.8	101.7
贵州	Guizhou	113.5	144.6	115.0	114.9	108.1	101.9	95.7	97.0	102.9
云南	Yunnan	115.2	138.1	110.3	113.2	110.3	102.9	100.7	98.8	101.5
西藏	Xizang									
陕西	Shaanxi	111.5	138.4	115.6	114.3	109.1	106.8	97.1	95.5	100.0
甘肃	Gansu	122.2	139.4	118.3	113.7	107.4	102.2	96.4	98.3	111.8
青海	Qinghai	105.3	138.9	112.3	110.2	108.3	110.7	101.3	99.1	98.9
宁夏	Ningxia						103.5	101.1	97.0	105.8
新疆	Xinjiang	121.1	136.4	110.9	116.8	107.0	104.5	95.6	98.2	115.2

5-4 续表 1 continued

(上年=100) (preceding year=100)

地 区	Region	2001	2002	2003	2004	2005	2006	2007	2008
全 国	**National Average**	**99.8**	**97.7**	**104.8**	**111.4**	**108.3**	**106.0**	**104.4**	**110.5**
北 京	Beijing	100.5	97.1	104.7	114.2	111.4	105.5	105.0	115.8
天 津	Tianjin	98.8	95.9	108.7	115.4	104.9	104.7	105.7	112.9
河 北	Hebei	101.0	97.3	109.4	118.4	107.0	105.0	107.8	115.9
山 西	Shanxi	101.8	102.6	107.8	114.5	108.2	102.6	105.3	118.3
内蒙古	Inner Mongolia	101.3	99.9	102.9	109.2	109.9	105.9	104.8	111.7
辽 宁	Liaoning	99.9	98.3	105.1	112.1	108.1	104.2	104.8	111.5
吉 林	Jilin	101.8	97.8	104.8	110.5	107.0	103.8	105.2	111.3
黑龙江	Heilongjiang	99.5	99.3	107.6	115.2	111.8	105.6	105.0	114.1
上 海	Shanghai	98.7	97.7	106.4	116.4	106.8	104.8	104.1	110.3
江 苏	Jiangsu	99.5	98.6	106.5	116.3	107.6	106.4	105.0	115.0
浙 江	Zhejiang	99.6	97.5	105.8	113.4	105.4	105.6	105.3	110.6
安 徽	Anhui	101.2	98.2	106.7	115.0	107.1	103.9	105.1	112.4
福 建	Fujian	96.7	97.6	106.3	113.3	108.1	103.9	104.3	110.2
江 西	Jiangxi	99.3	98.6	106.5	114.5	110.0	108.6	107.9	114.2
山 东	Shandong	100.0	98.7	105.7	113.4	105.9	104.3	104.8	113.1
河 南	Henan	101.9	97.6	107.8	115.7	108.3	105.3	106.4	111.9
湖 北	Hubei	100.2	97.7	108.2	113.1	107.0	104.9	104.5	110.9
湖 南	Hunan	101.1	99.3	106.7	114.4	109.4	106.5	106.1	112.0
广 东	Guangdong	99.1	96.3	104.1	110.7	105.0	103.6	103.3	107.9
广 西	Guangxi	103.7	95.6	101.2	116.3	108.2	111.4	106.1	110.6
海 南	Hainan		101.5	102.2	105.9	104.2	101.5	105.0	111.6
重 庆	Chongqing	99.5	99.2	104.9	110.3	108.2	104.8	106.2	112.2
四 川	Sichuan	98.5	97.6	101.7	112.0	109.3	104.3	105.7	112.4
贵 州	Guizhou	100.2	97.6	106.0	109.6	107.4	107.3	107.5	112.5
云 南	Yunnan	99.4	99.1	102.7	113.0	106.5	107.6	108.2	111.6
西 藏	Xizang								
陕 西	Shaanxi	100.5	98.8	104.8	110.4	107.5	106.7	106.3	111.2
甘 肃	Gansu	101.4	98.4	105.6	112.5	109.9	108.8	104.3	110.2
青 海	Qinghai	99.1	102.8	101.8	108.5	105.3	102.8	104.4	110.4
宁 夏	Ningxia	102.5	97.8	106.8	117.3	109.7	108.5	107.1	121.8
新 疆	Xinjiang	98.9	94.9	114.8	118.2	110.7	111.1	103.8	117.8

5-4 续表 2 continued

(上年=100) (preceding year=100)

地 区	Region	2009	2010	2011	2012	2013	2014	2015	2016
全 国	**National Average**	**103.0**	**109.5**	**106.0**	**98.2**	**98.0**	**97.8**	**93.9**	**98.0**
北 京	Beijing	107.5	106.8	102.3	98.7	97.8	98.8	93.7	98.5
天 津	Tianjin	102.3	112.3	103.8	97.1	97.4	97.1	92.4	98.3
河 北	Hebei	102.9	112.8	107.7	96.2	97.6	95.6	90.3	98.3
山 西	Shanxi	97.1	111.5	107.5	98.1	95.5	96.2	93.1	98.1
内蒙古	Inner Mongolia	99.6	106.4	107.8	102.0	99.3	98.4	95.9	97.4
辽 宁	Liaoning	100.2	109.9	106.5	99.0	98.5	98.0	93.5	97.9
吉 林	Jilin	103.1	107.7	105.4	99.3	99.4	99.2	96.6	97.8
黑龙江	Heilongjiang	105.6	108.2	112.0	98.8	98.7	97.6	88.2	96.0
上 海	Shanghai	89.8	111.2	107.5	94.7	96.5	95.9	90.6	97.7
江 苏	Jiangsu	104.4	112.1	106.2	95.8	97.1	97.0	92.1	98.0
浙 江	Zhejiang	103.9	110.9	105.0	96.7	97.7	98.2	94.5	97.8
安 徽	Anhui	101.1	113.3	108.3	98.2	96.9	97.2	93.5	98.4
福 建	Fujian	103.7	110.0	103.9	97.7	98.4	98.3	96.1	98.0
江 西	Jiangxi	100.5	114.2	111.3	98.3	98.4	98.4	93.6	97.7
山 东	Shandong	104.2	110.3	106.0	99.2	98.4	98.2	95.0	98.0
河 南	Henan	104.9	111.4	107.2	99.2	99.3	98.4	95.4	99.2
湖 北	Hubei	104.4	111.3	106.6	98.9	98.2	97.8	92.8	98.3
湖 南	Hunan	101.6	112.6	108.5	100.1	98.4	97.9	94.5	98.0
广 东	Guangdong	100.3	107.6	103.7	99.5	98.2	98.8	95.3	98.0
广 西	Guangxi	108.5	113.0	108.5	99.2	98.9	98.2	95.7	98.3
海 南	Hainan	94.3	113.1	108.8	99.6	97.0	99.0	88.5	94.8
重 庆	Chongqing	102.2	107.9	107.3	99.5	97.6	98.1	97.1	98.4
四 川	Sichuan	102.4	109.1	105.4	100.0	99.2	98.7	96.7	98.8
贵 州	Guizhou	100.1	111.7	104.7	102.3	96.4	98.6	97.5	98.5
云 南	Yunnan	101.5	109.0	104.3	99.3	98.8	99.0	96.9	95.9
西 藏	Xizang								
陕 西	Shaanxi	102.2	108.7	107.2	100.0	99.3	98.5	95.2	95.9
甘 肃	Gansu	104.0	110.3	111.0	98.7	97.8	97.6	87.0	94.6
青 海	Qinghai	100.5	109.5	107.4	98.6	98.8	97.6	97.7	96.2
宁 夏	Ningxia	100.0	117.5	109.5	99.5	97.0	97.0	92.1	96.9
新 疆	Xinjiang	115.1	116.3	114.8	97.9	97.8	97.5	84.3	95.5

5-4 续表 3 continued

(上年=100) (preceding year=100)

地 区	Region	2017	2018	2019	2020	2021	2022	2023
全 国	**National Average**	**108.1**	**104.1**	**99.3**	**97.7**	**111.0**	**106.1**	**96.4**
北 京	Beijing	104.4	100.8	99.6	99.5	103.7	106.2	98.7
天 津	Tianjin	111.1	106.2	98.8	96.9	114.7	104.4	96.0
河 北	Hebei	114.5	104.0	102.1	98.4	119.8	104.7	93.8
山 西	Shanxi	115.2	105.5	101.1	97.2	116.3	109.7	94 7
内蒙古	Inner Mongolia	106.3	102.4	101.1	99.5	128.0	111.2	93.0
辽 宁	Liaoning	108.0	104.5	100.8	98.2	115.0	110.1	95.8
吉 林	Jilin	103.4	103.5	99.2	98.7	106.2	104.6	98.9
黑龙江	Heilongjiang	110.2	109.0	100.3	95.1	110.5	110.0	97.5
上 海	Shanghai	108.9	105.2	98.7	96.9	107.3	104.9	98.9
江 苏	Jiangsu	109.7	104.6	97.2	96.5	113.8	105.8	96.4
浙 江	Zhejiang	109.6	105.1	97.1	95.9	114.5	106.1	94.8
安 徽	Anhui	109.2	105.3	99.9	98.5	111.5	104.0	95.1
福 建	Fujian	105.3	102.8	99.0	98.6	109.2	105.2	96.2
江 西	Jiangxi	107.2	103.2	98.2	97.0	112.3	109.4	95.8
山 东	Shandong	107.3	103.6	99.2	97.5	109.5	105.8	97.0
河 南	Henan	107.3	104.0	101.2	99.4	109.5	105.7	95.3
湖 北	Hubei	108.3	104.8	99.3	98.4	108.5	107.8	95.9
湖 南	Hunan	107.2	103.5	100.2	98.9	108.1	104.8	97.5
广 东	Guangdong	105.3	102.5	99.2	97.4	108.0	104.1	97.6
广 西	Guangxi	106.5	103.4	99.5	98.5	110.7	107.3	95.7
海 南	Hainan	112.4	110.8	103.1	92.0	116.5	119.8	100.5
重 庆	Chongqing	104.4	102.5	100.1	99.9	107.2	104.4	97.0
四 川	Sichuan	108.3	105.3	100.6	98.1	107.5	105.8	97.1
贵 州	Guizhou	109.7	103.4	99.4	98.6	112.0	111.2	95.7
云 南	Yunnan	106.2	104.4	99.0	97.3	108.9	107.9	96.8
西 藏	Xizang							
陕 西	Shaanxi	106.4	104.2	100.3	97.6	116.3	106.2	94.3
甘 肃	Gansu	115.5	109.8	99.0	94.1	118.1	113.5	92.5
青 海	Qinghai	108.0	104.5	98.2	96.1	111.5	114.0	97.7
宁 夏	Ningxia	112.9	106.5	97.5	94.7	120.8	117.6	94.1
新 疆	Xinjiang	112.8	109.2	100.0	93.4	115.0	114.6	93.6

5-5 全国70个大中城市新建商品住宅价格指数(2023年)

(上年同期=100)

城　市	City	1月 January	2月 February	3月 March	4月 April	5月 May
北　京	Beijing	105.2	104.7	104.6	104.5	104.3
天　津	Tianjing	97.0	97.8	98.4	99.1	99.7
石家庄	Shijiazhuang	97.6	97.8	98.2	98.7	99.4
太　原	Taiyuan	95.6	96.5	96.8	97.7	98.6
呼和浩特	Hohhot	96.7	97.4	98.0	98.8	98.7
沈　阳	Shenyang	95.0	95.4	96.2	96.6	97.0
大　连	Dalian	95.2	95.3	95.6	95.3	95.3
长　春	Changchun	95.0	95.0	95.2	95.6	95.5
哈尔滨	Harbin	93.0	94.0	95.1	96.4	97.1
上　海	Shanghai	104.2	103.9	104.1	104.6	104.9
南　京	Nanjing	100.2	99.7	100.1	101.2	101.5
杭　州	Hangzhou	106.5	106.2	105.8	105.3	105.1
宁　波	Ningbo	101.9	102.2	102.6	103.1	103.8
合　肥	Hefei	102.4	103.3	104.0	104.3	104.4
福　州	Fuzhou	97.5	97.6	98.6	99.4	99.6
厦　门	Xiamen	96.1	96.7	97.4	98.1	98.3
南　昌	Nanchang	101.7	101.7	101.9	101.9	102.2
济　南	Jinan	101.6	102.4	102.8	103.6	103.8
青　岛	Qingdao	101.5	102.1	102.1	102.2	102.3
郑　州	Zhengzhou	97.0	97.8	99.4	100.2	100.1
武　汉	Wuhan	94.3	95.3	96.9	98.3	99.2
长　沙	Changsha	103.4	103.3	103.5	103.6	103.8
广　州	Guangzhou	99.7	99.4	99.8	99.9	99.6
深　圳	Shenzhen	99.1	98.9	98.5	98.9	98.2
南　宁	Nanning	96.0	96.9	98.0	98.1	98.2
海　口	Haikou	100.9	101.5	101.5	101.8	101.7
重　庆	Chongqing	99.4	99.6	100.0	101.2	101.3
成　都	Chengdu	108.6	108.6	108.5	108.7	108.3
贵　阳	Guiyang	97.9	98.0	98.4	97.9	98.5
昆　明	Kunming	96.9	97.3	98.8	99.0	99.1
西　安	Xi'an	102.2	101.2	101.2	101.6	101.7
兰　州	Lanzhou	94.4	95.2	96.2	97.2	98.0
西　宁	Xining	97.3	98.4	98.9	99.2	100.5
银　川	Yinchuan	100.9	101.4	101.7	102.6	102.5
乌鲁木齐	Urumqi	101.8	101.5	101.3	100.9	100.5

Price Indices for Newly Built Commodity Residential Housing in 70 Large and Medium-Sized Cities(2023)

(the same period of preceding year=100)

6月 June	7月 July	8月 August	9月 September	10月 October	11月 November	12月 December	1-12月平均 Average from January to December
103.5	103.5	102.8	102.9	102.1	101.9	101.7	103.5
100.2	100.5	100.6	100.6	100.9	102.0	102.3	99.9
99.5	99.6	99.3	99.1	100.2	100.0	101.0	99.2
98.4	98.8	99.5	99.7	99.6	100.1	101.2	98.5
99.4	99.1	99.9	99.5	99.3	98.9	100.0	98.8
96.6	96.4	97.3	97.8	98.3	98.3	98.7	97.0
95.8	95.2	95.8	95.7	96.5	96.1	95.9	95.6
96.7	96.3	95.3	95.6	96.4	96.6	97.9	95.9
98.0	97.8	97.7	97.8	98.2	98.7	98.4	96.8
104.8	104.5	104.1	104.4	104.4	104.7	104.5	104.4
100.9	100.5	99.8	99.5	99.2	98.0	96.9	99.8
104.5	103.7	103.3	103.0	103.0	102.7	102.2	104.2
104.1	103.8	103.4	103.5	102.1	101.6	101.2	102.8
103.8	102.8	102.3	101.5	101.2	100.8	100.7	102.6
99.1	98.4	98.6	98.8	98.7	98.6	98.2	98.6
97.6	97.5	97.7	97.4	97.9	97.6	96.7	97.4
102.9	101.8	101.2	100.3	100.1	99.3	98.9	101.2
103.7	103.5	103.1	102.5	102.2	102.1	101.8	102.8
101.9	102.0	101.5	101.2	101.2	100.9	99.8	101.6
100.0	99.1	99.0	98.7	98.3	98.3	98.4	98.9
99.6	99.7	100.5	101.1	101.6	101.4	100.3	99.0
103.6	103.5	103.5	103.6	103.7	102.9	102.4	103.4
99.2	98.7	98.6	98.3	98.0	97.6	97.0	98.8
97.6	97.2	97.0	97.0	97.2	96.9	96.4	97.7
97.8	98.0	98.1	98.3	98.7	98.3	98.7	97.9
102.3	102.1	102.3	102.5	102.7	102.6	102.1	102.0
100.6	100.5	101.8	101.7	102.2	102.3	102.2	101.1
107.2	106.4	106.4	105.8	105.6	105.4	104.9	107.0
98.5	98.3	98.3	98.1	98.9	99.1	99.2	98.4
98.9	99.2	99.0	98.9	98.9	99.2	99.4	98.7
101.7	101.6	101.9	102.7	103.6	104.1	104.5	102.3
98.8	99.4	99.9	100.3	99.4	99.4	99.3	98.1
100.2	99.7	99.0	98.9	99.1	98.6	97.8	99.0
102.8	101.8	101.7	101.4	100.9	101.5	100.5	101.6
100.3	100.3	100.6	100.6	100.5	100.4	100.2	100.7

5-5 续表

(上年同期=100)

城　市	City	1月 January	2月 February	3月 March	4月 April	5月 May
唐　山	Tangshan	97.4	97.8	98.1	98.6	98.3
秦皇岛	Qinhuangdao	94.4	94.4	95.4	95.4	95.2
包　头	Baotou	95.5	96.2	96.7	97.7	98.0
丹　东	Dandong	96.0	96.0	96.3	97.5	97.1
锦　州	Jinzhou	96.2	96.5	96.3	98.1	97.9
吉　林	Jilin	95.4	95.5	96.2	96.3	97.5
牡丹江	Mudanjiang	97.0	97.4	97.0	97.2	97.0
无　锡	Wuxi	99.1	98.8	98.9	99.5	99.5
徐　州	Xuzhou	98.4	99.1	100.3	101.4	101.3
扬　州	Yangzhou	97.6	98.4	99.3	100.4	101.3
温　州	Wenzhou	92.1	93.1	93.8	94.8	95.0
金　华	Jinhua	97.6	97.9	97.7	97.0	96.8
蚌　埠	Bengbu	97.7	97.8	97.9	99.4	100.1
安　庆	Anqing	95.7	96.6	97.7	98.3	99.0
泉　州	Quanzhou	96.3	95.5	95.4	95.4	96.3
九　江	Jiujiang	98.3	98.8	99.3	99.9	100.3
赣　州	Ganzhou	99.7	99.3	99.1	99.3	98.9
烟　台	Yantai	98.2	98.6	99.3	99.6	100.3
济　宁	Jining	95.6	96.1	96.9	96.9	96.4
洛　阳	Luoyang	95.0	95.6	96.5	97.8	98.6
平顶山	Pingdingshan	97.0	97.6	98.3	98.6	99.0
宜　昌	Yichang	94.8	95.8	96.2	96.3	95.5
襄　阳	Xiangyang	96.0	96.6	96.8	98.2	98.9
岳　阳	Yueyang	91.9	92.7	93.9	95.3	95.6
常　德	Changde	94.4	95.3	95.6	96.8	97.1
韶　关	Shaoguan	97.4	97.9	97.9	99.3	100.0
湛　江	Zhanjiang	93.0	93.9	95.5	97.2	99.2
惠　州	Huizhou	97.1	96.9	97.7	98.7	98.6
桂　林	Guilin	95.5	96.4	97.0	98.0	97.8
北　海	Beihai	90.2	92.7	94.0	95.9	97.2
三　亚	Sanya	98.8	99.4	100.3	100.8	101.7
泸　州	Luzhou	95.6	96.2	97.0	98.1	99.4
南　充	Nanchong	98.2	98.9	99.4	100.5	101.1
遵　义	Zunyi	99.5	100.0	100.5	101.2	101.3
大　理	Dali	95.3	96.1	97.1	97.3	96.8

continued

(the same period of preceding year=100)

6月 June	7月 July	8月 August	9月 September	10月 October	11月 November	12月 December	1-12月平均 Average from January to December
99.0	98.5	98.8	98.8	98.3	98.4	98.3	98.4
95.9	95.9	96.4	96.5	97.1	96.8	97.1	95.9
97.9	97.4	97.4	97.2	96.9	97.0	97.1	97.1
97.1	98.0	98.2	98.1	98.1	97.9	97.8	97.3
97.9	98.2	98.6	99.2	99.8	99.6	99.1	98.1
97.6	98.0	98.2	98.4	98.8	99.6	99.4	97.6
97.0	96.5	96.1	95.2	95.7	96.3	96.5	96.6
98.9	98.6	97.9	98.4	98.7	98.4	97.6	98.7
100.7	100.8	100.3	99.9	98.8	98.5	97.9	99.8
101.8	100.7	100.0	99.6	99.1	98.4	97.3	99.5
95.9	96.2	96.2	96.6	97.1	97.5	97.0	95.4
97.0	96.4	95.7	96.3	96.4	96.3	96.0	96.8
99.6	99.8	99.9	99.7	99.6	100.0	99.6	99.2
99.3	100.2	100.3	100.6	99.5	98.9	98.4	98.7
96.5	97.2	98.2	99.2	99.5	99.1	98.2	97.2
100.5	100.1	99.9	99.5	98.8	98.8	98.2	99.4
98.1	97.5	97.3	96.8	96.7	96.6	96.8	98.0
100.2	100.2	100.3	100.5	100.4	99.3	99.0	99.7
96.8	97.4	97.9	97.9	97.7	98.2	97.7	97.1
98.6	98.2	97.8	97.8	98.1	98.0	98.2	97.5
98.8	98.3	98.1	97.9	98.1	98.1	97.6	98.1
96.7	96.2	96.5	96.6	97.1	97.4	97.5	96.4
99.5	99.1	99.3	99.2	98.8	99.0	98.6	98.3
97.0	96.9	96.5	97.1	97.8	97.7	97.8	95.8
97.0	97.8	98.2	98.2	98.5	98.0	97.8	97.0
100.3	99.8	99.1	98.8	98.0	97.9	97.9	98.7
100.1	100.4	101.0	101.3	100.8	100.6	100.2	98.5
97.3	96.5	96.4	96.3	95.5	95.0	95.3	96.8
97.4	97.3	97.4	97.2	97.2	97.7	97.9	97.2
98.3	99.8	101.5	101.7	101.7	101.6	101.4	97.9
102.4	102.3	102.8	103.2	103.5	103.1	103.1	101.8
99.3	99.0	98.9	98.8	98.8	97.9	97.8	98.0
101.1	100.7	100.9	101.0	99.9	99.3	99.0	100.0
100.7	101.1	100.9	100.5	100.6	99.9	100.0	100.5
97.0	98.1	97.6	97.4	97.3	97.4	97.6	97.1

5-6　全国70个大中城市二手住宅价格指数(2023年)

(上年同期=100)

城　市	City	1月 January	2月 February	3月 March	4月 April	5月 May
北　京	Beijing	104.3	104.4	103.8	103.3	102.8
天　津	Tianjing	93.8	94.1	94.6	94.8	95.9
石家庄	Shijiazhuang	96.6	97.0	97.7	97.7	97.4
太　原	Taiyuan	95.3	96.1	96.9	98.1	97.8
呼和浩特	Hohhot	94.6	95.0	95.0	95.1	95.1
沈　阳	Shenyang	93.3	93.8	94.7	94.7	94.3
大　连	Dalian	94.9	95.3	96.0	96.5	96.4
长　春	Changchun	93.2	93.3	93.2	93.0	94.0
哈尔滨	Harbin	90.9	91.5	92.9	94.3	94.8
上　海	Shanghai	102.3	102.5	102.8	102.5	101.7
南　京	Nanjing	97.4	98.7	99.2	99.7	99.9
杭　州	Hangzhou	98.5	98.7	99.0	99.1	98.8
宁　波	Ningbo	99.2	98.8	99.0	99.2	99.3
合　肥	Hefei	98.8	99.5	100.0	100.8	100.9
福　州	Fuzhou	97.5	98.3	98.8	98.4	97.9
厦　门	Xiamen	98.0	97.9	98.0	97.2	96.1
南　昌	Nanchang	97.8	97.8	97.5	97.6	98.0
济　南	Jinan	96.5	96.8	97.4	98.3	98.6
青　岛	Qingdao	96.6	96.9	96.9	97.2	97.3
郑　州	Zhengzhou	94.1	94.8	95.4	95.6	95.4
武　汉	Wuhan	93.9	94.7	95.8	96.5	96.5
长　沙	Changsha	100.1	100.4	100.8	101.6	102.0
广　州	Guangzhou	99.5	99.3	99.2	99.0	98.6
深　圳	Shenzhen	97.3	98.0	98.7	98.6	98.4
南　宁	Nanning	93.5	93.4	94.4	94.9	95.2
海　口	Haikou	97.9	98.0	97.7	97.1	97.1
重　庆	Chongqing	96.8	97.2	97.4	98.2	98.1
成　都	Chengdu	108.8	109.2	109.4	109.4	108.7
贵　阳	Guiyang	95.9	96.2	97.6	98.0	98.6
昆　明	Kunming	100.3	100.1	100.4	100.3	100.6
西　安	Xi'an	98.3	99.4	100.0	100.4	100.4
兰　州	Lanzhou	94.8	94.9	95.5	95.5	96.1
西　宁	Xining	97.6	98.4	98.5	98.3	98.6
银　川	Yinchuan	96.3	97.0	97.6	98.3	98.6
乌鲁木齐	Urumqi	97.5	98.0	97.4	97.3	97.2

Price Indices for Existing Residential Housing in 70 Large and Medium-Sized Cities(2023)

(the same period of preceding year=100)

6月 June	7月 July	8月 August	9月 September	10月 October	11月 November	12月 December	1-12月平均 Average from January to December
101.5	100.6	100.8	101.1	99.8	98.6	97.8	101.6
96.1	96.5	96.4	97.5	97.7	98.0	98.1	96.1
97.6	97.4	97.4	97.7	98.0	98.3	98.2	97.6
96.8	97.1	97.2	97.0	97.2	97.2	97.1	97.0
95.5	95.8	96.1	96.1	95.4	94.7	95.2	95.3
94.1	94.1	94.5	94.2	94.4	94.4	94.8	94.3
95.7	95.1	94.8	95.0	95.3	95.2	95.0	95.4
94.4	94.6	94.7	93.9	94.0	93.8	94.2	93.9
95.3	95.1	95.3	95.2	95.0	95.3	95.2	94.2
100.2	98.8	98.0	98.1	97.7	96.7	96.6	99.8
99.3	98.3	97.0	96.0	95.6	94.6	93.9	97.5
97.6	97.3	97.2	97.4	98.7	98.9	97.9	98.3
98.1	97.5	97.3	96.8	96.2	96.1	95.3	97.7
99.9	98.7	98.2	97.6	97.2	96.7	96.0	98.7
97.5	97.0	96.9	96.4	96.2	95.9	94.9	97.1
95.1	94.9	95.1	94.9	94.5	93.5	92.9	95.7
98.1	97.3	96.6	96.6	96.2	96.0	95.1	97.0
98.4	98.5	98.3	97.3	97.3	97.2	97.1	97.6
96.4	95.9	95.6	95.7	95.8	95.2	95.2	96.2
95.3	94.9	94.8	94.8	94.5	94.5	93.9	94.9
96.6	96.1	95.9	96.2	96.3	95.7	94.6	95.7
102.0	101.5	100.8	100.2	100.1	99.4	98.7	100.6
97.8	96.8	96.3	96.2	96.1	95.7	94.8	97.4
98.7	98.3	98.6	99.0	98.7	97.5	96.9	98.2
95.0	95.0	95.2	95.2	94.7	94.0	94.3	94.6
96.4	96.2	96.0	96.2	96.2	95.6	94.9	96.6
97.1	96.0	95.9	95.5	95.5	95.4	94.5	96.5
106.8	105.2	104.1	103.7	103.1	102.2	100.5	105.8
98.8	98.6	97.6	97.4	97.6	97.3	96.1	97.5
99.9	101.0	99.9	99.2	98.6	97.1	96.0	99.4
99.8	98.9	99.1	99.0	99.2	99.3	99.1	99.4
96.6	96.8	96.3	95.9	95.7	94.9	94.8	95.7
99.4	99.3	98.8	98.5	99.1	98.7	98.0	98.6
98.3	97.9	97.8	97.9	97.5	97.5	97.4	97.7
97.5	97.2	96.8	96.4	96.3	96.1	96.4	97.0

5-6 续表

(上年同期=100)

城　市	City	1月 January	2月 February	3月 March	4月 April	5月 May
唐　山	Tangshan	93.6	93.3	93.1	94.0	94.7
秦皇岛	Qinhuangdao	95.5	95.6	96.2	96.1	95.9
包　头	Baotou	95.5	95.6	95.9	96.6	96.7
丹　东	Dandong	93.5	94.0	94.0	94.5	94.3
锦　州	Jinzhou	94.0	94.3	94.3	95.1	95.4
吉　林	Jilin	91.2	91.3	91.1	90.7	92.0
牡丹江	Mudanjiang	89.0	89.9	91.7	91.8	92.6
无　锡	Wuxi	99.7	100.8	101.0	101.0	99.8
徐　州	Xuzhou	98.0	99.2	100.2	99.4	98.5
扬　州	Yangzhou	97.3	97.7	97.9	99.0	99.0
温　州	Wenzhou	94.9	95.7	96.5	96.6	96.6
金　华	Jinhua	93.8	94.3	95.4	95.6	96.2
蚌　埠	Bengbu	96.8	97.2	97.6	97.6	98.3
安　庆	Anqing	93.7	94.2	95.2	95.3	95.3
泉　州	Quanzhou	93.6	93.5	93.7	93.8	94.1
九　江	Jiujiang	97.1	96.8	97.4	97.6	97.5
赣　州	Ganzhou	99.0	99.0	99.2	99.2	99.0
烟　台	Yantai	97.7	98.7	99.3	99.4	99.9
济　宁	Jining	93.1	93.4	94.1	94.8	94.7
洛　阳	Luoyang	92.6	93.2	93.7	94.3	94.6
平顶山	Pingdingshan	95.7	95.7	96.2	96.7	96.8
宜　昌	Yichang	93.2	93.4	93.6	93.5	93.6
襄　阳	Xiangyang	94.3	94.4	94.6	95.4	96.1
岳　阳	Yueyang	94.7	95.6	95.0	95.3	95.7
常　德	Changde	93.9	94.6	95.1	95.8	96.6
韶　关	Shaoguan	95.4	95.5	96.1	97.4	97.7
湛　江	Zhanjiang	94.1	94.6	95.3	95.8	97.2
惠　州	Huizhou	97.8	97.1	97.5	98.1	98.0
桂　林	Guilin	95.9	96.7	97.0	96.9	97.0
北　海	Beihai	92.2	92.5	93.2	93.7	94.8
三　亚	Sanya	98.8	98.9	99.3	99.4	100.1
泸　州	Luzhou	97.2	97.5	98.1	98.4	98.9
南　充	Nanchong	101.5	101.6	102.2	101.9	101.7
遵　义	Zunyi	94.7	95.5	97.0	96.9	97.4
大　理	Dali	95.4	95.9	96.8	97.2	97.7

continued

(the same period of preceding year=100)

6月 June	7月 July	8月 August	9月 September	10月 October	11月 November	12月 December	1-12月平均 Average from January to December
94.5	94.5	94.4	94.9	94.8	94.6	94.1	94.2
95.9	95.8	96.3	96.4	96.9	96.6	96.1	96.1
96.7	96.5	96.5	96.6	96.0	95.9	95.9	96.2
93.8	94.1	93.8	94.3	94.2	93.8	94.5	94.1
95.3	95.1	94.8	95.0	95.5	95.0	94.9	94.9
92.3	92.2	92.6	92.8	93.1	93.3	93.4	92.1
92.5	92.5	93.2	93.7	93.7	93.8	94.0	92.3
98.6	97.7	96.9	96.9	97.2	96.5	96.0	98.5
98.2	97.8	98.0	97.1	95.8	94.0	92.4	97.4
98.7	97.8	97.1	96.9	95.9	95.1	94.1	97.2
97.1	96.7	96.6	95.9	96.0	95.3	94.4	96.0
96.3	96.1	95.6	95.8	95.7	95.4	95.2	95.5
98.0	98.1	98.5	98.5	98.3	97.4	96.9	97.8
95.6	95.7	96.0	96.4	96.2	96.5	96.0	95.5
94.0	94.2	94.2	94.3	94.1	94.0	93.9	93.9
97.3	96.9	97.0	96.8	97.0	96.2	95.6	96.9
99.2	99.6	99.7	99.9	99.8	99.5	99.3	99.4
99.6	97.8	97.7	97.4	96.2	95.3	94.9	97.8
94.9	95.0	95.7	95.6	95.6	95.5	95.5	94.8
94.9	95.1	95.2	95.5	96.0	95.9	95.5	94.7
96.5	96.8	96.9	97.0	96.8	97.0	96.6	96.5
93.9	93.5	94.4	94.4	94.6	94.6	94.8	93.9
96.4	96.0	96.1	96.4	95.8	95.1	94.0	95.4
96.6	96.7	95.9	96.6	96.5	96.6	96.8	96.0
96.5	97.5	98.0	97.5	98.3	97.8	97.2	96.5
97.6	97.5	97.4	96.9	96.6	96.4	96.1	96.7
97.0	96.9	97.4	97.5	97.4	97.5	97.1	96.5
97.6	97.6	97.5	97.4	97.0	97.1	96.7	97.5
96.7	96.7	96.4	96.5	96.2	96.5	95.9	96.5
94.5	95.6	95.8	96.3	96.4	96.4	96.6	94.8
100.3	100.1	100.0	99.9	100.5	100.2	99.5	99.7
98.9	98.1	97.6	97.0	97.4	98.0	97.5	97.9
100.7	99.8	99.8	99.6	98.8	98.8	98.7	100.4
97.4	96.5	96.2	96.4	96.2	96.1	96.9	96.4
96.8	97.4	97.2	96.9	97.0	96.8	96.8	96.8

5-7 全国分地区居民人均可支配收入

Per Capita Disposable Income of Households by Region of the Nation

单位：元 (yuan)

地 区	Region	2016	2017	2018	2019	2020	2021	2022	2023
全 国	**National Average**	**23 821**	**25 974**	**28 228**	**30 733**	**32 189**	**35 128**	**36 883**	**39 218**
北 京	Beijing	52 530	57 230	62 361	67 756	69 434	75 002	77 415	81 752
天 津	Tianjin	34 074	37 022	39 506	42 404	43 854	47 449	48 976	51 271
河 北	Hebei	19 725	21 484	23 446	25 665	27 136	29 383	30 867	32 903
山 西	Shanxi	19 049	20 420	21 990	23 828	25 214	27 426	29 178	30 924
内蒙古	Inner Mongolia	24 127	26 212	28 376	30 555	31 497	34 108	35 921	38 130
辽 宁	Liaoning	26 040	27 835	29 701	31 820	32 738	35 112	36 089	37 992
吉 林	Jilin	19 967	21 368	22 798	24 563	25 751	27 770	27 975	29 797
黑龙江	Heilongjiang	19 838	21 206	22 726	24 254	24 902	27 159	28 346	29 694
上 海	Shanghai	54 305	58 988	64 183	69 442	72 232	78 027	79 610	84 834
江 苏	Jiangsu	32 070	35 024	38 096	41 400	43 390	47 498	49 862	52 674
浙 江	Zhejiang	38 529	42 046	45 840	49 899	52 397	57 541	60 302	63 830
安 徽	Anhui	19 998	21 863	23 984	26 415	28 103	30 904	32 745	34 893
福 建	Fujian	27 608	30 048	32 644	35 616	37 202	40 659	43 118	45 426
江 西	Jiangxi	20 110	22 031	24 080	26 262	28 017	30 610	32 419	34 242
山 东	Shandong	24 685	26 930	29 205	31 597	32 886	35 705	37 560	39 890
河 南	Henan	18 443	20 170	21 964	23 903	24 810	26 811	28 222	29 933
湖 北	Hubei	21 787	23 757	25 815	28 319	27 881	30 829	32 914	35 146
湖 南	Hunan	21 115	23 103	25 241	27 680	29 380	31 993	34 036	35 895
广 东	Guangdong	30 296	33 003	35 810	39 014	41 029	44 993	47 065	49 327
广 西	Guangxi	18 305	19 905	21 485	23 328	24 562	26 727	27 981	29 514
海 南	Hainan	20 653	22 553	24 579	26 679	27 904	30 457	30 957	33 192
重 庆	Chongqing	22 034	24 153	26 386	28 920	30 824	33 803	35 666	37 595
四 川	Sichuan	18 808	20 580	22 461	24 703	26 522	29 080	30 679	32 514
贵 州	Guizhou	15 121	16 704	18 430	20 397	21 795	23 996	25 508	27 098
云 南	Yunnan	16 720	18 348	20 084	22 082	23 295	25 666	26 937	28 421
西 藏	Xizang	13 639	15 457	17 286	19 501	21 744	24 950	26 675	28 983
陕 西	Shaanxi	18 874	20 635	22 528	24 666	26 226	28 568	30 116	32 128
甘 肃	Gansu	14 670	16 011	17 488	19 139	20 335	22 066	23 273	25 011
青 海	Qinghai	17 302	19 001	20 757	22 618	24 037	25 920	27 000	28 587
宁 夏	Ningxia	18 832	20 562	22 400	24 412	25 735	27 905	29 599	31 604
新 疆	Xinjiang	18 355	19 975	21 500	23 103	23 845	26 075	27 063	28 947

5-8 全国各地区居民人均消费支出
Per Capita Consumption Expenditure of Households by Region of the Nation

单位：元 (yuan)

地 区	Region	2016	2017	2018	2019	2020	2021	2022	2023
全 国	**National Average**	**17 111**	**18 322**	**19 853**	**21 559**	**21 210**	**24 100**	**24 538**	**26 796**
北 京	Beijing	35 416	37 425	39 843	43 038	38 903	43 640	42 683	47 586
天 津	Tianjin	26 129	27 841	29 903	31 854	28 461	33 188	31 324	34 914
河 北	Hebei	14 247	15 437	16 722	17 987	18 037	19 954	20 890	22 920
山 西	Shanxi	12 683	13 664	14 810	15 863	15 733	17 191	17 537	19 756
内蒙古	Inner Mongolia	18 072	18 946	19 665	20 743	19 794	22 658	22 298	27 025
辽 宁	Liaoning	19 853	20 463	21 398	22 203	20 672	23 831	22 604	24 865
吉 林	Jilin	14 773	15 632	17 200	18 075	17 318	19 605	17 898	21 411
黑龙江	Heilongjiang	14 446	15 577	16 994	18 111	17 056	20 636	20 412	22 052
上 海	Shanghai	37 458	39 792	43 351	45 605	42 536	48 879	46 045	52 508
江 苏	Jiangsu	22 130	23 469	25 007	26 697	26 225	31 451	32 848	35 491
浙 江	Zhejiang	25 527	27 079	29 471	32 026	31 295	36 668	38 971	42 194
安 徽	Anhui	14 712	15 752	17 045	19 137	18 877	21 911	22 542	23 607
福 建	Fujian	20 167	21 249	22 996	25 314	25 126	28 440	30 042	31 869
江 西	Jiangxi	13 259	14 459	15 792	17 650	17 955	20 290	21 708	23 379
山 东	Shandong	15 926	17 281	18 780	20 427	20 940	22 821	22 640	24 293
河 南	Henan	12 712	13 730	15 169	16 332	16 143	18 391	19 019	21 011
湖 北	Hubei	15 889	16 938	19 538	21 567	19 246	23 846	24 828	27 106
湖 南	Hunan	15 750	17 160	18 808	20 479	20 998	22 798	24 083	25 462
广 东	Guangdong	23 448	24 820	26 054	28 995	28 492	31 589	32 169	34 331
广 西	Guangxi	12 295	13 424	14 935	16 418	16 357	18 088	18 343	19 749
海 南	Hainan	14 275	15 403	17 528	19 555	18 972	22 242	21 500	23 752
重 庆	Chongqing	16 385	17 898	19 248	20 774	21 678	24 598	25 371	26 515
四 川	Sichuan	14 839	16 180	17 664	19 338	19 783	21 518	22 302	23 550
贵 州	Guizhou	11 932	12 970	13 798	14 780	14 874	17 957	17 939	20 161
云 南	Yunnan	11 769	12 658	14 250	15 780	16 792	18 851	18 951	20 995
西 藏	Xizang	9 319	10 320	11 520	13 029	13 225	15 343	15 886	17 220
陕 西	Shaanxi	13 943	14 900	16 160	17 465	17 418	19 347	19 848	22 012
甘 肃	Gansu	12 254	13 120	14 624	15 879	16 175	17 456	17 489	19 013
青 海	Qinghai	14 775	15 503	16 557	17 545	18 284	19 020	17 261	20 327
宁 夏	Ningxia	14 965	15 350	16 715	18 297	17 506	20 024	19 136	21 629
新 疆	Xinjiang	14 066	15 087	16 189	17 397	16 512	18 961	17 927	19 715

5-9 全国各地区城镇居民人均可支配收入
Per Capita Disposable Income of Urban Households by Region of the Nation

单位：元 (yuan)

地 区	Region	2016	2017	2018	2019	2020	2021	2022	2023
全 国	**National Average**	**33 616**	**36 396**	**39 251**	**42 359**	**43 834**	**47 412**	**49 283**	**51 821**
北 京	Beijing	57 275	62 406	67 990	73 849	75 602	81 518	84 023	88 650
天 津	Tianjin	37 110	40 278	42 976	46 119	47 659	51 486	53 003	55 355
河 北	Hebei	28 249	30 548	32 977	35 738	37 286	39 791	41 278	43 631
山 西	Shanxi	27 352	29 132	31 035	33 262	34 793	37 433	39 532	41 327
内蒙古	Inner Mongolia	32 975	35 670	38 305	40 782	41 353	44 377	46 295	48 676
辽 宁	Liaoning	32 876	34 993	37 342	39 777	40 376	43 051	44 003	45 896
吉 林	Jilin	26 530	28 319	30 172	32 299	33 396	35 646	35 471	37 503
黑龙江	Heilongjiang	25 736	27 446	29 191	30 945	31 115	33 646	35 042	36 492
上 海	Shanghai	57 692	62 596	68 034	73 615	76 437	82 429	84 034	89 477
江 苏	Jiangsu	40 152	43 622	47 200	51 056	53 102	57 744	60 178	63 211
浙 江	Zhejiang	47 237	51 261	55 574	60 182	62 699	68 487	71 268	74 997
安 徽	Anhui	29 156	31 640	34 393	37 540	39 442	43 009	45 133	47 446
福 建	Fujian	36 014	39 001	42 121	45 620	47 160	51 141	53 817	56 153
江 西	Jiangxi	28 673	31 198	33 819	36 546	38 556	41 684	43 697	45 554
山 东	Shandong	34 012	36 789	39 549	42 329	43 726	47 066	49 050	51 571
河 南	Henan	27 233	29 558	31 874	34 201	34 750	37 095	38 484	40 234
湖 北	Hubei	29 386	31 889	34 455	37 601	36 706	40 278	42 626	44 990
湖 南	Hunan	31 284	33 948	36 698	39 842	41 698	44 866	47 301	49 243
广 东	Guangdong	37 684	40 975	44 341	48 118	50 257	54 854	56 905	59 307
广 西	Guangxi	28 324	30 502	32 436	34 745	35 859	38 530	39 703	41 287
海 南	Hainan	28 453	30 817	33 349	36 017	37 097	40 213	40 118	42 661
重 庆	Chongqing	29 610	32 193	34 889	37 939	40 006	43 503	45 509	47 435
四 川	Sichuan	28 335	30 727	33 216	36 154	38 253	41 444	43 233	45 227
贵 州	Guizhou	26 743	29 080	31 592	34 404	36 096	39 211	41 086	42 772
云 南	Yunnan	28 611	30 996	33 488	36 238	37 500	40 905	42 168	43 563
西 藏	Xizang	27 802	30 671	33 797	37 410	41 156	46 503	48 753	51 900
陕 西	Shaanxi	28 440	30 810	33 319	36 098	37 868	40 713	42 431	44 713
甘 肃	Gansu	25 693	27 763	29 957	32 323	33 822	36 187	37 572	39 833
青 海	Qinghai	26 757	29 169	31 515	33 830	35 506	37 745	38 736	40 408
宁 夏	Ningxia	27 153	29 472	31 895	34 328	35 720	38 291	40 194	42 395
新 疆	Xinjiang	28 463	30 775	32 764	34 664	34 838	37 642	38 410	40 578

5-10 全国各地区城镇居民人均消费支出

Per Capita Consumption Expenditure of Urban Households by Region of the Nation

单位：元 (yuan)

地 区	Region	2016	2017	2018	2019	2020	2021	2022	2023
全 国	**National Average**	**23 079**	**24 445**	**26 112**	**28 063**	**27 007**	**30 307**	**30 391**	**32 994**
北 京	Beijing	38 256	40 346	42 926	46 358	41 726	46 776	45 617	50 897
天 津	Tianjin	28 345	30 284	32 655	34 811	30 895	36 067	33 824	37 586
河 北	Hebei	19 106	20 600	22 127	23 483	23 167	24 192	25 071	27 906
山 西	Shanxi	16 993	18 404	19 790	21 159	20 332	21 966	21 923	24 524
内蒙古	Inner Mongolia	22 744	23 638	24 437	25 383	23 888	27 194	26 667	32 249
辽 宁	Liaoning	24 996	25 379	26 448	27 355	24 849	28 438	26 652	29 091
吉 林	Jilin	19 166	20 051	22 394	23 394	21 623	24 421	21 835	26 677
黑龙江	Heilongjiang	18 145	19 270	21 035	22 165	20 397	24 422	24 011	25 882
上 海	Shanghai	39 857	42 304	46 015	48 272	44 839	51 295	48 111	54 919
江 苏	Jiangsu	26 433	27 726	29 462	31 329	30 882	36 558	37 796	40 461
浙 江	Zhejiang	30 068	31 924	34 598	37 508	36 197	42 194	44 511	47 762
安 徽	Anhui	19 606	20 740	21 523	23 782	22 683	26 495	26 832	27 900
福 建	Fujian	25 006	25 980	28 145	30 946	30 487	33 942	35 692	37 674
江 西	Jiangxi	17 696	19 244	20 760	22 714	22 134	24 587	25 976	27 733
山 东	Shandong	21 495	23 072	24 798	26 731	27 291	29 314	28 555	30 251
河 南	Henan	18 088	19 422	20 989	21 972	20 645	23 178	23 539	25 570
湖 北	Hubei	20 040	21 276	23 996	26 422	22 885	28 506	29 121	31 500
湖 南	Hunan	21 420	23 163	25 064	26 924	26 796	28 294	29 580	31 035
广 东	Guangdong	28 613	30 198	30 924	34 424	33 511	36 621	36 936	39 333
广 西	Guangxi	17 268	18 349	20 159	21 591	20 907	22 555	22 438	24 427
海 南	Hainan	19 015	20 372	22 971	25 317	23 560	27 565	26 418	28 930
重 庆	Chongqing	21 031	22 759	24 154	25 785	26 464	29 850	30 574	31 531
四 川	Sichuan	20 660	21 991	23 484	25 367	25 133	26 971	27 637	29 280
贵 州	Guizhou	19 202	20 348	20 788	21 402	20 587	25 333	24 230	27 693
云 南	Yunnan	18 622	19 560	21 626	23 455	24 569	27 441	26 240	28 338
西 藏	Xizang	19 440	21 088	23 029	25 637	24 927	28 159	28 265	28 858
陕 西	Shaanxi	19 369	20 388	21 966	23 514	22 866	24 784	24 766	27 303
甘 肃	Gansu	19 539	20 659	22 606	24 454	24 615	25 757	25 207	27 044
青 海	Qinghai	20 853	21 473	22 998	23 799	24 315	24 513	21 700	25 373
宁 夏	Ningxia	20 364	20 219	21 977	24 161	22 379	25 386	24 213	27 076
新 疆	Xinjiang	21 229	22 797	24 191	25 594	22 952	25 724	24 142	26 134

5-11 全国各地区农村居民人均可支配收入
Per Capita Disposable Income of Rural Households by Region of the Nation

单位：元 (yuan)

地　区	Region	2016	2017	2018	2019	2020	2021	2022	2023
全　国	**National Average**	**12 363**	**13 432**	**14 617**	**16 021**	**17 131**	**18 931**	**20 133**	**21 691**
北　京	Beijing	22 310	24 240	26 490	28 928	30 126	33 303	34 754	37 358
天　津	Tianjin	20 076	21 754	23 065	24 804	25 691	27 955	29 018	30 851
河　北	Hebei	11 919	12 881	14 031	15 373	16 467	18 179	19 364	20 688
山　西	Shanxi	10 082	10 788	11 750	12 902	13 878	15 308	16 323	17 677
内蒙古	Inner Mongolia	11 609	12 584	13 803	15 283	16 567	18 337	19 641	21 221
辽　宁	Liaoning	12 881	13 747	14 656	16 108	17 450	19 217	19 908	21 483
吉　林	Jilin	12 123	12 950	13 748	14 936	16 067	17 642	18 134	19 472
黑龙江	Heilongjiang	11 832	12 665	13 804	14 982	16 168	17 889	18 577	19 756
上　海	Shanghai	25 520	27 825	30 375	33 195	34 911	38 521	39 729	42 988
江　苏	Jiangsu	17 606	19 158	20 845	22 675	24 198	26 791	28 486	30 488
浙　江	Zhejiang	22 866	24 956	27 302	29 876	31 930	35 247	37 565	40 311
安　徽	Anhui	11 720	12 758	13 996	15 416	16 620	18 372	19 575	21 144
福　建	Fujian	14 999	16 335	17 821	19 568	20 880	23 229	24 987	26 722
江　西	Jiangxi	12 138	13 242	14 460	15 796	16 981	18 684	19 936	21 358
山　东	Shandong	13 954	15 118	16 297	17 775	18 753	20 794	22 110	23 776
河　南	Henan	11 697	12 719	13 831	15 164	16 108	17 533	18 697	20 053
湖　北	Hubei	12 725	13 812	14 978	16 391	16 306	18 259	19 709	21 293
湖　南	Hunan	11 930	12 936	14 093	15 395	16 585	18 295	19 546	20 921
广　东	Guangdong	14 512	15 780	17 168	18 818	20 143	22 306	23 598	25 142
广　西	Guangxi	10 359	11 325	12 435	13 676	14 815	16 363	17 433	18 656
海　南	Hainan	11 843	12 902	13 989	15 113	16 279	18 076	19 117	20 708
重　庆	Chongqing	11 549	12 638	13 781	15 133	16 361	18 100	19 313	20 820
四　川	Sichuan	11 203	12 227	13 331	14 670	15 929	17 575	18 672	19 978
贵　州	Guizhou	8 090	8 869	9 716	10 756	11 642	12 856	13 707	14 817
云　南	Yunnan	9 020	9 862	10 768	11 902	12 842	14 197	15 147	16 361
西　藏	Xizang	9 094	10 330	11 450	12 951	14 598	16 932	18 209	19 924
陕　西	Shaanxi	9 396	10 265	11 213	12 326	13 316	14 745	15 704	16 992
甘　肃	Gansu	7 457	8 076	8 804	9 629	10 344	11 433	12 165	13 131
青　海	Qinghai	8 664	9 462	10 393	11 499	12 342	13 604	14 456	15 614
宁　夏	Ningxia	9 852	10 738	11 708	12 858	13 889	15 337	16 430	17 772
新　疆	Xinjiang	10 183	11 045	11 975	13 122	14 056	15 575	16 550	17 948

5-12 全国各地区农村居民人均消费支出
Per Capita Consumption Expenditure of Rural Households by Region of the Nation

单位：元 (yuan)

地 区	Region	2016	2017	2018	2019	2020	2021	2022	2023
全 国	**National Average**	**10 130**	**10 955**	**12 124**	**13 328**	**13 713**	**15 916**	**16 632**	**18 175**
北 京	Beijing	17 329	18 810	20 195	21 881	20 913	23 574	23 745	26 277
天 津	Tianjin	15 912	16 386	16 863	17 843	16 844	19 286	18 934	21 553
河 北	Hebei	9 798	10 536	11 383	12 372	12 644	15 391	16 271	17 244
山 西	Shanxi	8 029	8 424	9 172	9 728	10 290	11 410	12 091	13 684
内蒙古	Inner Mongolia	11 463	12 184	12 661	13 816	13 594	15 691	15 444	18 650
辽 宁	Liaoning	9 953	10 787	11 455	12 030	12 311	14 606	14 326	16 040
吉 林	Jilin	9 521	10 279	10 826	11 457	11 864	13 411	12 729	14 354
黑龙江	Heilongjiang	9 424	10 524	11 417	12 495	12 360	15 225	15 162	16 453
上 海	Shanghai	17 071	18 090	19 965	22 449	22 095	27 205	27 430	30 782
江 苏	Jiangsu	14 428	15 612	16 567	17 716	17 022	21 130	22 597	25 029
浙 江	Zhejiang	17 359	18 093	19 707	21 352	21 555	25 415	27 483	30 468
安 徽	Anhui	10 287	11 106	12 748	14 546	15 024	17 163	17 980	18 905
福 建	Fujian	12 911	14 003	14 943	16 281	16 339	19 290	20 467	21 746
江 西	Jiangxi	9 128	9 870	10 885	12 497	13 579	15 663	16 984	18 421
山 东	Shandong	9 519	10 342	11 270	12 309	12 660	14 299	14 687	16 075
河 南	Henan	8 587	9 212	10 392	11 546	12 201	14 073	14 824	16 638
湖 北	Hubei	10 938	11 633	13 946	15 328	14 472	17 647	18 991	20 922
湖 南	Hunan	10 630	11 534	12 721	13 969	14 974	16 951	18 078	19 210
广 东	Guangdong	12 415	13 200	15 411	16 949	17 132	20 012	20 800	22 209
广 西	Guangxi	8 351	9 437	10 617	12 045	12 431	14 165	14 658	15 435
海 南	Hainan	8 921	9 599	10 956	12 418	13 169	15 487	15 145	16 924
重 庆	Chongqing	9 954	10 936	11 977	13 112	14 140	16 096	16 727	17 964
四 川	Sichuan	10 192	11 397	12 723	14 056	14 953	16 444	17 199	17 901
贵 州	Guizhou	7 533	8 299	9 170	10 222	10 818	12 557	13 172	14 260
云 南	Yunnan	7 331	8 027	9 123	10 260	11 069	12 386	13 309	15 147
西 藏	Xizang	6 070	6 691	7 452	8 418	8 917	10 577	11 139	12 619
陕 西	Shaanxi	8 568	9 306	10 071	10 935	11 376	13 158	14 094	15 647
甘 肃	Gansu	7 487	8 030	9 065	9 694	9 923	11 206	11 494	12 575
青 海	Qinghai	9 222	9 903	10 352	11 343	12 134	13 300	12 516	14 790
宁 夏	Ningxia	9 138	9 982	10 790	11 465	11 724	13 536	12 825	14 649
新 疆	Xinjiang	8 277	8 713	9 421	10 318	10 778	12 821	12 169	13 645

主要统计指标解释

■居民消费价格指数

是度量一组代表性消费商品及服务项目价格水平随着时间而变动的相对数，反映居民家庭购买的消费品及服务价格水平的变动情况。它是宏观经济分析和决策、价格总水平监测和调控以及国民经济核算的重要指标。其按年度计算的变动率通常被用来作为反映通货膨胀或紧缩程度的指标。

现行的居民消费价格指数按用途分为八个大类，包括食品烟酒、衣着、居住、生活用品及服务、交通通信、教育文化娱乐、医疗保健、其他用品及服务。

■工业生产者出厂价格指数

是反映一定时期内全部工业产品出厂价格的变动趋势和程度的统计指标，包括工业企业售给本企业以外所有单位的各种产品和直接售给居民用于生活消费的产品，可用于扣除工业总产值及增加值中价格变动因素的影响。

■工业生产者购进价格指数

是反映工业企业作为生产投入，从物资交易市场和能源、原材料生产企业购买原材料、燃料和动力产品的价格变动趋势和程度的统计指标，可用于扣除工业企业物质消耗成本中价格变动因素的影响。

■新建商品住宅销售价格指数

是反映新建的、用于居住的进入房地产市场进行交易的房屋，第一次进行产权登记时的实际交易价格（合同价格）的变动趋势和程度的统计指标，由成本、税金、利润等组成。

■二手住宅销售价格指数

是反映用于居住的进入房地产市场进行交易的房屋，再次进行产权登记时的实际交易价格的变动趋势和程度的统计指标。

■居民可支配收入（城镇/农村常住居民）

指居民可用于最终消费支出和储蓄的总和，即居民可用于自由支配的收入。既包括现金收入，也包括实物收入。按照收入的来源，可支配收入包含四项，分别为：工资性收入、经营净收入、财产净收入和转移净收入。

■居民消费支出（城镇/农村常住居民）

指居民用于满足家庭日常生活消费需要的全部支出，既包括现金消费支出，也包括实物消费支出。消费支出可划分为食品烟酒、衣着、居住、生活用品及服务、交通通信、教育文化娱乐、医疗保健以及其他用品及服务八大类。

EXPLANATORY NOTES ON MAIN STATISTICAL INDICATORS

■**Consumer Price Index**

It is an index that reflects the time-based change of prices of a group of representative consumption commodities and services. It is an important reference factor for macro-economic analysis and strategy, monitoring and adjustment of overall price level and the national economic budgeting. The year-on-year change of the index is often a norm reflecting the inflation or deflation.

The current CPI covers eight categories of goods and services: food,tobacco and alcohol, clothing, residence, articles for daily use and services, transportation and communication, education, culture and recreation, health care, and other articles and services.

■**Producer Price Index for Industrial Products**

Producer Price Index for Industrial Products reflects the trend and degree of changes in general sales prices of all industrial products during a given period, including sales of industrial products by an industrial enterprise to all units outside this enterprise, as well as sales of consumer goods to residents. It can be used to remove the impact of price changes on gross output value and value-added of the industrial sector.

■**Purchasing Price Index for Industrial Producers**

Purchasing Price Index for Industrial Producers reflects the trend and degree of changes in prices paid by industrial enterprises when they purchase productive inputs such as raw materials, fuels and power from the market or from other enterprises during a given period. It can be used to measure the real consumption of inputs of industrial enterprises by removing the impact of price changes.

■**Price Index for Newly Built Commodity Residential Housing**

Price Index for Newly Built Commodity Residential Housing reflects the trend and degree of changes in the trade prices of newly built commodity housing for residential use at their first registration of property right, including costs, taxes and profits.

■**Price Index for Existing Residential Housing**

Price Index for Existing Residential Housing reflects the trend and degree of changes in the trade prices of existing housing for residential use at their successive registration of property right.

■**Disposable Income of Households (usual resident households in urban/rural areas)**

It refers to the income of households for purpose of final expenditure and savings. It includes income both in cash and in kind. By sources of income, disposable income includes four categories: income from wages and salaries, net business income, net income from properties and net income from transfer.

■**Consumption Expenditure of Households (usual resident households in urban/rural areas)**

It refers to all expenditure of households for living expenditure to satisfy family daily living. It includes expenditure in cash and in kind. It includes eight categories: food, tobacco and liquor; clothing; housing; household facilities, articles and services; transportation and communications; education, culture and recreation; health care and medical services, and miscellaneous goods and services.

第六篇　长三角三省一市主要经济发展指标

Economic Development Indicators in Three Provinces and One City of the Yangtze River Delta

简要说明

本篇章主要内容和资料来源

一、本篇资料主要包括长三角三省一市主要经济发展指标、各项价格指数变动情况和居民收支调查等民生数据。

二、本篇资料数据主要由国家统计局；上海市统计局、江苏省统计局、浙江省统计局、安徽省统计局；国家统计局上海调查总队、国家统计局江苏调查总队、国家统计局浙江调查总队、国家统计局安徽调查总队提供。

BRIEF INTRODUCTION

Main Contents and Sources of Data

I.This chapter consists of three indicators in three Provinces and one City of the Yangtze River Delta: statistics on economic development and price indices, statistics on income, expenditure and living conditions of residents survey and other people's livelihood surveys.

II.Data in this chapter come from National Bureau of Statistics of China, National Bureau of Statistics of Shanghai, National Bureau of Statistics of Jiangsu, National Bureau of Statistics of Zhejiang, National Bureau of Statistics of Anhui, NBS Survey Office in Shanghai, NBS Survey Office in Jiangsu, NBS Survey Office in Zhejiang and NBS Survey Office in Anhui,

6-1 长三角地区行政区划
Administrative Districts of The Yangtze River Delta

省(市)名 Province (City)		个数 Number	辖市(区)名称 Administrative Districts
上海市	Shanghai	16	浦东新区、黄浦区、徐汇区、长宁区、静安区、普陀区、虹口区、杨浦区、闵行区、宝山区、嘉定区、金山区、松江区、青浦区、奉贤区、崇明区
江苏省	Jiangsu	13	南京市、无锡市、徐州市、常州市、苏州市、南通市、连云港市、淮安市、盐城市、扬州市、镇江市、泰州市、宿迁市
浙江省	Zhejiang	11	杭州市、宁波市、温州市、嘉兴市、湖州市、绍兴市、金华市、衢州市、舟山市、台州市、丽水市
安徽省	Anhui	16	合肥市、芜湖市、蚌埠市、淮南市、马鞍山市、淮北市、铜陵市、安庆市、黄山市、滁州市、阜阳市、宿州市、六安市、亳州市、池州市、宣城市

6-2 长三角三省一市主要指标(2020)

指　标	Indicators	单　位 Unit
行政区域面积	Administrative Area	平方公里 (square kilometer)
年末常住人口	Year-end Resident Population	万人 (10000 persons)
地区生产总值	Gross Regional Product	亿元(100 million yuan)
第一产业	Primary Industry	亿元(100 million yuan)
第二产业	Secondary Industry	亿元(100 million yuan)
第三产业	Tertiary Industry	亿元(100 million yuan)
社会消费品零售总额	Total Retail Sales of Consumer Goods	亿元(100 million yuan)
地方一般公共预算收入	Local General Budgetary Revenue	亿元(100 million yuan)
地方一般公共预算支出	Local General Budgetary Expenditure	亿元(100 million yuan)
全体居民人均可支配收入	Per Capita Annual Disposable Income of Residents	元(yuan)
城镇常住居民人均可支配收入	Per Capita Annual Disposable Income of Urban Households	元(yuan)
农村常住居民人均可支配收入	Per Capita Annual Disposable Income of Rural Household	元(yuan)
全体居民人均消费支出	Per Capita Consumption Expenditure of Residents	元(yuan)
城镇常住居民人均消费支出	Per Capita Consumption Expenditure of Urban Households	元(yuan)
农村常住居民人均消费支出	Per Capita Consumption Expenditure of Rural Households	元(yuan)
居民消费价格指数	Consumer Price Index	上年同期=100(preceding year=100)
商品零售价格指数	Retail Price Index	上年同期=100(preceding year=100)
工业生产者出厂价格指数	Producer Price Index for Industrial Products	上年同期=100(preceding year=100)
工业生产者购进价格指数	Purchasing Price Index for Industrial Producers	上年同期=100(preceding year=100)
全社会用电量	Electricity Power Consumption	亿千瓦时(100 million kW·h)

Major Indicators in Three Provinces and One City of The Yangtze River Delta(2020)

上海 Shanghai		江苏 Jiangsu		浙江 Zhejiang		安徽 Anhui	
绝对量 Absolute Value	增长(%) Growth Rate (%)	绝对量 Absolute Value	增长(%) Growth Rate (%)	绝对量 Absolute Value	增长(%) Growth Rate (%)	绝对量 Absolute Value	增长(%) Growth Rate (%)
6 341		107 217		105 585		140 140	
2 487		8 477		6 468		6 105	
38 963.30	1.7	102 807.68	3.7	64 689.06	3.6	38 061.51	3.7
107.68	-7.7	4 537.58	1.7	2 166.26	1.2	3 184.95	2.2
10 258.57	1.1	44 631.25	4.0	26 361.50	3.0	15 216.46	4.6
28 597.05	1.9	53 638.85	3.6	36 161.30	4.2	19 660.10	3.0
15 932.50		37 086.06		26 629.81		18 333.69	
7 046.30		9 058.99		7 248.24		3 216.01	
8 102.11		13 681.55		10 082.01		7 473.59	
72 232	4.0	43 390	4.8	52 397	5.0	28 103	6.4
76 437	3.8	53 102	4.0	62 699	4.2	39 442	5.1
34 911	5.2	24 198	6.7	31 930	6.9	16 620	7.8
42 536	-6.7	26 225	-1.8	31 295	-2.3	18 877	-1.4
44 839	-7.1	30 882	-1.4	36 197	-3.5	22 683	-4.6
22 095	-1.6	17 022	-3.9	21 555	1.0	15 024	3.3
101.7		102.5		102.3		102.7	
100.9		101.8		101.2		101.6	
98.3		97.8		96.9		99.1	
96.9		96.5		95.9		98.5	
1 575.96		6 373.71		4 829.68		2 427.50	

6-3 长三角三省一市主要指标(2021)

指 标	Indicators	单 位 Unit
行政区域面积	Administrative Area	平方公里 (square kilometer)
年末常住人口	Year-end Resident Population	万人 (10000 persons)
地区生产总值	Gross Regional Product	亿元(100 million yuan)
第一产业	Primary Industry	亿元(100 million yuan)
第二产业	Secondary Industry	亿元(100 million yuan)
第三产业	Tertiary Industry	亿元(100 million yuan)
社会消费品零售总额	Total Retail Sales of Consumer Goods	亿元(100 million yuan)
地方一般公共预算收入	Local General Budgetary Revenue	亿元(100 million yuan)
地方一般公共预算支出	Local General Budgetary Expenditure	亿元(100 million yuan)
全体居民人均可支配收入	Per Capita Annual Disposable Income of Residents	元(yuan)
城镇常住居民人均可支配收入	Per Capita Annual Disposable Income of Urban Households	元(yuan)
农业常住居民人均可支配收入	Per Capita Annual Disposable Income of Rural Household	元(yuan)
全体居民人均消费支出	Per Capita Consumption Expenditure of Residents	元(yuan)
城镇常住居民人均消费支出	Per Capita Consumption Expenditure of Urban Households	元(yuan)
农村常住居民人均消费支出	Per Capita Consumption Expenditure of Rural Households	元(yuan)
居民消费价格指数	Consumer Price Index	上年同期=100(preceding year=100)
商品零售价格指数	Retail Price Index	上年同期=100(preceding year=100)
工业生产者出厂价格指数	Producer Price Index for Industrial Products	上年同期=100(preceding year=100)
工业生产者购进价格指数	Purchasing Price Index for Industrial Producers	上年同期=100(preceding year=100)
全社会用电量	Electricity Power Consumption	亿千瓦时(100 million kW·h)

Major Indicators in Three Provinces and One City of The Yangtze River Delta(2021)

上海 Shanghai		江苏 Jiangsu		浙江 Zhejiang		安徽 Anhui	
绝对量 Absolute Value	增长(%) Growth Rate (%)	绝对量 Absolute Value	增长(%) Growth Rate (%)	绝对量 Absolute Value	增长(%) Growth Rate (%)	绝对量 Absolute Value	增长(%) Growth Rate (%)
6 341		107 217		105 585		140 140	
2 489		8 505		6 540		6 113	
43 653.17	8.3	117 392.36	8.9	74 040.78	8.7	42 565.17	8.2
96.09	-8.4	4 721.02	3.1	2 211.70	2.3	3 363.88	7.4
11 366.69	9.0	52 678.69	11.0	31 173.99	9.7	17 240.14	7.8
32 190.39	8.2	59 992.65	7.8	40 655.09	8.4	21 961.14	8.7
18 079.25		42 702.65		29 210.54		21 471.16	
7 771.80		10 015.16		8 262.57		3 498.19	
8 430.86		14 585.26		11 016.87		7 591.05	
78 027	8.0	47 498	9.5	57 541	9.8	30 904	10.0
82 429	7.8	57 743	8.7	68 487	9.2	43 009	9.0
38 521	10.3	26 791	10.7	35 247	10.4	18 368	10.5
48 879	14.9	31 451	19.9	36 668	17.2	21 911	16.1
51 295	14.4	36 558	18.4	42 193	16.6	26 495	16.8
27 205	23.1	21 130	24.1	25 415	17.9	17 163	14.2
101.2		101.6		101.5		100.9	
101.3		102.3		102.2		101.6	
102.1		106.3		106.3		107.7	
107.3		113.8		114.5		111.5	
1 749.62		7 101.16		5 514.11		2 715.47	

6-4 长三角三省一市主要指标(2022)

指 标	Indicators	单 位 Unit
行政区域面积	Administrative Area	平方公里 (square kilometer)
年末常住人口	Year-end Resident Population	万人 (10000 persons)
地区生产总值	Gross Regional Product	亿元(100 million yuan)
第一产业	Primary Industry	亿元(100 million yuan)
第二产业	Secondary Industry	亿元(100 million yuan)
第三产业	Tertiary Industry	亿元(100 million yuan)
社会消费品零售总额	Total Retail Sales of Consumer Goods	亿元(100 million yuan)
地方一般公共预算收入	Local General Budgetary Revenue	亿元(100 million yuan)
地方一般公共预算支出	Local General Budgetary Expenditure	亿元(100 million yuan)
全体居民人均可支配收入	Per Capita Annual Disposable Income of Residents	元(yuan)
城镇常住居民人均可支配收入	Per Capita Annual Disposable Income of Urban Households	元(yuan)
农业常住居民人均可支配收入	Per Capita Annual Disposable Income of Rural Household	元(yuan)
全体居民人均消费支出	Per Capita Consumption Expenditure of Residents	元(yuan)
城镇常住居民人均消费支出	Per Capita Consumption Expenditure of Urban Households	元(yuan)
农村常住居民人均消费支出	Per Capita Consumption Expenditure of Rural Households	元(yuan)
居民消费价格指数	Consumer Price Index	上年同期=100(preceding year=100)
商品零售价格指数	Retail Price Index	上年同期=100(preceding year=100)
工业生产者出厂价格指数	Producer Price Index for Industrial Products	上年同期=100(preceding year=100)
工业生产者购进价格指数	Purchasing Price Index for Industrial Producers	上年同期=100(preceding year=100)
全社会用电量	Electricity Power Consumption	亿千瓦时(100 million kW·h)

Major Indicators in Three Provinces and One City of The Yangtze River Delta(2022)

上海 Shanghai		江苏 Jiangsu		浙江 Zhejiang		安徽 Anhui	
绝对量 Absolute Value	增长(%) Growth Rate (%)	绝对量 Absolute Value	增长(%) Growth Rate (%)	绝对量 Absolute Value	增长(%) Growth Rate (%)	绝对量 Absolute Value	增长(%) Growth Rate (%)
6 341		107 217		105 585		140 140	
2 476		8 515		6 577		6 127	
44 809.13	-0.1	122 875.62	2.8	77 715.36	3.1	45 045.02	3.5
99.94	-4.2	4 959.38	3.1	2 324.77	3.2	3 513.70	4.0
11 407.20	-2.0	55 888.74	3.7	33 205.17	3.4	18 588.03	5.1
33 301.99	0.7	62 027.50	1.9	42 185.42	2.8	22 943.30	2.2
16 442.14		42 752.12		30 467.20		21 518.41	
7 608.19		9 258.88		8 039.38		3 589.14	
9 393.16		14 903.19		12 017.70		8 379.78	
79 610	2.0	49 862	5.0	60 302	4.8	32 745	6.0
84 034	1.9	60 178	4.2	71 268	4.1	45 133	4.9
39 729	3.1	28 486	6.3	37 565	6.6	19 575	6.5
46 045	-5.8	32 848	4.4	38 971	6.3	22 542	2.9
48 111	-6.2	37 796	3.4	44 511	5.5	26 832	1.3
27 430	0.8	22 597	6.9	27 483	8.1	17 980	4.8
102.5		102.2		102.2		102.0	
101.7		102.9		103.2		102.7	
102.6		103.2		104.0		103.2	
104.9		105.8		106.1		104.0	
1 745.55		7 399.55		5 799.35		2 993.22	

6-5 长三角三省一市主要指标(2023)

指　标	Indicators	单　位　Unit
行政区域面积	Administrative Area	平方公里 (square kilometer)
年末常住人口	Year-end Resident Population	万人 (10000 persons)
地区生产总值	Gross Regional Product	亿元(100 million yuan)
第一产业	Primary Industry	亿元(100 million yuan)
第二产业	Secondary Industry	亿元(100 million yuan)
第三产业	Tertiary Industry	亿元(100 million yuan)
社会消费品零售总额	Total Retail Sales of Consumer Goods	亿元(100 million yuan)
地方一般公共预算收入	Local General Budgetary Revenue	亿元(100 million yuan)
地方一般公共预算支出	Local General Budgetary Expenditure	亿元(100 million yuan)
全体居民人均可支配收入	Per Capita Annual Disposable Income of Residents	元(yuan)
城镇常住居民人均可支配收入	Per Capita Annual Disposable Income of Urban Households	元(yuan)
农业常住居民人均可支配收入	Per Capita Annual Disposable Income of Rural Household	元(yuan)
全体居民人均消费支出	Per Capita Consumption Expenditure of Residents	元(yuan)
城镇常住居民人均消费支出	Per Capita Consumption Expenditure of Urban Households	元(yuan)
农村常住居民人均消费支出	Per Capita Consumption Expenditure of Rural Households	元(yuan)
居民消费价格指数	Consumer Price Index	上年同期=100(preceding year=100)
工业生产者出厂价格指数	Producer Price Index for Industrial Products	上年同期=100(preceding year=100)
工业生产者购进价格指数	Purchasing Price Index for Industrial Producers	上年同期=100(preceding year=100)
全社会用电量	Electricity Power Consumption	亿千瓦时(100 million kW·h)

六、长三角三省一市主要经济发展指标

Major Indicators in Three Provinces and One City of The Yangtze River Delta(2023)

上海 Shanghai		江苏 Jiangsu		浙江 Zhejiang		安徽 Anhui	
绝对量 Absolute Value	增长(%) Growth Rate (%)	绝对量 Absolute Value	增长(%) Growth Rate (%)	绝对量 Absolute Value	增长(%) Growth Rate (%)	绝对量 Absolute Value	增长(%) Growth Rate (%)
6 341		107 217		105 585		140 140	
2 487		8 526		6 627		6 121	
47 218.66	5.0	128 222.16	5.8	82 553.21	6.0	47 050.55	5.8
96.09	-1.5	5 075.80	3.5	2 331.97	4.2	3 496.58	3.9
11 612.97	1.9	56 909.66	6.7	33 952.67	5.0	18 871.82	6.1
35 509.60	6.0	66 236.70	5.1	46 268.57	6.7	24 682.15	5.8
18 515.50		45 547.50		32 550.19		23 008.30	
8 312.50		9 930.18		8 600.02		3 938.96	
9 638.51		15 242.66		12 353.09		8 638.15	
84 834	6.6	52 674	5.6	63 830	5.9	34 893	6.6
89 477	6.5	63 211	5.0	74 997	5.2	47 446	5.1
42 988	8.2	30 488	7.0	40 311	7.3	21 144	8.0
52 508	14.0	35 491	8.0	42 194	8.3	23 607	4.7
54 919	14.2	40 461	7.1	47 762	7.3	27 900	4.0
30 782	12.2	25 029	10.8	30 468	10.9	18 905	5.1
100.3		100.4		100.3		100.2	
99.7		96.7		97.3		96.6	
98.9		96.4		94.8		95.1	
1 848.81		7 832.96		6 192.42		3 214.07	

主要统计指标解释

■人口数

人口数为每年 12 月 31 日的年末总人口。根据统计口径的不同，分为户籍人口和常住人口。户籍人口是指在公安部门办理了户籍登记的人口。常住人口是指实际上经常居住在一个地方（住所）的人口，一般都以在其住所居住半年以上者为常住人口。

■生产总值（原国内生产总值）

指按市场价格计算的一个国家（或地区）所有常住单位在一定时期内生产活动的最终成果。生产总值有三种表现形态，即价值形态、收入形态和产品形态。从价值形态看，它是所有常住单位在一定时期内所生产的全部货物和服务价值超过同期投入的全部非固定资产货物和服务价值的差额，即所有常住单位的增加值之和；从收入形态看，它是所有常住单位在一定时期内所创造并分配给常住单位和非常住单位的初次收入之和；从产品形态看，它是所有常住单位在一定时期内最终使用的货物和服务减去货物和服务的进口价值。在实际核算中，生产总值有三种计算方法，即生产法、收入法和支出法。三种方法分别从不同的方面反映生产总值及其构成。根据国务院和国家统计局有关我国 GDP 核算和数据发布制度的规定，上海国内生产总值自 2004 年起更名为“上海市生产总值”，简称“上海市 GDP”。

■社会消费品零售总额

指企业（单位、个体户）通过交易直接售给个人、社会集团非生产、非经营用的实物商品金额，以及提供餐饮服务所取得的收入金额。个人包括城乡居民和入境人员，社会集团包括机关、社会团体、部队、学校、企事业单位、居委会或村委会等。

■一般公共预算收入

一般公共预算收入是指根据现行财政管理体制规定，划归地方财政的税收收入和非税收入。

■一般公共预算支出

一般公共预算支出是指按照现行中央政府与地方政府事权的划分，经地方人大批准，用于保障地方经济社会发展的各项财政支出。主要包括一般公共服务，公共安全，教育，科学技术，文化体育与传媒，社会保障和就业，卫生健康支出，环境保护，城乡社区，农林水事务，交通运输等支出。

■居民可支配收入（城镇/农村常住居民）

指居民可用于最终消费支出和储蓄的总和，即居民可用于自由支配的收入。既包括现金收入，也包括实物收入。按照收入的来源，可支配收入包含四项，分别为：工资性收入、经营净收入、财产净收入和转移净收入。

■居民消费支出（城镇/农村常住居民）

指居民用于满足家庭日常生活消费需要的全部支出，既包括现金消费支出，也包括实物消费支出。消费支出可划分为食品烟酒、衣着、居住、生活用品及服务、交通通信、教育文化娱乐、医疗保健以及其他用品及服务八大类。

■居民消费价格指数

指度量一组代表性消费商品及服务项目价格水平随着时间而变动的相对数，反映居民家庭购买的消费品及服务价格水平的变动情况。它是宏观经济分析和决策、价格总水平监测和调控以及国民经济核算的重要指标。其按年度计算的变动率通常被用来作为反映通货膨胀或紧缩程度的指标。

现行的居民消费价格指数按用途分为八个大类，包括食品烟酒、衣着、居住、生活用品及服务、交通和通信、教育文化和娱乐、医疗保健、其他用品和服务。

■商品零售价格指数

是反映一定时期内城乡商品零售价格变动趋势和程度的相对数。商品零售价格的变动直接影响城乡居民的生活支出和国家的财政收入，影响居民购买力和市场供需的平衡，影响消费与积累的比例关系。因此，该指数可以从一个侧面对上述经济活动进行观察和分析。

■工业生产者出厂价格指数

是反映一定时期内全部工业产品出厂价格的变动趋势和程度的统计指标，包括工业企业售给本企业以外所有单位的各种产品和直接售给居民用于生活消费的产品，可用于扣除工业总产值及增加值中价格变动因素的影响。

■工业生产者购进价格指数

是反映工业企业作为生产投入，从物资交易市场和能源、原材料生产企业购买原材料、燃料和动力产品的价格变动趋势和程度的统计指标，可用于扣除工业企业物质消耗成本中价格变动因素的影响。

EXPLANATORY NOTES ON MAIN STATISTICAL INDICATORS

■ **Population**

Population refers to the total population by December 31 every year. According to different statistical approaches, there are two definitions of population named as population with registered residence and population with permanent residence. The former refers to the population with registration in the police while the latter refers to the population that actually reside in a place (residence) permanently, usually longer than half a year.

■ **Gross Regional Product(former Gross Domestic Product)**

Gross Regional Product refers to the final products at market prices by (of) all resident units of a country (or region) during a certain period of time. Gross product is expressed in three different forms, i.e value, income, and products respectively. The form of value refers to the total value of all products and services produced by all resident units during a certain period of time minus the total value of input of non-fixed-assets products and services or the summation of the value-added of all resident units; the form of income includes all the income items produced by all resident units and distributed primarily to all resident and non-resident units; the form of product refers to all final goods and services minus the value of imports of goods and services. In the practice of national accounting, it is calculated by three approaches, i.e. product approach, income approach, and expenditure approach, respectively, to reflect Gross Product and its composition of different aspects. According to the regulations of GDP national accounting and data release issued by the State Council and National Bureau of Statistics, since 2004 Shanghai Gross Domestic Product has been renamed as Shanghai Gross Product Value, for short Shanghai GDP.

■ **Total Retail Sales of Consumer Goods**

Total Retail Sales of Consumer Goods refer to the revenue received by enterprises (units, self-employed individuals) through direct sales of non-production and non-business physical commodities to individuals and social institutions, and revenue from providing catering services. Individuals include rural and urban households, population from abroad, social institutions include government agencies, social organizations, military units, schools, institutions, neighbourhood (village) committees, etc.

■ **General Budgetary Revenue**

General Budgetary Revenue refers to the tax revenue and non-tax revenue collected by the local government as defined by the finance management system.

■ **General Budgetary Expenditure**

General Budgetary Expenditure refers to the fiscal expenditure demarcated on the basis of the classification of the affairs administration rights between the central government and local government. It is approved by the local people's congress and used for the development of local economy and society. Local fiscal expenditure mainly includes the expenditure for general public services, public security, education, science and technology, culture, sport and media, social safety and employment, health expenditure, environment protection, urban and rural community affairs, agriculture, forestry and water conservancy and transportation, etc.

■ **Disposable Income of Households (usual resident households in urban/rural areas)**

It refers to the income of households for purpose of final expenditure and savings. It includes income both in cash and in kind. By sources of income, disposable income includes four categories: income from wages and salaries, net business income, net income from properties and net income from transfer.

■ **Consumption Expenditure of Households (usual resident households in urban/rural areas)**

It refers to all expenditure of households for living expenditure to satisfy family daily living. It includes expenditure in cash and in kind. It includes eight categories: food, tobacco and liquor; clothing; residence; household facilities, articles and services; transportation and communications; education, culture and recreation; health care and medical services, and miscellaneous goods and services.

■Consumer Price Index

It is an index that reflects the time-based change of prices of a group of representative consumption commodities and services. It is an important reference factor for macro-economic analysis and strategy, monitoring and adjustment of overall price level and the national economic budgeting. The year-on-year change of the index is often a norm reflecting the inflation or deflation.

The current CPI covers eight categories of goods and services: food,tobacco and alcohol, clothing, residence, articles for daily use and services, transportation and communication, education, culture and recreation, health care, and other articles and services.

■Retail Price Index

It reflects the trend and degree of change in retail prices of commodities during a given period. The change in retail prices of commodities directly affect the living expenditure of urban and rural residents, government revenue, purchasing power of residents and the equilibrium of market supply and demand, and the ratio of consumption to accumulation. Therefore, the retail price indices are useful to analyze the changes of the above economic activities.

■Producer Price Index for Industrial Products

Producer Price Index for Industrial Products reflects the trend and degree of changes in general sales prices of all industrial products during a given period, including sales of industrial products by an industrial enterprise to all units outside this enterprise, as well as sales of consumer goods to residents. It can be used to remove the impact of price changes on gross output value and value-added of the industrial sector.

■Purchasing Price Index for Industrial Producers

Purchasing Price Index for Industrial Producers reflects the trend and degree of changes in prices paid by industrial enterprises when they purchase productive inputs such as raw materials, fuels and power from the market or from other enterprises during a given period. It can be used to measure the real consumption of inputs of industrial enterprises by removing the impact of price changes.

第七篇　年度报告

Annual Report

2023 年上海民生发展情况分析

内容提要：2023 年，上海民生发展持续改善，物价形势总体平稳，调查失业率持续回落至近年来较低水平，居民收入增长领先于经济增长，并快于全国，居民消费全面恢复。下阶段，建议重点做好三个方面工作：一是加大政策落实力度，推动经济回稳向好；二是全力保障和改善民生，提振市场预期和信心；三是适时优化购房政策，推进房地产市场平稳健康发展。

2023 年，面对复杂严峻的国际环境和艰巨繁重的改革发展任务，上海以习近平新时代中国特色社会主义思想为指导，认真落实党中央、国务院决策部署和市委、市政府工作要求，全面落实就业优先政策，加强重要民生商品保供稳价工作，进一步提高居民养老和福利水平，高质量发展稳步推进。

一、物价形势总体平稳，核心 CPI 保持温和上涨

2023 年，上海保供稳价工作有序推进，消费需求持续恢复，居民消费价格（以下简称 CPI）比上年上涨 0.3%，涨幅比上年回落 2.2 个百分点。其中，服务价格上涨 1.8%，为拉动 CPI 上涨的主要因素；消费品价格下降 1.0%。扣除食品和能源价格影响的核心 CPI 保持温和上涨，全年核心 CPI 上涨 1.3%（见图 1）。八大类价格“六涨二降”，旅游热带动教育文化娱乐价格领涨。全年教育文化娱乐价格上涨 3.6%，食品烟酒价格下降 1.2%，交通通信价格下降 0.9%。与全国对比看，上海 CPI 走势与全国保持基本一致，CPI 涨幅略高于全国 0.1 个百分点，核心 CPI 涨幅高于全国 0.6 个百分点，主要原因为居民出行及文娱消费需求快速释放，上海服务价格同比涨幅高于全国。

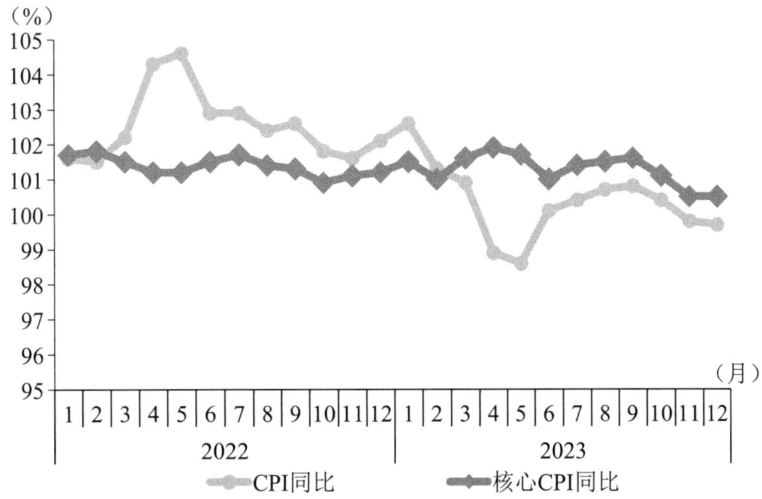

图 1　上海 CPI 与核心 CPI 月度同比走势

二、就业形势持续改善，调查失业率降至近年来较低水平

2023 年，上海一系列稳就业政策措施发挥积极效果，劳动力市场逐步恢复，就业形势稳步向好。全年新增就业岗位 60.6 万个；城镇调查失业率平均值为 4.5%，保持在 5%的年度预期目标之内，低于全国 0.7 个百分点，在四个直辖市及长三角区域均处于较低水平。

三、居民收入稳步增长，居民消费加快恢复

2023 年，上海出台一系列提高居民收入方案和促消费政策措施，进一步上调最低工资水平和养老金标准，城乡居民收入稳步增长，居民消费明显恢复。居民人均可支配收入增长快于全国。2023 年，上海居民人均可支配收入 84834 元，比上年名义增长 6.6%，快于全国 0.3 个百分点，收入绝对水平继续保持全国首位，扣除价格因素实际增长 6.3%，快于全国 0.2 个百分点。其中，城镇居民人均可支配收入 89477 元，增长 6.5%，农村居民人均可支配收入 42988 元，增长 8.2%，城乡居民收入比由上年的 2.12 进一步缩小至 2.08。

居民人均消费支出加快恢复。2023 年，上海居民人均消费支出 52508 元，比上年增长 14.0%，平均消费倾向为 61.9%，比上年回升 4.1 个百分点。从结构看，八大类消费全面增长。其中，教育文化娱乐、医疗保健和交通通信支出分别增长 60.5%、28.6%和 26.5%（见图 2）。

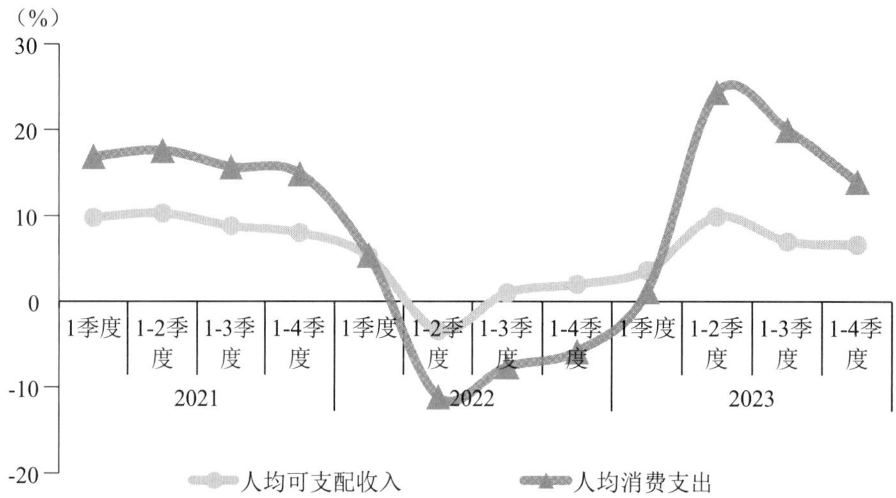

图 2　上海居民人均可支配收入与人均消费支出增幅季度走势

四、房地产市场深度调整，住宅价格延续分化

新房销售价格稳中有涨。2023 年，上海新建商品住宅销售价格比上年上涨 4.4%，在北上广深四个一线城市和长三角主要城市中涨幅居首。二手住宅销售价格跌幅扩大。2023 年，上海二手住宅销售价格比上年下降 0.2%，降幅小于广州、深圳，北京同期上涨 1.6%。

五、相关政策建议

民生是人民幸福之基、社会和谐之本。下阶段，要聚焦高质量发展这一首要任务，从最困难的群体入手，从最突出的问题着眼，从最具体的工作抓起，拿出更多有温度、有实效的民生举措，全力推动社会民生事业不断前进。建议重点做好以下三个方面的重点工作。

（一）加大政策落实力度，推动经济回稳向好

加强稳增长政策制定落实和评估储备。紧密对接国家政策取向，结合企业诉求，聚焦扩内需、优结构、强实体、增动能，研究出台一批务实管用的政策措施，持续放大稳增长政策综合效应。加快推动已有政策落地见效，加强已出台政策跟踪评估，及时打通政策堵点卡点，推动各项政策尽快兑现，保持政策措施的接续性和主动性。

（二）全力保障和改善民生，提振市场预期和信心

持续营造国际一流营商环境。对标世界银行营商环境新评估体系深化改革，优化企业全生命周期发展服务和要素保障，提升政府服务效能和水平。扎实做好就业服务和社会保障工作。促进高质量充分就业，持续做好离校未就业毕业生、农民工、就业困难人员等重点群体帮扶工作。

（三）适时优化购房政策，推进房地产市场平稳健康发展

加强对房地产市场的监测分析，开展住房市场供需关系、住房结构、区域状况等监测评估、科学研判、合理引导，及时优化土地和住房供应规模和结构，有效发挥房地产投资在稳增长中的作用。密切关注二手房市场走势，做好稳定市场预案和政策储备，促进改善需求入市，优化重点人群、重点区域购房政策，简化购房程序，进一步稳定市场信心。

2023年上海居民收入情况分析

内容提要：2023 年，上海经济高质量发展扎实推进，民生保障有力有效，居民收入保持稳定增长。抽样调查显示，2023 年上海居民人均可支配收入 84834 元，比上年增长 6.6%，两年平均增长 4.3%；扣除价格因素，实际增长 6.3%，两年平均实际增长 2.8%。上海居民收入水平继续保持全国首位，农村居民收入增速快于城镇居民，城乡居民收入比进一步缩小。

一、居民收入总体情况

（一）增速“先回升后企稳”，趋势与全国基本一致

受上年低基数影响，2023 年，上海居民收入增速呈现“上半年快速回升，下半年逐步趋稳”走势，趋势与全国基本一致，但波动幅度较大。

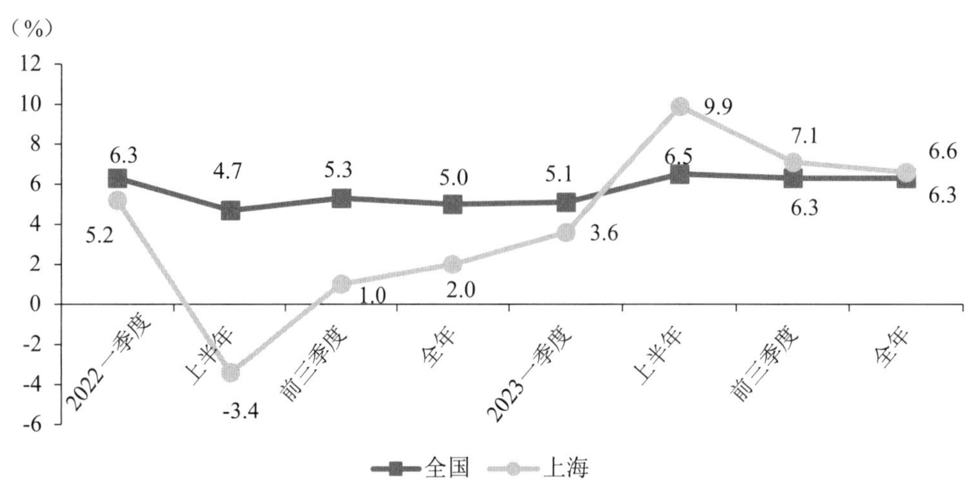

图　2022 年以来上海与全国居民人均可支配收入增长趋势

居民收入稳定增长的主要原因：一是上海出台实施提信心扩需求稳增长促发展“32 条”、投资促进“24 条”、促消费“15 条”、稳外贸“21 条”等，帮扶市场主体减负赋能，经济总体呈现持续恢复、回稳向好态势。二是促就业保民生政策连续出台，就业形势总体稳定，民生保障标准持续提高。三是受疫情影响，2022 年居民收入增幅较低（2.0%）。

（二）居民收入增长快于经济增长

2023 年，上海居民人均可支配收入增长 6.6%，扣除价格因素后，实际增长 6.3%，快于经济增长 1.3 个百分点。

上海“十四五”规划纲要提出了“居民收入增长与经济增长基本同步”的目标。从调查数据看，2021-2023 年，上海居民人均可支配收入名义增长 5.5%，扣除价格因素以后，年均实际增长 4.1%；同期，全市生产总值年均增长 4.3%，基本同步目标总体实现。

（三）居民收入绝对水平继续保持全国首位

2023 年，上海居民人均可支配收入水平在 31 个省（自治区、直辖市）中继续位居第一，高出第二位的北京 3082 元。分城乡看，城镇居民人均可支配收入高出第二位的北京 827 元，农村居民人均可支配收入高出第二位的浙江 2677 元。

从增幅看，上海居民收入增幅在全国排名靠前，排名第八位。其中，城镇和农村居民分别位列第一位和第五位。

表 1　2023 年全国及部分省市居民人均可支配收入情况

指　标	全体居民		城镇常住居民		农村常住居民	
	金额（元）	增速（%）	金额（元）	增速（%）	金额（元）	增速（%）
全　国	39218	6.3	51821	5.1	21691	7.7
上　海	84834	6.6	89477	6.5	42988	8.2
北　京	81752	5.6	88650	5.5	37358	7.5
天　津	51271	4.7	55355	4.4	30851	6.3
江　苏	52674	5.6	63211	5.0	30488	7.0
浙　江	63830	5.9	74997	5.2	40311	7.3
安　徽	34893	6.6	47446	5.1	21144	8.0
福　建	45426	5.4	56153	4.3	26722	6.9
江　西	34242	5.6	45554	4.2	21358	7.1
山　东	39890	6.2	51571	5.1	23776	7.5
广　东	49327	4.8	59307	4.2	25142	6.5
重　庆	37595	5.4	47435	4.2	20820	7.8

注：由于在城镇化过程中，城镇人口和农村人口权重的不断变动，造成部分省市全体居民收入增速会快于分城乡居民收入增速的情况。

（四）农村居民收入增长继续快于城镇，城乡居民收入比进一步缩小

2023 年，上海城镇居民人均可支配收入 89477 元，增长 6.5%；农村居民人均可支配收入 42988 元，增长 8.2%，城乡居民收入比由 2022 年的 2.12 进一步缩小至 2.08。

农村居民收入增长快于城镇居民的主要原因：一是惠农增收政策持续出台，有效促进农村居民收入增加。二是经营活动有力恢复，农村劳动力外出就业率、就业时间较上年明显回升，劳动收入增长较快。三是乡村振兴战略大力推进，农村综合帮扶项目投资收益显现。

表 2　2023 年上海城乡居民收入情况

人均可支配收入	金额（元）	比上年增长（%）	两年平均增长（%）
全体居民	84834	6.6	4.3
其中：城镇居民	89477	6.5	4.2
农村居民	42988	8.2	5.6

二、收入结构及增长特点

（一）就业形势稳定，工资性收入增速回升较快

2023 年，上海居民人均工资性收入 53260 元，比上年增长 8.8%，占可支配收入比重 62.8%，是收入增长的决定性因素。

工资性收入回升较快的主要原因：一是就业形势逐步改善，就业岗位持续增加，城镇调查失业率保持低位。二是就业服务水平稳步提高，最低工资标准继续上调。上海出台《上海市就业促进条例》，组织开展促进就业专项行动，实施稳就业“18 条”等政策。3 月发布企业工资指导线，7 月上调最低工资标准 3.9%。

（二）生产经营环境持续改善，经营净收入恢复增长

2023 年，上海居民人均经营净收入 1592 元，比上年增长 4.4%，占可支配收入比重 1.9%，对收入影响

有限。上海生产经营持续恢复，主要是批发零售、文旅出行、住宿餐饮等行业恢复较快，带动相关经营收入增长。

（三）房屋租赁价格总体平稳，财产净收入保持稳定

2023 年，上海居民人均财产净收入 10764 元，比上年增长 0.2%，占可支配收入比重 12.7%。上海房地产与房屋租赁市场总体稳定，农村转让承包土地经营权收益稳中有升，居民财产净收入保持稳定。

（四）民生保障政策有力有效，转移净收入稳步增长

2023 年，上海居民人均转移净收入 19218 元，比上年增长 4.4%，占可支配收入比重 22.6%，是收入增长的重要稳定因素。上海各项民生保障政策有力有效，促进居民转移净收入稳步增长。一是上调城镇职保退休养老金，居保基础养老金和最低生活保障标准，其他多类救助标准同步提高。二是出台多项医保惠民政策，包括降低职工医保门急诊报销门槛、提高门急诊报销比例等，减轻人民群众就医负担。

表 3　2023 年上海居民人均可支配收入来源及构成

指　标	金额（元）	增速（%）	比重（%）
人均可支配收入	84834	6.6	100.0
工资性收入	53260	8.8	62.8
经营净收入	1592	4.4	1.9
财产净收入	10764	0.2	12.7
转移净收入	19218	4.4	22.6

三、居民收入影响因素分析

2023 年，居民收入增长更多仍属于恢复性增长，居民收入增长的基础仍需巩固。下阶段，居民收入增长仍将受到多方面因素的影响。

（一）影响居民收入增长的有利因素

1.宏观经济增长趋势向好

习近平总书记在上海考察时指出，要加快建成具有世界影响力的社会主义现代化国际大都市，在推进中国式现代化中充分发挥龙头带动和示范引领作用。上海“五个中心”加快建设，将不断推动城市能级提升。长三角一体化发展深入推进，G60 科创走廊加快建设，将进一步推动项目、技术、资金、人才等要素跨区域流动，助力沿线地区经济增长。各项重大工程建设加快推进，全年预计完成重大项目投资 2300 亿元。宏观经济保持增长为居民收入增长奠定良好基础。

2.上海经济增长新动能逐步显现

上海作为国内最大的智能制造系统集成解决方案输出地，以及智能制造核心装备产业集聚区，连续 3 年蝉联“中国先进制造业城市发展指数”全国第一。2024 年，上海将继续大力推动智能工厂建设和智能装备应用，预计全年将新建智能工厂 70 家。新质生产力加快发展，实体经济能级和产业核心竞争力不断提升，为居民就业增收带来积极影响。

（二）影响居民收入增长的不利因素

1.逆全球化影响外贸增长

国际环境严峻复杂，政治纷争和军事冲突多点暴发，各国分化趋势扩大，多边合作受到阻碍，给经济增长带来压力。逆全球化风潮升温，西方国家连续几年的“脱钩断链”给外贸增长带来不利影响。中国与美、欧、日、韩的贸易依存度已经大幅下滑。中国从美国第一大贸易伙伴下降到第三大贸易伙伴，被墨西哥及加拿大超越。全球经济碎片化，地缘冲突加剧等，对全球产业链供应链造成冲击。

2.货币政策效果难显现

市场投资意愿不足，货币政策推动经济增长的效果不如预期。货币投放对刺激市场的作用有限，大部

分转化为居民和企业储蓄。超发的广义货币 M2，未能有效流入市场，为经济活动提供的动力不足，实体经济活跃度不高，消费市场恢复基础仍需进一步巩固。

四、稳定上海居民收入增长的对策建议

（一）以稳就业为重点保障居民工资性收入增长基本盘

一是利用财政、货币等宏观经济政策形成合力支持就业，多渠道提供就业机会。二是提高市场主体活力，扩大企业就业容量，通过发展新就业形态促进就业，带动就业岗位增加。三是提升应届生职业技能，推进职业教育专业化。四是不断开拓与增加应届生就业岗位，积极拓展政策性岗位资源。

（二）以建设美丽乡村为契机大力提升农民收入

全力落实 2024 年 1 月印发的《中共中央国务院关于全面推进美丽中国建设的意见》，建设美丽乡村。因地制宜推广浙江“千万工程”经验，统筹推动乡村生态振兴和农村人居环境整治。通过财政资金撬动社会资本和金融资本，打造合作平台，出台更具体的支持措施，让社会资本在农村“大显身手”，让金融资本“下得去”村庄、普惠到农户，调动各方力量，破解乡村资金不足的困境。以乡村建设为契机，增加农民就业机会，提升农民各项经营性收入，同时提高农村各类转移性收入。

（三）讲好上海文旅故事带动居民多渠道增收

建设文化强国、推动文化和旅游高质量发展，是以习近平同志为核心的党中央作出的重大战略决策，也是更好满足人民美好生活需要的重要途径。电视剧《繁花》开启了 2024 年的上海文旅热度。黄河路美食街人潮汹涌、“宝总同款”脱销、和平饭店订满、排骨年糕超售、原著再次热卖等“繁花红利” 带火了一系列的衣食住行各类消费。建议继续做好上海文旅数字化传播，提高线上流量到线下消费的转化率，把文旅流量转换为居民增收的动能。一是将上海的红色文脉、城市品牌等上海名片融入文艺作品，增加流量，活跃消费市场。二是持续优化营商环境，提升游客对“活在上海”的体验感和满意度，促进文旅流量转换为服务业收入增长，带动居民财产性收入、相关行业的经营性收入和工资性收入增长。

2023 年上海居民消费支出情况分析

内容提要：2023 年，我市着力提信心扩需求稳增长促发展，经济运行稳步恢复。居民收入继续增长，消费恢复基础进一步夯实，各项促消费政策效果接续显现。调查数据显示，上海居民人均消费支出 52508 元，比上年增长 14.0%。居民八大类支出全面增长，消费质量持续提升，服务性支出加快恢复。建议进一步提振消费信心，扩大有效需求，优化消费环境，创新海派文旅，持续增强内需支撑作用。

一、消费支出加快恢复

（一）总体水平两位数恢复性增长

2023 年上海居民人均消费支出 52508 元，比上年增长 14.0%，两年平均增长 3.6%。全年消费支出呈现"开局稳定、上半年恢复性较快增长、下半年逐步趋稳"的走势特征（一季度 1.2%、上半年 24.4%、前三季度 21.9%，全年 14.0%）。

（二）多重积极因素齐发力

2023 年上海经济发展和促消费政策共同发力，推动居民消费支出加快恢复。一是上海经济回稳向好，就业形势逐步改善，城镇调查失业率保持低位，居民收入稳步增长，全市居民人均可支配收入达 8.5 万元，比上年增长 6.6%，为消费支出恢复夯实基础。二是上海实施一系列促消费政策，陆续出台《上海市提信心扩需求稳增长促发展行动方案》《关于我市进一步促进和扩大消费的若干措施》《上海市加强消费市场创新扩大消费的若干措施》等，延续实施新能源车置换和老旧汽车"以旧换新"补贴政策，鼓励推动健康、智能、绿色环保等新消费热点和新业态的创新发展。三是文旅市场有序复苏，"五五购物节"、六个主题消费季、上海旅游节、上海国际电影节等活动成功举办，商家企业多批次发放消费券和代金券，有效释放市民消费需求。四是上年基数较低，2022 年上海居民人均消费支出下降 5.8%。

（三）近五年消费增速呈 W 型走势

2019-2023 年，上海居民人均消费支出从 45605 元增至 52508 元，累计增长 15.1%，年均增长 3.6%，呈 W 型走势（图 1）。其中，2020 年、2022 年因疫情影响，消费支出分别比上年下降 6.7%和 5.8%。2021 年、2023 年消费支出快速回升，分别比上年增长 14.9%和 14.0%。

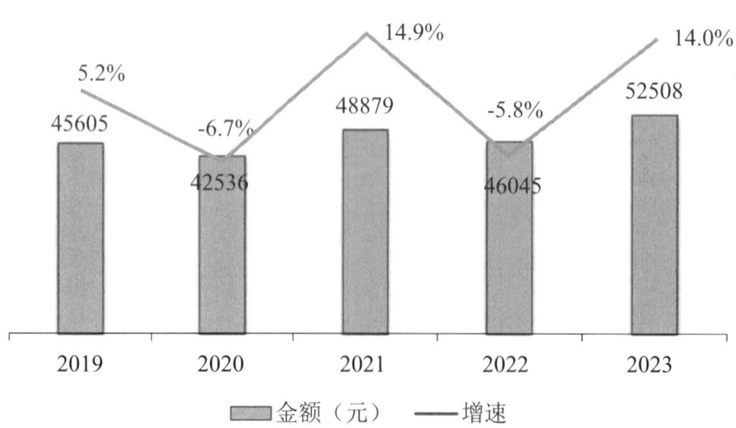

图 1　近五年上海居民人均消费支出情况

（四）农村居民消费恢复情况好于城镇

分城乡来看，2023 年上海城镇居民人均消费支出 54919 元，比上年增长 14.2%；农村居民人均消费支出 30782 元，比上年增长 12.2%。与 2021 年相比，城乡居民人均消费支出两年平均增长 3.5%和 6.4%，农村居民消费支出恢复情况总体好于城镇。主要原因，一是农村居民收入的两年平均增长快于城镇 1.4 个百分点；二是农村居民消费结构中，吃、住等刚需支出占比更大，受疫情影响波动相对较小。

（五）消费支出水平率先突破五万元

从全国来看，上海居民人均消费支出水平长期保持全国首位，2023 年率先突破五万元，比第二名的北京高出 4922 元。从增幅来看，上海居民人均消费支出增幅在全国靠前，位列第四。

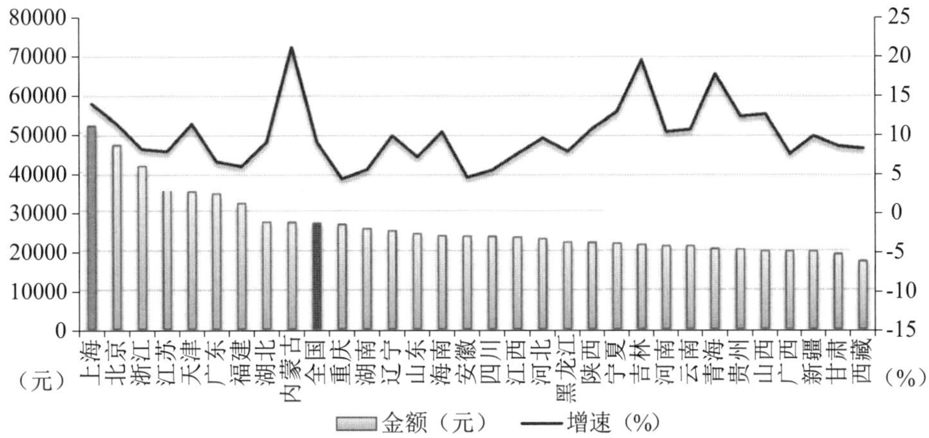

图 2　2023 年全国和 31 个省市居民人均消费支出情况

二、消费质量持续升级

（一）八大类支出全面恢复增长

从结构来看，2023 年居民消费八大类支出全面恢复性增长。其中，衣着、交通通信、教育文化娱乐、医疗保健和其他服务和用品类等五类回升较快，增幅均超过两位数。文旅消费带动作用最为明显，教育文化娱乐支出增幅超过六成。食品烟酒、居住和生活用品及服务类等基本支出，由于刚性较强，叠加物价温和上涨因素（2023 年全年 CPI 为 100.3），增长较为平稳，分别比上年增长 4.4%、5.1%和 6.7%。

表　2023 年上海居民消费支出增长及结构情况

指　标	金额（元）	占比（%）	同比增速（%）	两年平均增速（%）
消费支出	52508	100.0	14.0	3.6
1.食品烟酒	13214	25.2	4.4	2.4
2.衣着	1996	3.8	16.2	-2.2
3.居住	17944	34.2	5.1	5.5
4.生活用品及服务	2270	4.3	6.7	0.5
5.交通通信	5728	10.9	26.5	0.9
6.教育文化娱乐	4976	9.5	60.5	2.8
7.医疗保健	4650	8.8	28.6	9.5
8.其他用品及服务	1730	3.3	40.8	4.3

（二）服务性支出快速回升

2023 年上海服务消费市场明显复苏，服务性支出快速回升。居民人均服务性消费支出 31246 元，比上年增长 23.0%；占居民消费支出比重为 59.5%，比上年上升 4.3 个百分点。服务性支出对消费支出增长的贡献率为 90.3%，拉动增幅 12.7 个百分点，促使居民平均消费倾向从上年的 57.8%提升至 61.9%。

（三）消费结构进一步优化

2023 年，上海消费市场热点不断，文旅消费尤为火热，居民消费结构进一步优化。一是在各地大力推进乡村振兴、特色旅游和城市漫步风潮带动下，旅游出行和聚餐消费掀起热潮。居民人均团体旅游和门票支出增长 4.1 倍；旅馆住宿支出增长 3.1 倍；交通费支出增长 1.4 倍；在外饮食支出增长 54.2%。二是户外运动、电影观展、看剧演出等健身娱乐消费热情激发。据市体育局统计数据，上海经常参加体育锻炼的人数比例已超过 50%。2023 年居民人均体育健身活动支出增长 55.5%。上海电影市场票房收入领跑全国，人均电影话剧演出票支出增长 1.8 倍；三是新能源汽车、移动网络、成人培训、银发消费、宠物消费等多元化需求、个性化服务不断升温。居民人均购买交通工具支出增长 18.2%；购买通讯工具支出增长 22.1%；成人教育支出增长 62.5%；家政服务支出增长 90.5%；滋补保健品和保健器具支出增长 23.7%；宠物及有关产品支出增长 22.5%。

三、居民消费增长基础仍需巩固

（一）近年居民收入增速放缓

收入稳定增长是促进居民消费的基础。2019-2023 年，上海居民人均可支配收入年均增长 5.1%，相比疫情前 2015-2019 年平均增长 8.6%，增速回落 3.5 个百分点，表明近年居民收入增长趋势放缓，一定程度影响消费动力，需继续夯实居民收入增长基础，提升预期。

（二）消费信心有待进一步恢复

近年居民消费支出增速也呈放缓趋势。2019-2023 年，居民人均消费支出年均增长 3.6%，相比疫情前 2015-2019 年年均增长 7.0%，增速回落 3.4 个百分点。其中，衣着、生活用品及服务、交通通信、教育文化娱乐等非必要支出的增速更低，年均增长分别为-0.9%、1.7%、1.7%和-2.4%。2023 年居民平均消费倾向 61.9%，比 2019 年低 3.8 个百分点，表明居民缩减不必要消费、增加储蓄的意愿仍较强，消费信心有待进一步恢复。

四、扩大居民消费的建议

（一）增加居民收入，提振消费信心

要持续增加居民收入水平，做好稳就业工作，不断扩大中等收入群体规模；提高民生保障水平，推进乡村振兴，加快提高低收入群体收入；稳定金融和房地产市场价格，拓宽居民增收渠道。进一步推动经济高质量发展，有效提振消费信心，推动居民收入和消费持续增长。

（二）发展新兴业态，激发消费潜能

多元化需求正在快速扩张，中等收入群体、新生代和银发群体等是大众消费的中坚力量，这部分群体有较高的教育和收入水平，具有个性化、高品质化的消费需求。要满足不同群体的多样化消费需求，大力发展文旅、健康、智能、环保、消费金融等新消费业态，进一步激发居民消费潜能。

（三）加快改革转型，优化消费环境

新形势下新旧商业的表现分化，传统企业应加快供给侧改革，培育壮大新型消费。一是积极学习“触网”转型，吸引和培养新型服务岗位人才；二是优化改善产品和服务品质，丰富提升消费体验；三是加大力度统一国内大流通市场，扶持新消费业态，合力营造更健康的居民消费大环境。

（四）宣传海派文化，讲好上海故事

习近平总书记在宣传思想文化工作的重要指示中多次强调，要充分激发全民族文化创新创造活力。

一是用好红色名片，讲好上海故事，将上海的红色血脉、城市文脉等上海品牌融入文旅项目和文艺作品。二是用好“繁花红利”，深挖上海城市文化精髓，积极宣传美食、建筑、文化艺术、习俗传统等海派文化。三是不断创新海派文旅，推出更多上海文化 IP、时尚 IP，进行有效的商业化转换，成为城市消费新引擎。

2023年上海居民消费价格情况分析

内容提要：2023年，国内经济持续恢复向好，上海保供稳价工作有序推进，促消费政策多点发力，消费市场供求关系总体平稳。全年上海CPI（居民消费价格指数）比上年上涨0.3%，扣除食品和能源价格后的核心CPI上涨1.3%。从各月同比看，价格由上半年先涨后降的震荡态势，逐步调整为下半年温和波动的企稳态势。分类看，上海服务消费较快恢复，服务价格持续上行，为推动全年CPI上涨的主要因素；食品和工业品价格均有所回落，共同影响涨幅收窄。

2023年，上海CPI（居民消费价格指数）比上年上涨0.3%，涨幅较上年回落2.2个百分点。从月度同比看，上半年呈先涨后降的震荡态势，6月份起，随着高基数效应减退，价格波幅趋缓，企稳态势延续。全年扣除食品和能源价格的核心CPI上涨1.3%，各月均保持温和上涨态势。

一、总体概况：波幅趋缓、涨面居多

（一）月度同比波幅趋稳，环比季节性小幅波动

从同比看，上海CPI由上半年先涨后降转为下半年小幅波动。其中，1月份，受春节效应和疫情防控平稳转段等因素影响，价格同比上涨2.6%；2、3月份，随着节后市场供需逐步恢复平衡，涨幅分别回落至1.3%和0.9%；4、5月份，由于2022年同期疫情影响基数较高，同比转为下降1.1%和1.4%；6月份起，随着高基数效应减退，同比逐步回升，6～10月价格总体呈温和上涨态势，各月涨幅均在0.8%以内；11、12月份，随着能源价格由涨转降，加之2022年同期疫情形势反复基数上升，上海CPI同比分别下降0.2%和0.3%。

从环比看，上海CPI呈季节性小幅波动态势。1月份，在春节等因素带动下，CPI环比上涨1.1%；2月份，伴随节日效应逐步消退，环比转为下降0.7%；3～5月，市场供需总体平稳，环比在±0.1%小幅波动；6月份，部分鲜活食品价格季节性回落，拉动环比下降0.4%；7～9月，暑期出游需求大幅增加，加之国际原油价格波动影响，各月环比稳中有涨，涨幅均在0.5%以内；10、11月份，受天气偏暖农产品供应充足、出行等服务消费需求回落等影响，环比分别下降0.3%和0.6%；12月份，受寒潮天气及节前消费需求增加等影响，环比转为上涨0.2%（见图1）。

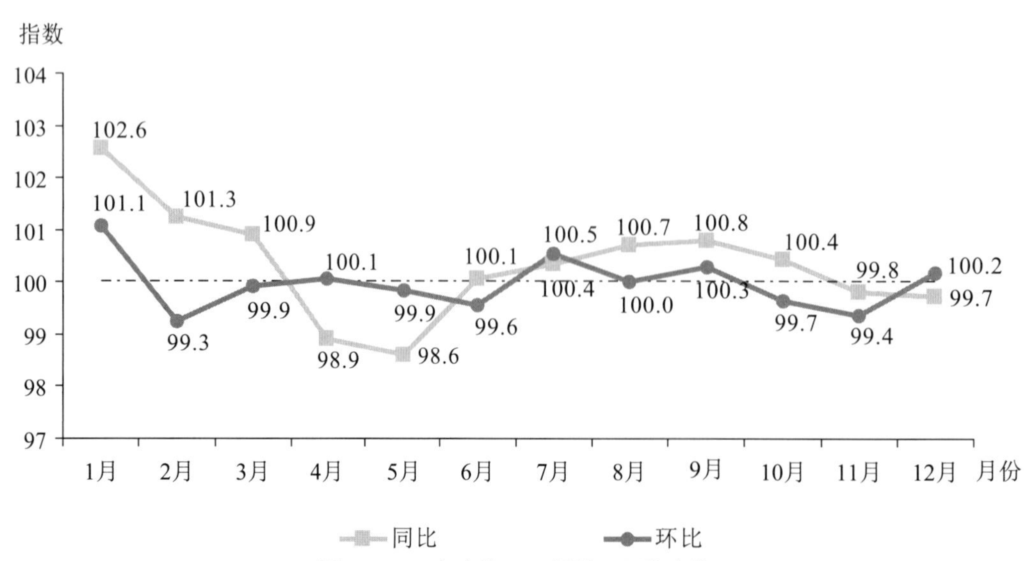

图1　2023年上海CPI同比、环比走势

（二）八大类价格“六涨二降”

分类别看，2023 年，上海 CPI 八大类价格“六涨二降”。因上年基数较高，食品烟酒价格下降 1.2%；受能源价格下降拉动，交通通信价格下降 0.9%。其他用品及服务、教育文化娱乐、衣着价格分别上涨 4.8%、3.6%和 2.0%，涨幅靠前；其余三类价格涨幅均在 0.2%～0.4%之间（见图 2）。

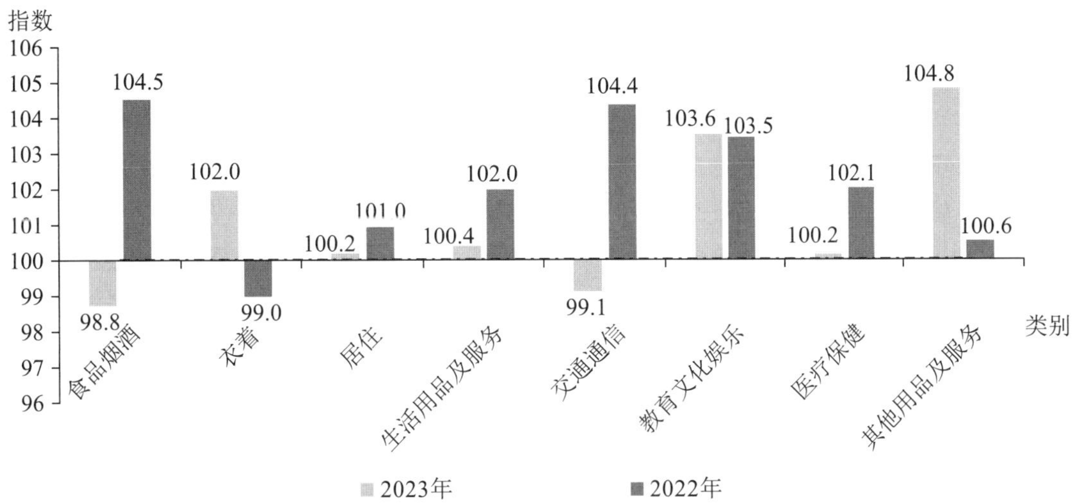

图 2　2022 年和 2023 年上海 CPI 八大类价格同比指数

二、运行特点：服务价格为上拉总指数的主要动力

2023 年，上海居民消费价格温和上涨。其中，服务价格持续上涨，为推动全年 CPI 上涨的主要因素；食品和工业品价格均有所下降，共同拉低价格涨幅。

（一）鲜活食品价格下降主导食品价格回落

2023 年，上海食品价格同比下降 3.0%，是平抑总指数的主要因素，其中鲜活食品价格降幅明显。

1.气候状况良好叠加高基数因素影响，鲜菜价格有所下降

2023 年，气候状况总体良好，叠加高基数因素影响，上海鲜菜价格高位回落，下降 6.0%。分月看，1、2 月份，受春节较往年提前叠加低温等因素影响，鲜菜价格同比明显上涨；3～5 月，天气逐步转暖，蔬菜产销衔接有序，加之上年同期疫情影响基数抬升，价格转为下降，各月降幅均超过 10%；6、7 月份，梅雨、高温等异常天气扰动，价格呈阶段性上扬态势；8～10 月，伴随天气持续晴好，市场供应充足，价格连续下降；11 月份，价格转为微涨；12 月份，受上年同期疫情反复基数上升影响，价格又出现下降。

2.产能总体充足，猪肉价格低位徘徊

2022 年 11 月份以来，猪肉产能持续释放，上海猪肉价格环比七连降，各月降幅在 1.6%～10.6%之间；2023 年 6 月份起，经济复苏势头明显，加之养殖户二次育肥积极性增强等影响，猪肉价格结束连降态势，6～9 月环比转为四连涨，涨幅在 0.5%～8.1%之间；四季度，生猪出栏量有所增加，加之天气偏暖部分腌腊需求延后，猪肉价格又出现小幅下降，但降幅逐月收窄。

从同比看，2023 年，上海猪肉价格整体处于低位，较上年下降 14.2%。分月看，仅 1、2 月份同比上涨，3 月份起价格呈十连降，其中，5 月份降幅最大，此后降幅整体收窄。

3.供应形势良好，鸡蛋价格由涨转降

2023 年，上海鸡蛋市场供应形势较好，价格比上年下降 6.7%。从月度同比看，1～3 月价格呈上涨态势，涨幅在 9.5%～10.2%之间；4 月份开始价格由涨转降，在上年高基数影响下，5 月份降幅达年内最大，此后降幅整体收窄。

其他食品类别中，禽肉类市场供需总体平衡，各月环比保持小幅波动，全年价格比上年上涨 4.3%；食用油、糖果糕点类和薯类价格涨幅在 2.0%左右，较上年均有回落。

（二）能源主导工业品价格稳中略降

2023 年，上海工业品价格同比由 2022 年的上涨 2.0%转为下降 0.8%，其中，能源价格是影响指数变化的主要原因。在国际原油价格波动传导下，上海能源价格由 2022 年上涨 10.5%转为下降 3.0%，其中，汽油、柴油价格降幅均在 6.0%左右。分月看，汽、柴油价格自 3 月份进入下行通道，期间仅在 10 月份略有抬升，12 月份价格再次转为小幅下降。

2023 年，除能源外的工业品价格总体平稳。一方面，国际金价震荡冲高，带动上海金饰品价格持续上行，全年累计涨幅超一成，较上年明显扩大。另一方面，消费政策效应持续显现，上海燃油小汽车和新能源小汽车价格降幅均在 5.0%左右，其中，新能源小汽车月度价格最大降幅近一成。洗衣机、电冰箱和厨房小家电等价格均有不同程度下降，带动大型家用器具和小家电价格分别下降 0.4%和 2.5%。

（三）多因素助推服务价格持续上行

2023 年，上海服务消费市场较快恢复，服务价格较上年上涨 1.8%，各月价格均保持较快上涨势头，涨幅在 1.0%～2.8%之间。其中，4、5 月份，受出行需求激增叠加上年基数较低影响，价格分别上涨 2.8%和 2.3%，涨幅达年内小高峰。

2023 年，居民出游意愿和信心持续增强，旅游市场需求大幅增长，拉动上海飞机票、宾馆住宿和旅行社收费价格涨幅均超一成。文化娱乐市场热度攀升，景点门票、电影及演出票价格不同程度上涨，涨幅均在一成以内。受用工成本上升等影响，各类生活服务价格稳步上涨，其中，车辆修理与保养、装潢维修费价格涨幅均超 5.0%，其他如家政服务、衣着洗涤保养和宠物服务等价格小幅上涨。2023 年，上海租房市场保持平稳态势，全年房租价格稳中微涨。

三、与全国及部分城市比较

（一）上海累计涨幅略高于全国

2023 年，上海 CPI 涨幅高出全国 0.1 个百分点。从月度同比看,仅 4、5 月份因 2022 年疫情带来的高基数影响低于全国，其余各月走势与全国基本一致（见图 3）。

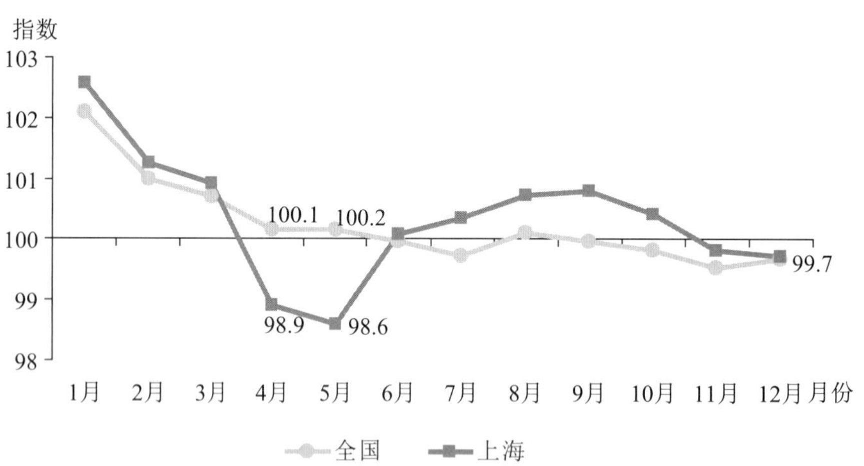

图 3　2023 年上海与全国 CPI 月度同比指数

分类别看，2023 年，上海食品烟酒价格下降 1.2%，而全国上涨 0.3%；医疗保健价格上涨 0.2%，涨幅比全国低 0.9 个百分点。除以上两类价格低于全国外，上海其余六类价格均高于全国水平，差距在 0.2 个到 1.6 个百分点之间。

（二）京津沪涨幅较为接近

2023 年，京津沪 CPI 涨幅较为接近，分别为 0.4%、0.4%和 0.3%；而重庆 CPI 下降 0.3%。与北京相比，上海涨幅低于其 0.1 个百分点，其中，上海食品烟酒价格下降 1.2%，而北京上涨 0.1%，是造成两市价格差距的主因；此外，上海交通通信价格降幅小于北京 0.8 个百分点，对缩小两市价格差距起主要作用。

2023年上海工业生产者价格情况分析

内容摘要:2023年全年上海工业生产者出厂价格和购进价格环比累计均下降0.7%,比上年分别下降0.3%和1.1%。2023年上海工业生产者价格变动主要由重点行业价格变动拉动:国际油价波动使石油类价格呈波浪型走势,化工产品价格波动下行;美元升值使电子行业价格升幅明显;钢材价格前高后低。

2023年,在世界百年未有之大变局加速演进、地缘政治复杂严峻、巴以冲突加剧、全球经济增速持续放缓等复杂的外部条件下,叠加国内经济回升向好,但有效需求不足、部分行业产能过剩等多重因素的影响,上海工业生产者价格呈波浪形走势。2023年上海工业生产者出厂价格和购进价格环比均累计下降0.7%,比上年分别下降0.3%和1.1%。

一、2023年上海工业生产者价格总体情况及运行特点

(一)工业生产者价格运行总体情况

1.两个价格环比均呈“涨-降”交替态势

从全年环比走势看,2023年1月份,上海工业生产者价格(以下简称:PPI)延续上年年底低位运行态势,出厂价格和购进价格比上月分别下降0.2%和0.6%;之后,受人民币汇率振荡和大宗商品价格波动等因素的影响,出厂价格和购进价格环比分别在2月份和3月份由降转涨;4月份,在化工、电子、汽车等行业价格回落等多重因素的带动下,两个价格由涨转降,5-6月,两个价格继续呈下降态势;7-10月,受油价、汇率等因素的影响,两个价格环比呈上涨状态,其中9月份购进价格环比涨幅为今年以来最大;11-12月,受大宗商品价格回落等因素的影响,两个价格有所回落。2023年,上海工业生产者出厂价格和购进价格环比均累计下降0.7%(见图1)。

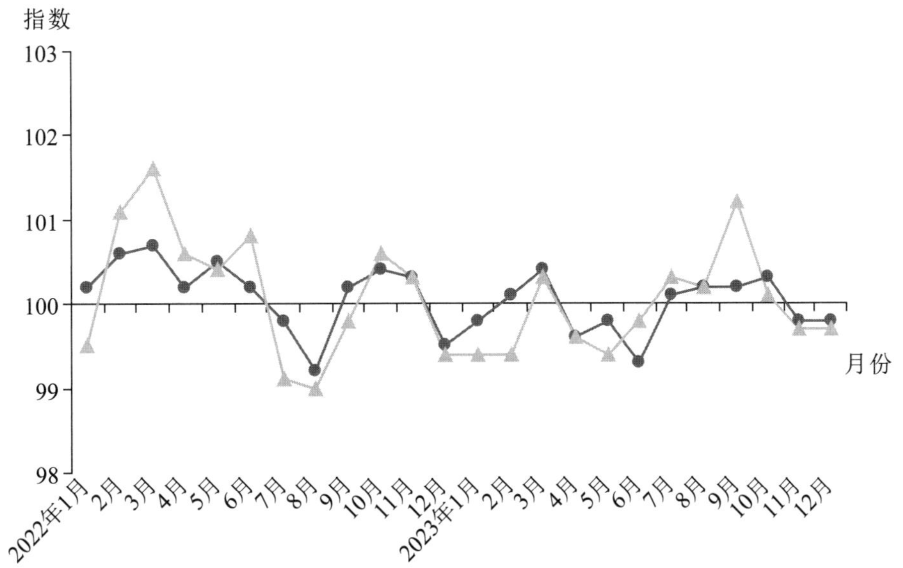

图1 2022年以来上海工业生产者价格月度环比指数

2.两个价格同比均呈波浪形走势

从同比趋势看，2023 年 1-2 月，主要受上年年底翘尾因素影响，上海工业生产者出厂价格和购进价格继续维持上涨态势，但涨幅明显收窄；随着翘尾因素逐月消失，在价格环比回落的影响下，购进价格和出厂价格同比分别在 3 月份和 4 月份由涨转降，之后降幅逐月扩大，6 月份两个价格同比降幅分别达 1.7%和 3.7%；7-10 月，因环比止降转涨，两个价格同比降幅有所收窄；11-12 月，受大宗商品波动等因素的影响，两个价格同比降幅扩大。2023 年，上海工业生产者出厂价格和购进价格比上年分别下降 0.3%和 1.1%（见图 2）。

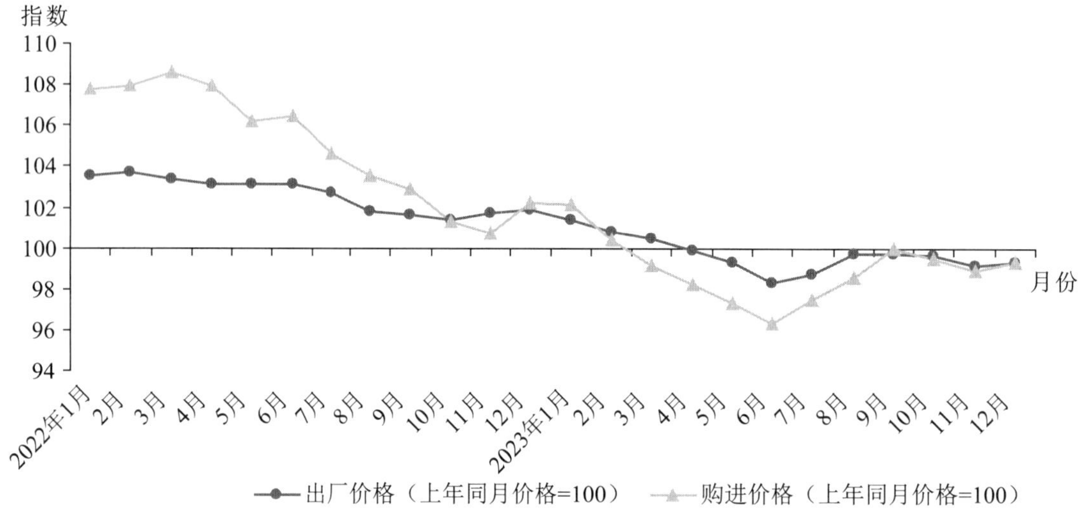

图 2　2022 年以来上海工业生产者价格月度同比指数

（二）工业生产者价格运行主要特点

1.出厂价格变动主要受重点行业拉动

2023 年，主要受上年以来国际原油价格波动、行业发展周期等因素的综合影响，上海石油煤炭及其他燃料加工业、化学原料和化学制品制造业出厂价格比上年分别下降 5.7%和 7.8%；主要受成本、供求关系等因素影响，黑色金属冶炼和压延加工业价格比上年下降 1.5%；受市场因素影响，汽车制造业价格比上年下降 2.5%。这些行业是下拉 2023 年上海 PPI 总指数的主要因素，合计下拉 1.6 个百分点。

另一方面，2023 年,上海计算机、通信和其他电子设备制造业出厂价格主要受美元对人民币升值的累积影响，比上年上涨 5.1%；电力、燃气生产和供应业价格主要受煤炭、天然气等一次能源价格上涨拉动，比上年分别上涨 1.9%和 6.4%。上述重点行业出厂价格上涨是上拉 2023 年上海 PPI 总指数的主要因素，合计上拉 1.0 个百分点（见下表）。

2023 年上海重点行业出厂价格变动情况及对总指数的影响

类　别	比上年涨降幅度（%）	对总指数影响（百分点）
工业生产者出厂价格	-0.3	—
#石油、煤炭及其他燃料加工业	-5.7	-0.3
化学原料和化学制品制造业	-7.8	-0.7
黑色金属冶炼和压延加工业	-1.5	-0.1
汽车制造业	-2.5	-0.5
计算机、通信和其他电子设备制造业	5.1	0.8
电力、热力生产和供应业	1.9	0.1
燃气生产和供应业	6.4	0.1

2.九大类原材料购进价格同比“三涨六降”

2023 年，上海九大类原材料购进价格与去年相比呈“三涨六降”态势。其中，建筑材料及非金属类、化工原料类价格降幅较大，分别为 7.0%和 5.5%；燃料动力类、农副产品类、黑色金属材料类、木材及纸浆类价格也有所下降，降幅在 2.4%-4.4%之间；而其他工业原材料及半成品类（0.6%）、纺织原料类（1.7%）、有色金属材料及电线类（2.2%）价格则均有所上涨，但涨幅相对较小（见图 3）。

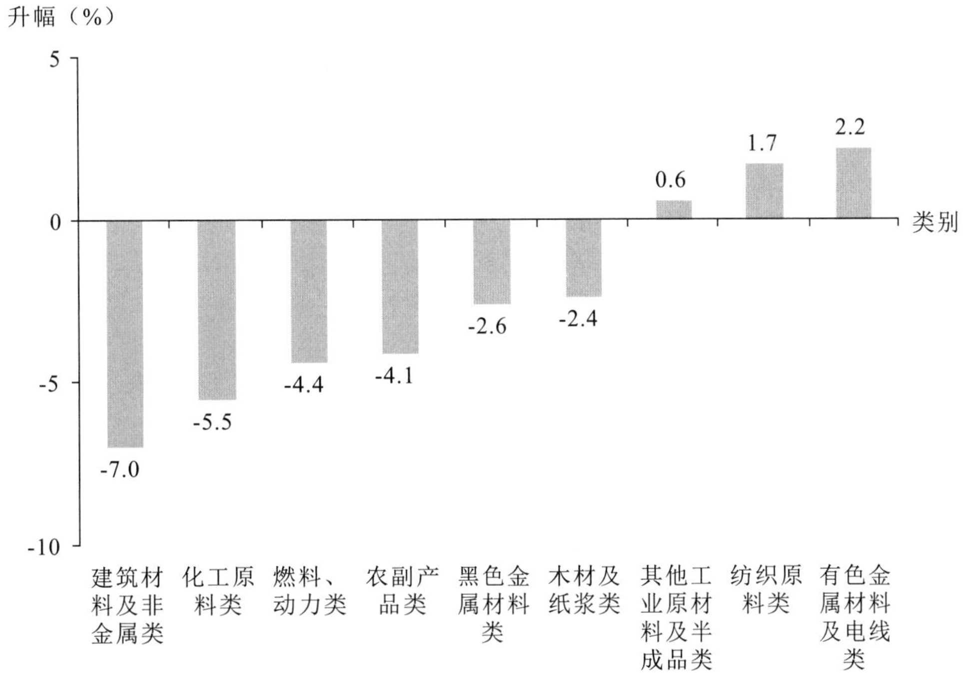

图 3　2023 年上海工业生产者购进价格分类比上年涨降幅

3.上海工业生产者价格变动与全国存在差异

2023 年，上海工业生产者出厂价格比上年下降 0.3%，而全国则下降 3.0%，两者相差 2.7 个百分点。主要原因，一是 2023 年全国出厂价格下降幅度较大的煤炭、石油等采掘类行业，上海几乎没有；二是上海钢材、化工等行业与全国产品结构不同，价格降幅小于全国；三是上海电子类行业出口比重较大，其产品价格受美元升值影响而出现较大幅度上升，而全国该行业价格仍然继续呈下降趋势。从长期来看，上海 PPI 与全国趋势相同，但无论是上升阶段还是下降阶段，上海的波动幅度均小于全国，2023 年上海 PPI 降幅小于全国，与上两年上海升幅小于全国的“基数效应”不无关系（见图 4）。与其他省市相比，上海出厂价格比上年下降 0.3%，而其他省市除了西藏上升 1.1%外，其余均下降，其中北京下降 0.8%。

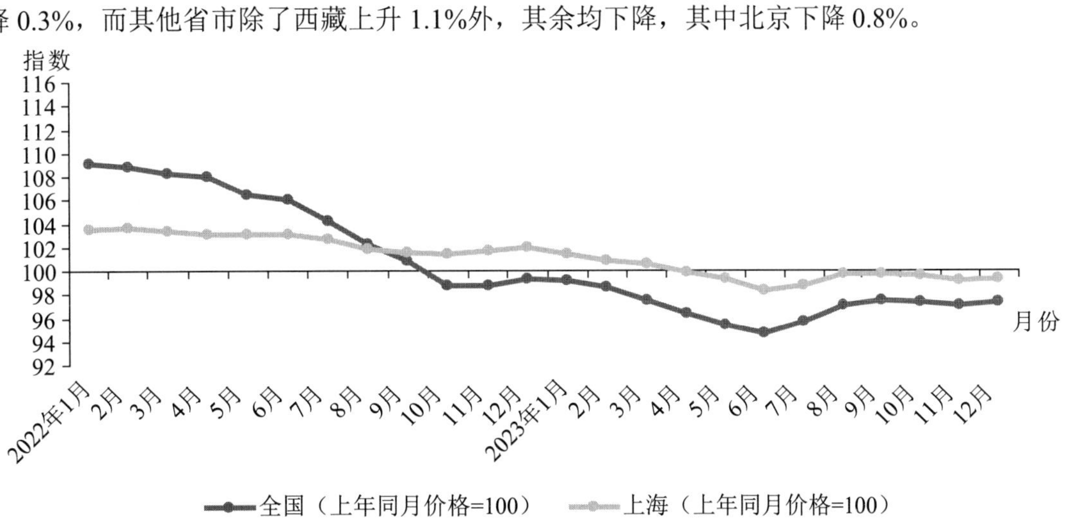

图 4　2022 年以来全国和上海工业生产者出厂价格同比指数

二、上海重点行业价格变动原因

1.石油价格呈波浪形走势

2023 年 1-2 月，受世界经济放缓及需求收缩等因素影响，国际原油价格在 73-82 美元/桶之间振荡；3 月中旬，美国硅谷银行倒闭事件叠加美国通胀报告数据不容乐观，引发了市场对金融风险的担忧，原油价格大幅下跌，WTI 曾降至 66 美元/桶；4 月初，欧佩克及其减产同盟国宣布进一步减产，国际油价又急速上涨，WTI 回升至 80 美元/桶；5-6 月，在 OPEC+深化减产、全球经济复苏缓慢的共同作用下，WTI 原油价格在 70 美元/桶左右振荡；7-10 月，受信息面扰动、OPEC+延续额外减产规模等多重因素的影响，原油价格不断上涨，9 月 14 日，WTI 油价今年首次升破 90 美元/桶关口，创下 2022 年 11 月份以来新高；11-12 月，主要受经济疲软导致需求不足、OPEC+深化减产力度存疑等因素的影响，石油价格不断下跌，下行压力加大（见图 5）。2023 年，上海石油、煤炭及其他燃料加工业价格比上年下降 5.7%。

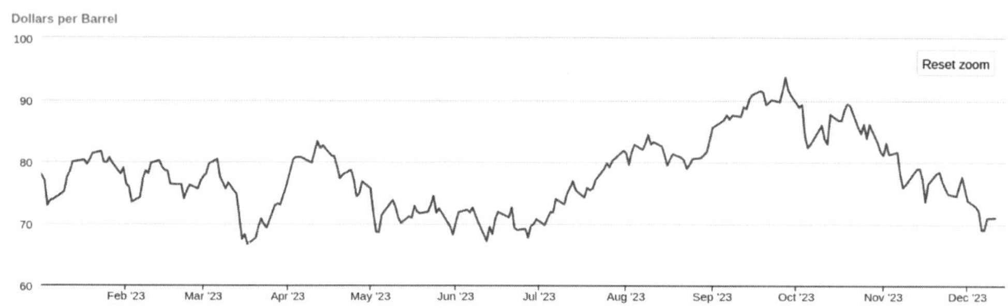

图 5　2023 年 WTI 原油期货价格走势（图片来源：EIA 网站）

2.化工产品价格呈波动下行走势

2023 年上半年，在美联储激进加息、市场对经济衰退担忧加剧及需求疲软等因素影响下，国际原油价格总体呈下行态势，化工产品价格缺乏支撑，加之需求端偏弱，在成本因素和供求关系共同作用下，化工产品价格呈下行趋势；三季度，在原材料价格上涨及需求逐步回升等因素的影响下，化工产品价格整体逐步上行；四季度，原油等大宗商品价格波动，叠加下游需求疲软，化工产品价格有所下降（见图 6）。2023 年，上海化学原料和化学制品制造业出厂价格比上年下降 7.8%。

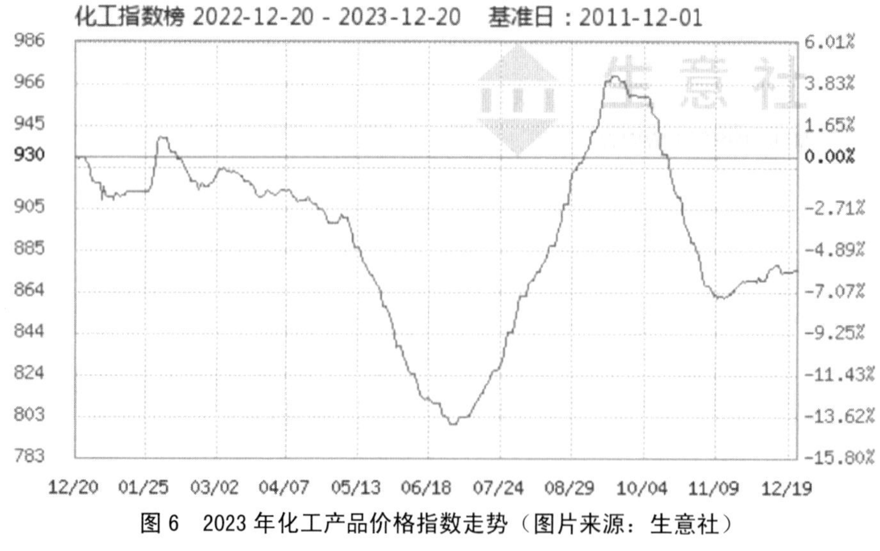

图 6　2023 年化工产品价格指数走势（图片来源：生意社）

3.汇率对电子行业影响较大

2022 年由美元加息造成的人民币相对美元的两波贬值，使得上海以美元计价的电子设备制造业产品换算为人民币的价格持续上涨。2023 年一季度，人民币兑美元汇率中间价在 6.7-6.9 之间高位徘徊；5 月下旬，人民币兑美元汇率跌破 7.0 关口；下半年，人民币兑美元汇率在 7.0-7.2 之间波动。由于上海计算机、通信和其他电子设备制造业产品出口比重较大且多以美元计价，换算成人民币后，受汇率波动影响，2023 年，计算机、通信和其他电子设备制造业出厂价格比上年涨幅达 5.1%（见图 7）。

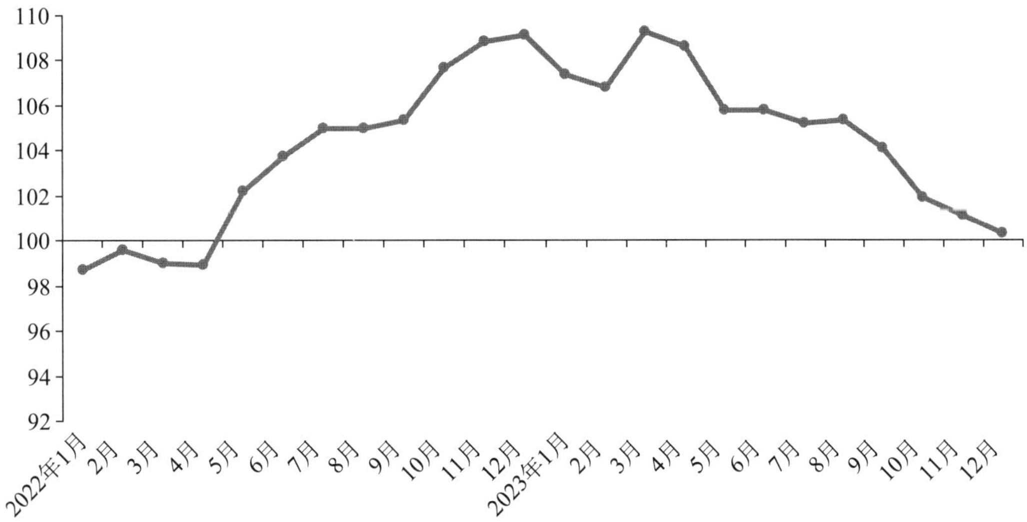

图 7　2022 年以来上海计算机、通信和其他电子设备制造业出厂价格同比指数（上年同月价格=100）

4.钢材价格前高后低

2023 年年初，受稳增长政策刺激、国内经济环境整体向好、需求释放等因素影响，钢材价格高位波动，西本新干线国内钢价指数于 3 月 14 日达到今年以来最高位的 4690 点；二、三季度，需求偏弱疲软，加之原材料铁矿石、焦炭价格同步下行，对钢材价格支撑转弱，使钢材价格出现明显下降，国内钢价指数从 3 月份的高点，一路跌至 5 月下旬的 3790 点,随后钢价指数在 4000 点左右振荡徘徊；四季度，受行业集中检修导致供应不足，加之铁矿石价格上涨的影响，钢材价格小幅回升，钢价指数达 4340 点（见图 8）。2023 年，上海黑色金属冶炼和压延加工业产品出厂价格比上年下降 1.5%。

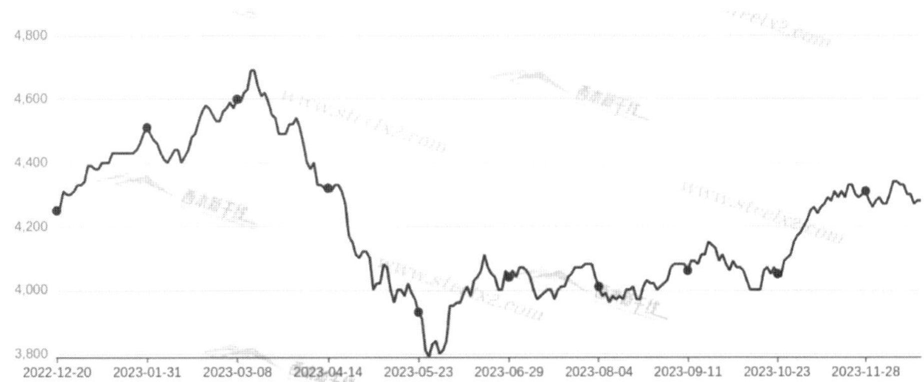

图 8　近一年钢材价格指数走势（图片来源：西本新干线）

三、对保持本市工业生产者价格稳定运行的对策建议

1.加快构建新发展格局

2023 年是全面贯彻党的二十大精神的开局之年，是经济恢复发展的一年，全国经济在持续承压中走出一条回升向好的复苏曲线，取得殊为不易的发展成绩。在新的一年里，上海要坚持深化供给侧结构性改革和着力扩大有效需求协同发力，使国内大循环建立在内需主动力的基础上，提升循环质量和水平；必须坚持依靠改革开放增强发展内生动力，统筹推进深层次改革和高水平开放，不断解放和发展社会生产力，加

快工业现代化产业化建设。

2.增强大宗商品话语权

要进一步完善油品定价机制及大宗商品库存储备机制，防止资金炒作造成大宗商品价格的大幅波动；要通过对外部能源和矿产等资源投资合作及开发利用，输出生产能力；要稳步推进人民币计价石油期货、有色金属期货等，增强对国际资源类产品的定价权与话语权；要积极参与制定中国自己的大宗商品权威指数，提高其代表性和影响力。

3.完善现代化供应链体系

加快推进制造业高质量发展，打造具有国际竞争力的先进产业群，打通产业链的每一个关键环节，提升关键产品产量，通过补链、延链等，建立完善的供应链体系，提升供应链现代化水平；要鼓励重塑传统领域产业格局，积极引导龙头企业带动创新链发展，支持中小企业聚焦细分领域攻关科技创新难点，畅通创新研发渠道。

2023 年上海农业农村经济情况分析

内容摘要：2023 年，上海积极贯彻落实中央一号文件精神，以“三园”工程（美丽家园、绿色田园、幸福乐园）建设为抓手，全市农业农村经济运行总体平稳，粮食、生猪等主要农产品产量稳中有升，乡村振兴发展成效显著。但目前全市仍存在农用地结构性矛盾、农业收益不断压缩等不良影响以及乡村振兴发展短板。2024 年，建议应继续坚持走都市现代农业发展道路，不断提升农业规模效益，积极培育品牌农产品，通过借助一二三产业融合，大力发展新型农村集体经济，高质量推动乡村振兴和都市现代农业建设。

2023 年，上海积极贯彻落实中央一号文件精神，全市各农业生产单位不断加大粮食、肉禽蛋奶的生产力度，稳产保供取得明显成效，农业高质量发展加快推进。同时，上海积极推进乡村振兴建设，以“三园”工程建设为抓手，通过高标准建设“美丽家园”，高质量建设“绿色田园”，高水平建设“幸福乐园”，使农村更加和美宜人，农业更加绿色高效，农民更加富裕安康。

一、2023 年上海农业生产运行概况

（一）农业经济运行总体平稳

2023 年，上海实现农林牧渔业总产值 269.60 亿元，比上年微降 0.7%（按可比价格计算，下同）。从总体情况看，上海农业在农用地资源和农业从业人员日益减少、环境保护约束不断加强等因素影响下，不断加大粮食、肉禽蛋奶的生产力度，稳产保供取得明显成效，降幅已连续 5 年收窄（见下图）。

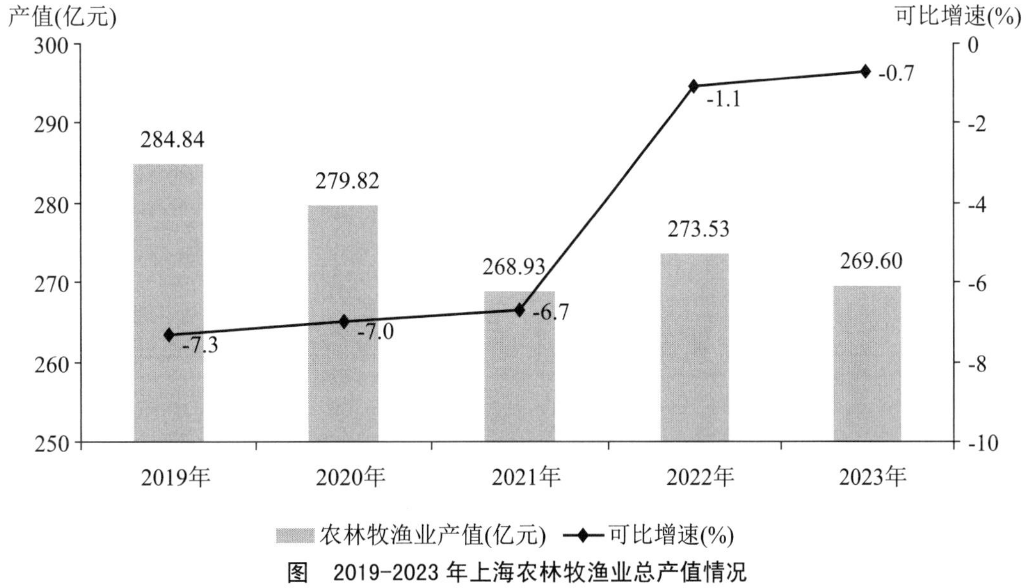

图　2019-2023 年上海农林牧渔业总产值情况

分行业看，五大业产值“一增四降”。其中，牧业受生猪、家禽、牛奶生产形势向好影响，产值增长 7.2%；种植业、渔业主要受蔬菜和淡水产品产量下降影响，产值分别下降 1.3%和 2.3%；不涉及农产品生产的林业、农林牧渔业专业及辅助性活动产值分别下降 13.1%和 5.5%，两者合计占农林牧渔业总产值的 9.1%（见下表）。

表　2023年上海农林牧渔业总产值

指　标	产值（亿元）	比上年增长（%）	比重（%）
农林牧渔业总产值	**269.60**	**-0.7**	**100.0**
农业（种植业）	145.25	-1.3	53.9
林业	7.18	-13.1	2.7
牧业	47.01	7.2	17.4
渔业	52.71	-2.3	19.6
农林牧渔业专业及辅助性活动	17.45	-5.5	6.4

（二）主要农产品生产形势良好

1.粮食播种面积和总产量实现双增

2023 年，上海全面落实粮食安全党政同责，严格粮食安全责任制考核，确保粮食播种面积稳定。粮食总播种面积 127.17 千公顷，比上年增长 3.5%。全年粮食总产量 101.86 万吨，比上年增长 6.6%。

分品种看，夏粮面积和产量大幅增长。夏粮播种面积 21.42 千公顷，比上年增长 22.9%。其中，小麦面积 18.72 千公顷，增长 21.9%；大麦面积 2.7 千公顷，增长 30.2%。夏粮总产量 14.66 万吨，比上年增长 22.2%。其中，小麦产量 12.94 万吨，增长 20.8%；大麦产量 1.72 万吨，增长 34.1%。

秋粮面积、单产、总产量均小幅增长。秋粮播种面积 105.75 千公顷，比上年增长 0.4%。其中，水稻面积 104.35 千公顷，增长 0.6%。受 2023 年农业气象条件整体有利因素影响，水稻单产 8291.25 公斤/公顷，增长 3.9%。秋粮总产量 87.20 万吨，比上年增长 4.3%。其中水稻产量 86.52 万吨，增长 4.6%。

2.蔬菜、食用菌产量下降、园林水果产量增长

2023 年，上海蔬菜播种面积 85.62 千公顷，比上年下降 2.1%；蔬菜产量 250.63 万吨，下降 1.9%。蔬菜减产主要是因为 2022 年疫情防控期间需要大量供应绿叶菜等速生蔬菜，2023 年上海恢复了正常年份的种植结构，加大豆类、瓜菜类、茄果类等蔬菜的种植比重，因此蔬菜产量有所下降。受近年来全国食用菌消费市场整体低迷影响，2023 年全市食用菌产量 4.15 万吨，比上年下降 2.7%；园林水果产量 17.35 万吨，比上年增长 4.3%。其中，产量占比最大的柑橘品种产量较上年增长 8.8%。

3.生猪生产形势稳健向好

2023 年，上海生猪产能调控政策持续发力，生产形势稳健向好。至 12 月底，全市生猪存栏 102.18 万头，比上年末增长 19.6%；其中，能繁母猪存栏 8.79 万头，下降 1.9%。全年生猪出栏量 120.36 万头，增长 21.3%。

4.奶业生产继续增长，羊业存栏增出栏降

依托都市型农业产业发展的综合优势，上海地产奶业生产持续向科学化、规模化、集团化方向发展。2023 年，奶牛存栏和生牛奶产量实现双增。至 12 月底，奶牛存栏 6.12 万头，比上年末增长 7.3%；全年生牛奶产量 30.68 万吨，比上年增长 1.5%。

2023 年，上海羊养殖业呈现存栏增、出栏降态势。至 12 月底，羊存栏 14.99 万只，比上年末增长 9.5%；其中，山羊存栏 13.73 万只，增长 8.9%，尤以崇明区白山羊增长显著（崇明山羊存栏数增长 12.3%）。全年羊出栏 12.14 万只，下降 8.1%。

5.家禽生产结构性调整

2023 年，上海家禽生产受饲料价格高位运行、蛋鸡场阶段性淘汰部分蛋鸡等因素影响，呈现存栏降、出栏增态势。至 12 月底，全市家禽存栏 450.41 万只，比上年末下降 17.4%。其中，肉鸡存栏 101.61 万只，下降 11.0%；蛋鸡存栏 279.60 万只，下降 19.0%。全年家禽出栏 575.17 万只，增长 26.7%，其中，活鸡出栏 495.27 万只，增长 37.8%。2023 年，禽蛋产量 3.55 万吨，比上年下降 23.4%，其中鸡蛋产量 3.30 万吨，下降 24.4%。

6.渔业产量有所增长，其中海水增、淡水减

2023 年，上海渔业总产量 26.98 万吨，比上年增长 4.2%。其中，远洋捕捞生产形势明显好于上年，尤其是鱿鱼产量明显增加，海水水产品产量 16.95 万吨，比上年增长 19.1%。淡水水产品产量 10.03 万吨，下降 14.0%，主要原因是光明域外农场斗南地区划分为湿地保护范围不再允许水产养殖，导致养殖面积大幅减少，产量大幅缩减。

二、2023 年上海乡村振兴发展成效显著

2023 年，上海高度重视乡村振兴建设，以“三园”工程建设为抓手，扎实推进美丽乡村、农村人居环境优化提升、农业科技创新、现代种业发展等各项重点工作，充分凸显了乡村的经济价值、生态价值、社会价值、文化价值，走出了具有现代化国际大都市特点的城乡融合发展新路子，乡村振兴取得阶段性成效。

（一）高标准建设“美丽家园”，农村更加和美宜人

2023 年，上海乡村振兴示范村片区化创建成效显著，累计建成 112 个乡村振兴示范村和 309 个美丽乡村示范村。农民相对集中居住有序推进，累计 2.6 万户农户入住新居。农村人居环境优化提升纳入新一轮市委“民心工程”，以清单化、项目化的方式推进 5 大类 16 项任务落地见效。全市农村地区实现生活垃圾分类全覆盖，生活污水处理率达 96%，无害化卫生户厕普及率达 100%，共建成美丽庭院 10.1 万户,序化农村架空杆线 827.8 公里，新改建公共服务设施 281 个，村内 C 级道路改造 214.6 公里，建成乡村公园 33 座，农村公路提档升级改造 217.6 公里。

（二）高质量建设“绿色田园”，农业更加绿色高效

2023 年，上海地产农产品绿色食品认证率达 31.8%。农业科技创新与设施农业现代化打开新局面，农业科技进步贡献率达 80.13%，继续排名全国第一，“杂交粳稻申恢 26 系列新品种选育与应用”获上海市科技进步奖一等奖。建成 1 万亩粮食生产无人农场，46 个蔬果“机器换人”生产示范基地综合机械化水平达 64.5%。农业农村投资促进工作取得新突破，全年共引进涉农投资项目 592 个，比上年增加 236 个；全年到位资金达 240 亿元，比上年增长 88.2%，超额完成目标任务。

（三）高水平建设“幸福乐园”，农民更加富裕安康

2023 年，上海多元化拓宽农民持续增收渠道，农村常住居民人均可支配收入 42988 元，比上年增长 8.2%，城乡居民收入比从 2022 年的 2.12：1 降到 2023 年的 2.08：1。新型农村集体经济发展持续壮大，收益分配机制不断健全，在疫情防控期间仍实现分配单位数、金额双增长。2023 年，全市共有 872 家单位对 2022 年度农村集体经济组织年度收益进行分配。其中，分配单位数比上年增长 12.4%；年总分配金额 27.64 亿元，惠及成员 264.16 万人，人均分配 1046 元，分别比上年增长 2.4%、2.0%和 0.5%。

三、需要关注的问题

2024 年，在上海城市化进程不断推进的大背景下，如何利用有限的耕地统筹保障市民的“米袋子”、“菜篮子”和“油瓶子”，如何更好的推动乡村振兴建设，不断体现经济价值、生态价值、社会价值、美学价值，如何不断化解目前还存在的农用地结构性矛盾、农业收益不断压缩以及乡村振兴发展短板，成为上海农业农村经济发展面临的新考验。

（一）农业持续稳生产面临压力

近年来，上海粮食、蔬菜等生产面临耕地资源和种植效益的双重压力，一方面耕地后备资源有限，粮食面积增长空间不大，且粮经、粮油争地矛盾突出；另一方面粮食价格常年维持在 3 元/公斤的偏低位运行。环境保护、生态红线、耕地红线、水资源用途管制和污染治理对渔业发展也提出更高要求，传统养殖方式面临土地和水资源短缺、养殖空间压缩、水环境污染等问题，致使淡水水产养殖面积呈现逐年下降趋势，亟需向精准高效绿色方式转变。

（二）生猪价格低迷成本攀升，农业生产收益压缩

2023 年，受猪周期延长、非洲猪瘟疫情、市场价格持续低位运行等多种因素影响，生猪养殖成本高、盈利能力减弱，后期市场面临复杂多变的形势，养殖户信心不足。2023 年，生猪全年平均价仅 15.97 元/公斤，比上年下降 12.5%。调查显示出栏生猪头均亏损 200 元左右，已连续亏损一年。同时养殖运营成本高，饲料价格持续上涨，玉米、豆粕价格比上年上涨四成左右。

（三）推进乡村全面振兴存在短板

一是受近年来上海畜禽整治、农业总体规模不断缩减影响，新型农业经营主体数量呈下降趋势，对产业发展的带动能力减弱。2023 年，上海龙头企业 204 家，其中国家级企业仅 26 家；农民专业合作社 1950 家，其中市级示范社 310 家；家庭农场 3319 家，其中市级示范农场 115 家。龙头企业、合作社、家庭农场分别比五年前（2019 年）下降 24.2%、29.3%和 23.6%。二是在推进新型农村集体经济发展方面还要多探路径。上海目前区域发展仍不平衡，村间经济落差大，加上发展空间受限、模式单一，经营性和投资收益占比较低，其中“地租经济”占比 76%，目前村级经济新创收空间狭小，村级经济增长乏力。三是上海农业从业人员老龄化、兼业化现象突出，农业专业经营管理人才缺乏，结构性失衡严重制约农业产业发展。以家庭农场为例，其经营者平均年龄 53 岁，50 岁及以上占总人数的 62.7%，其中 60 岁以上占 17.8%。

四、对策建议

（一）提升农业规模效益，坚持走都市现代农业发展道路

上海农业依托于大都市建设，应坚持走规模化、标准化、专业化、品牌化、信息化和产业化的现代农业发展道路，着力发展“生态、优质、高效”农业。以保障城市优质、安全的农产品供给为目标，着力优化农业产业结构，提升农业科技水平，继续提质增效。着力推进现代农业管理手段现代化，加快推进信息化建设，不断提升标准化、品牌化体系建设和人才建设，培育可持续发展新优势。

（二）以市场需求为导向，积极培育地产高质量品牌农产品

培育地产高质量品牌农产品，提升农产品价格和附加值，是提高上海农业产出、提升农业劳动生产率的重要途径。以市场需求为导向，培育蔬菜、花卉、牛奶等高质量农产品，发展农产品精深加工，拓展农产品的商品类型和消费方式，并建立科学高效的运营制度，提高品牌经营能力。

（三）大力推进产业融合，加大各类资源要素供给力度

结合本地实际，立足乡村特色资源，通过借助一二三产业融合，大力发展新型农村集体经济，高质量推动乡村振兴和都市现代农业建设。如在具有特色农业、旅游资源、地理区位优势的村镇，可以走资源开发模式，推进农业与精深加工、旅游、教育、文化、科普、健康、养老等产业深度融合，大力培育现代民宿、农村电商、乡村旅游、运动休闲、健康养生等新型业态，打造全产业链，拓展价值链、提升附加值，充分发挥乡村振兴战略、美丽乡村建设的溢出效应。

（上海市统计局　　国家统计局上海调查总队）

2023年长三角三省一市民生发展情况简析

内容摘要：2023年，长三角三省一市社会民生持续改善，居民收入保持增长，居民消费稳步恢复，就业形势稳步向好，消费价格总体稳定。建议：一方面要进一步扩大居民消费，持续释放消费潜力；另一方面要稳定市场预期，促进商品住宅市场持续健康发展。

2023年，长三角地区经济发展稳步恢复，社会民生持续改善。从居民收支看，居民收入保持增长，城乡差距进一步缩小；居民消费稳步恢复，消费结构持续升级。从就业形势看，居民就业稳步向好，我市城镇调查失业率处于长三角最低水平。从物价走势看，居民消费价格总体平稳，核心CPI保持温和上涨。从房价情况看，长三角主要城市商品住宅价格普遍回落。

一、居民收入保持增长，城乡差距进一步缩小

2023年，长三角三省一市稳就业等民生保障有力有效，居民收入均保持增长，我市居民收入绝对水平和增速均位居首位。从总量看，我市居民人均可支配收入84834元，江苏、浙江和安徽分别为52674元、63830元和34893元。从增速看，我市居民人均可支配收入比上年增长6.6%，江苏、浙江和安徽分别增长5.6%、5.9%和6.6%（见表1）。

表1　2023年长三角三省一市居民人均可支配收入

省市	全体居民		城镇常住居民		农村常住居民	
	金额（元/人）	增速（%）	金额（元/人）	增速（%）	金额（元/人）	增速（%）
全国	39218	6.3	51821	5.1	21691	7.7
上海	84834	6.6	89477	6.5	42988	8.2
江苏	52674	5.6	63211	5.0	30488	7.0
浙江	63830	5.9	74997	5.2	40311	7.3
安徽	34893	6.6	47446	5.1	21144	8.0

农村居民收入增速均继续快于城镇居民，城乡居民收入比差距进一步缩小。2023年，我市农村居民人均可支配收入42988元，比上年增长8.2%，增速高于城镇居民1.7个百分点，江苏、浙江和安徽分别快2.0个、2.1个和2.9个百分点。我市城乡居民收入比由2022年的2.12缩小至2023年的2.08，江苏、浙江和安徽分别由2.11缩小至2.07，由1.90缩小至1.86，由2.31缩小至2.24。

从结构看，我市居民工资性收入增幅居首，浙江居民转移净收入增长最快。工资性收入和转移性收入是三省一市居民收入的主要来源。2023年，我市居民人均工资性收入比上年增长8.8%，江苏、浙江和安徽分别增长6.9%、4.7%和7.7%。浙江居民转移净收入比上年增长8.7%，我市、江苏和安徽分别增长4.4%、5.9%和4.8%。

二、居民消费稳步恢复，消费结构持续升级

2023年，长三角三省一市扩内需促消费政策效果显现，居民消费持续恢复，我市居民人均消费绝对水

平和增速均居首位。从总量看，我市居民人均消费支出52508元，江苏、浙江和安徽分别为35491元、42194元和23607元。从增速看，我市居民人均消费支出比上年增长14.0%，江苏、浙江和安徽分别增长8.0%、8.3%和4.7%。分城乡看，我市城镇居民人均消费支出54919元，比上年增长14.2%，农村居民人均消费支出30782元，比上年增长12.2%，增速比城镇居民低2.0个百分点；江苏、浙江和安徽农村居民消费增速分别高于城镇居民3.7个、3.6个和1.1个百分点（见表2）。

表2　2023年长三角三省一市居民消费支出情况

省市	全体居民消费支出		城镇常住居民消费支出		农村常住居民消费支出	
	绝对额（元/人）	同比增长（%）	绝对额（元/人）	同比增长（%）	绝对额（元/人）	同比增长（%）
全国	26796	9.2	32994	8.6	18175	9.3
上海	52508	14.0	54919	14.2	30782	12.2
江苏	35491	8.0	40461	7.1	25029	10.8
浙江	42194	8.3	47762	7.3	30468	10.9
安徽	23607	4.7	27900	4.0	18905	5.1

居民消费支出结构持续改善，发展享受型消费增速较快。2023年，我市居民教育文化娱乐类支出比上年增长60.5%，江苏、浙江和安徽分别增长20.0%、25.6%和8.4%；我市居民医疗保健类支出比上年增长28.6%，江苏、浙江和安徽分别增长13.7%、16.0%和12.2%。教育文化娱乐类和医疗保健类增速均快于各省市全体居民消费支出增速。

三、物价形势总体平稳，核心CPI保持温和上涨

2023年，长三角地区保供稳价工作有序推进，居民消费价格（简称CPI，下同）小幅上涨。2023年，我市CPI比上年上涨0.3%，涨幅比上年回落2.2个百分点；江苏、浙江和安徽分别上涨0.4%、0.3%和0.2%，涨幅分别回落1.8个、1.9个和1.8个百分点。三省一市扣除食品和能源价格的核心CPI均保持上涨。我市核心CPI比上年上涨1.3%，江苏、浙江和安徽分别上涨0.7%、0.6%和0.7%。

表3　2023年全国及长三角三省一市居民消费价格指数
（以上年为100）

项　目	全国	上海		江苏		浙江		安徽	
		指数	位次	指数	位次	指数	位次	指数	位次
居民消费价格总指数	100.2	100.3	2	100.4	1	100.3	2	100.2	4
核心CPI	100.7	101.3	1	100.7	2	100.6	4	100.7	2
一、食品烟酒	100.3	98.8	4	101.0	1	100.6	2	100.5	3
二、衣着	101.0	102.0	1	101.4	3	101.0	4	101.6	2
三、居住	100.0	100.2	1	100.0	2	99.6	4	99.7	3
四、生活用品及服务	100.1	100.4	2	100.6	1	100.4	2	100.1	4
五、交通和通信	97.7	99.1	1	96.7	4	97.9	2	97.5	3
六、教育文化和娱乐	102.0	103.6	1	101.8	4	102.8	2	102.0	3
七、医疗保健	101.1	100.2	4	103.2	1	101.0	2	100.7	3
八、其他用品和服务	103.2	104.8	1	103.9	2	103.6	3	103.2	4

从结构看，教育文化和娱乐类价格涨幅居八大类前列，交通通信类价格持续下行。居民出游意愿和信心持续增强，精神文化需求大幅增长，推动教育文化和娱乐类价格较快上涨。2023 年，我市教育文化和娱乐类价格比上年上涨 3.6%，涨幅高出全国 1.6 个百分点，江苏、浙江和安徽分别上涨 1.8%、2.8%和 2.0%。受国际原油价格回落拉动能源价格下行影响，2023 年，各省市交通通信类价格均下降明显。其中，我市比上年下降 0.9%，江苏、浙江和安徽分别下降 3.3%、2.1%和 2.5%。

四、长三角主要城市[①]商品住宅价格普遍回落

2023 年，长三角主要城市新建商品住宅销售价格分化。仅上海、杭州、宁波和合肥等 4 个城市新建商品住宅销售价格比上年上涨，其中我市涨幅居首（上涨 4.4%）。其他 8 个主要城市新建商品住宅销售价格均比上年下降，降幅最大的城市为温州（下降 4.6%）。

表 4　2023 年长三角 12 个大中城市住宅销售价格指数及排序

城市	新建商品住宅		二手住宅	
	指数（上年=100）	排序	指数（上年=100）	排序
上海	104.4	1	99.8	1
南京	99.8	5	97.5	7
无锡	98.7	9	98.5	3
扬州	99.5	7	97.2	9
徐州	99.8	5	97.4	8
杭州	104.2	2	98.3	4
宁波	102.8	3	97.7	6
金华	96.8	11	95.5	11
温州	95.4	12	96.0	10
合肥	102.6	4	98.7	2
蚌埠	99.2	8	97.8	5
安庆	98.7	9	95.5	11

2023 年，长三角主要城市二手住宅销售价格均下降。其中，我市降幅最小，比上年下降 0.2%，降幅最大的城市为金华和安庆（均下降 4.5%）。

五、相关对策建议

总体来看，2023 年长三角地区社会民生发展平稳有序、持续向好，但也要看到，居民消费信心仍然不足，商品住宅销售依然疲弱。下阶段建议做好以下两方面工作：

一是进一步扩大居民消费，持续释放消费潜力。推动新一轮大规模设备更新和消费品以旧换新，培育壮大新型消费，实施数字消费、绿色消费、智能消费、健康消费促进政策，推动服务消费提质扩容，特别是深入挖掘农村市场消费潜力。

二是稳定市场预期，促进商品住宅市场持续健康发展。完善“保障＋市场”的住房供应体系。建立房地产融资协调机制，满足房地产企业合理融资需求。坚持因区施策，激活住宅市场辐射带动作用，适时推出鼓励改善住房政策，提升居民居住品质，保障商品住宅市场健康平稳发展。

[①] 长三角主要城市指上海、南京、无锡、扬州、徐州、杭州、宁波、金华、温州、合肥、蚌埠和安庆 12 个城市。